單車一日小旅行

——跟著節氣騎車、賞花、追蝶

茶花小屋（李立忠） 著

晨星出版

【推薦序】二輪小徑，總是有不一樣的風景

數年前剛認識茶花大哥時，自行車風潮尚未盛行，各地的自行車道當然也沒有現在這麼完善，即使是首善之區台北，也只有短短的關渡自行車道，當時茶花大哥卻已經騎了好幾年的單車。

不過，他的路線很特別，他總是趁著一大清早天色微亮，整個城市的車跟人都還沒甦醒時，踩著二輪，帶著相機，騎過空無一人的福和橋、拍下空無一人的整排路燈、停在空無一人的龍山寺前；騎完單車，再跟你我一樣，投入每日上班通勤之列，忍受著城市的擾嚷，但茶花大哥比我們更了解這個城市不為人知的一面。

假日，茶花大哥把他的二輪路線延伸到更遠，北海岸、坪林、新店；連續假日或節日，又到了宜蘭、台中、台南……因為騎單車的緣故，可以深入許多地圖上看不到的小徑，發現世外桃源。

喜歡寫作的茶花大哥，把這些晨光騎乘經驗都寫在部落格與人分享，透過部落格照片，看到我們熟悉的台北場景，竟然別有韻味，整個城市可以如此靜謐、美麗，令人感動；而不管到宜蘭、台中、台南或僅僅是河濱公園，茶花大哥發現的小徑總是那麼美，讓我們驚艷於台灣各地竟隱藏著這麼多美麗的風景。茶花大哥說，這就是騎單車的魅力，永遠都可以發現新的風景。

由於茶花大哥習慣把每天騎乘的路線、公里數、時間，整理成詳盡資料，加上出色而用心的攝影，配合當日的心情、天氣、所見所聞撰寫心得，很快就得到同好的共鳴，成為單車界達人。

現在台灣的單車運動已經非常蓬勃，這次茶花大哥受到出版社的邀請，投入全台單車路線的撰寫，茶花大哥不改他一直以來的習慣，詳細記錄路上的點滴，這次還加上GPS，提供更詳盡的路況。北中南精選出來的路線，茶花大哥都重新再騎過一遍，甚至又發現好多新的路線，讓茶花大哥彷彿發現新大陸般的雀躍。

此外，這次全台騎透透還有更大的收穫，那就是再次感受到台灣土地上的風景，不只蟲鳴鳥叫、風花雪月，還有可愛的人們，鄉民簡單的生活哲學更讓茶花大哥受到很多啟發。在台北的咖啡館內，皮膚曬得黑黝黝、卻容光煥發的茶花大哥，開心述說著他一路騎來聽到的感動。曾經有段時間，茶花大哥深受焦慮症困擾，藉著騎腳踏車，慢慢又找回生命節奏，接著更養成固定游泳跑步的運動，現在對生活的體認更加豁然開朗。

我曾經問茶花大哥為何這麼喜歡騎腳踏車，他說，小時候第一次騎腳踏車時那種開心的感覺，至今印象深刻，只要騎上腳踏車，心情就變得很愉快。長大後重拾腳踏車，發現開心的心情一點都沒變，於是就一直騎下去了。

茶花大哥的書，很單純地傳達能帶給他開心的單車世界；透過單車而發現的美好，用文字分享出去，也是茶花大哥一直會做下去的事。

媒體文字工作者黃鈺雲

【車友推薦序】

約莫二〇〇八年夏秋之際，因地緣關係，在新北市中和的牛埔山圓通寺，初次認識了茶花兄。看他臉不紅氣不喘，均速踩著腳踏車，不落地從山腳直攻圓通寺山頂，讓這一路騎騎停停的我，好生佩服他的體力。

往後，下班後回到家的第一件事，就是騎車上圓通寺練爬坡，原來茶花兄已連續好幾年天天練車圓通寺了。就這樣我迷上了單車運動，也逐漸熟識了茶花兄。其實茶花老兄不只單車騎得好，還會修理單車，懂單車如何騎乘、如何Fiting，甚至多年來用雙腳踩踏，騎著單車進入山巔水邊，用筆、用相機，一步一腳印真實記錄了台灣各地單車騎乘路線的風光景貌，他就是UDN部落格茶花小屋的主人「茶花」。

這幾年來，假日時常邀約車友，由茶花帶領大家騎車馭風，西濱、北海岸、陽明山系、北宜九彎十八、北橫巴陵、羅馬公路、三峽白雞熊空山、一〇六公路到雙溪福隆，更有私房祕境，插角、一百甲、東眼山越嶺……，台中烏日騎回台北、台北騎到關西、苗栗及宜蘭一日遊，都是每個人用雙腳踩踏過的征途。所得的回報是身心靈的健康與愉悅，這可是要親身體驗才能說得盡道得明。

很欣喜茶花又出書了，這次的路線與風景，內容更豐富精采，許多私房景點都是用腳一步一步去完成，這是時間與體力，更是耐心與用心的經驗力作。極力推薦，茶花出品必屬上乘的單車書籍。

資深車友 江哥

作為茶花的車友，最幸福的就是，腦袋空空出門卻能收穫滿滿回家。

在台灣，自行車旅行撇開上千公里的環島壯遊不談，一般而言，利用假日進行數十公里的輕鬆漫遊，已是多數單車族的基本功了。但多數熱門路線，人多不說，PO上網的照片也和他人遊記所差無幾。

茶花勤於筆記，多年下來累積了多條私房路線，而且對當地四季景觀變化也了解甚深，本書中他也推薦了最佳賞味季節，下回準備騎一趟小旅行時，別忘了，帶著茶花去旅行。

瘋三鐵廣告人 陳順興

每次閱讀茶花小屋分享的單車旅行遊記，都會讓人覺得驚喜和幸福。只要跟著茶花小屋的腳步，暫別都市喧囂，騎著單車轉換心情去旅行。不論是沿著水岸恆意慢騎，或是順著鄉間小路進入陌生而純樸的農村，甚至帶著探索心情深入原始山林，只要放慢速度、細心品味，路上總都能欣賞到四季更迭的美麗風景和體驗到豐富多元的人文風情。

光寶科技機械研發處資深工程師　陳釧鋒

初識茶花，是在去年秋冬的晨泳課上，我是課堂教練之一；而茶花雖然是學生，但純熟的泳齡及泳技並未讓他自顯驕傲，反倒虛懷得好似不曾懂得，願意歸零學習的態度，少見又難忘。

再識茶花，則來自於他的文字，美麗中不失去溫度，而溫度來自當下深深的呼吸，這樣的一份遼闊與細膩，更來自於單車與大地之母自然的結合，讓人重新找回遺落的跳動和最深愛的自己。

中華民國紅十字會水上安全工作大隊教練　劉議心

立忠那細微感性的觀察與永不喊累的鐵腳，才會造就今天的茶花小屋！

願與大家一起分享茶花小屋的經典作品，唯有您親自閱讀才會明白自己的內心深處，還有些知性，並讚嘆台灣竟是如此之美麗！

德意志銀行台北分行資深行員　史文杰

【作者序】用單車品味台灣

再次回到單車的懷抱，算一算也超過十年了。十年來因為或遠或近的單車旅行，讓我再次重新審閱自己，並認識我們所居住的這塊土地。每逢假日與生活空檔，我總是在天色大放光明前，踩著腳踏車、迎著晨曦微風，品嘗被城市遺棄的清早香醇。

台灣的單車風潮大約二○○九年達到高峰，各類型活動與騎車方式如雨後春筍。在這之前，二○○七年承蒙華成出版企劃編輯黃鈺雲，邀約出版《早安自行車》一書，內容記載大台北地區晨光自行車日記的心情感受與清早風情。書本上市之初，我因為嚴重的焦慮症纏身，引發各種身心疾病，一度無法面對人群，幾乎墜入人生的黑夜。這段時間，除了各種醫學治療，我仍然保持腳踏車運動習慣。抱持著慢騎、停車、感受、分享的騎車態度，或者說，是一種人生態度，用單車走過的點滴清流，洗滌被疾病污染的身心。命運讓我走進了黑夜，就像是暗夜出發的旅行，再往前邁進，有晨曦、早光，掠過美麗天色變換以後，清爽舒暢的陽光將會迎面而來。

以單車旅行台灣，最環保也最有延展性。善用火車或長途客運接駁功能，避免開車及過夜的時間限制，更可以輕鬆完成台灣各地一日小旅行。

剛開始，我以試探的心態，搭乘火車、客運到中南部各縣市接駁單車旅行。每次手握車票，心裡會充滿遠赴他鄉的流浪感。同時我也發現即使住在台灣北端台北地區，只要略為規劃行程與路線，將單車打包後，搭乘火車或國光客運南下，大部分都能完成美好的單車一日小旅行。所以，我開始利用火車或客運接駁單車，帶著單車到台灣各地浪跡天涯。不論是新竹的海濱、台中的自行車道、苗栗的山間，或是遠在三百公里外的台南白河與高雄旗津，只要買張車票帶著單車，一日小旅行的方便性讓我驚喜！

以大眾運輸完成一日單車路線，讓我彷彿回到幾年前的晨光自行車。天都沒亮，踩著黑夜與路燈影子，背起簡單行囊與小摺，搭著清早頭班車南下，桃園、新竹、苗栗、台中……直到高雄，踩著二輪走訪台灣各地。最後在夕陽西沉時，再搭上回家車次，於黑夜籠罩大地、夜深人靜之際回到台北。每次旅行的記載，都是身體力行、披星戴月的真實呈現。

在搭車的移動過程中，我常常遇見因為各種情況踏上旅程的人，素不相識沒有彼此牽掛的狀態下，聊著共同話題。台灣人的可愛與善良，一直存在我們生活的土地上。從陌生的車站前卸下單車，往旅程踩踏，沿途風景與人文再再讓我感受未經矯飾的在地生活。

記得溪湖羊葡自行車道邊，遇見秋日艷陽下採收白花椰菜的阿伯，耕作兩個月，只能換得兩萬多塊錢的收入。他以樂觀又略帶微笑的口吻說：「種田就是這樣，能安穩過日子才是最大的幸福。」樂天知命、不哀不怨。田裡一朵朵成熟的白花椰菜，好似農家快樂盛開的心，平凡自然又感動人心。

從平地農家到山巔森林，產業道路在翠綠的自然色彩裡蜿蜒，高處鳥瞰它姿態隱約半遮半掩。只有騎上單車，才能仔細而清楚親近每一段山間水邊。我常抱回產業道路旅行中許多新發現與真感動，回家再次復習，猛然發現，豐富的生態與鮮為人知的美麗畫面，只要沿著山路往上攀高，大自然非常樂意分享它擁有的繽紛世界。

我把常騎的台灣山間小道，以照片採收、文字入味，用記憶文火慢煮出滑順好入口的清粥小菜。希望這一道道美味，帶您品味台灣最美麗的角落。

媒體朋友問我為何沒出國騎車？深愛單車踩踏的我，也常常遇見車友問及。「因為台灣還沒騎完。」我常這樣回答。十餘年來單車已經成為我生活的一部分，工作、旅遊、休閒、購物……都少不了單車這隨身伴侶，每一次踩踏、每一次旅行，皆企盼能在故鄉台灣發現更多溫暖而美妙的單車生活。

茶花小屋（李立忠）

春遊篇

夏遊篇

秋遊篇

冬遊篇

四季遊篇

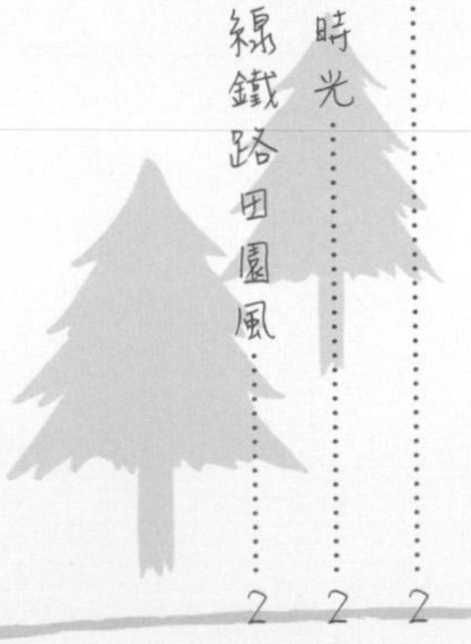

【前言】慢騎、停車、感受、分享，用心踩踏美好的單車人生

以前不太喜歡走陽明山系的道路，總覺得人潮太多影響騎車情緒。也不喜歡參加比賽，不論是正式的比賽或不記成績的挑戰賽，只喜歡獨自徜徉山巔水邊走自己的單車旅行。有一次，受不了朋友一再請託，跟著陪騎大屯山登山賽。在巴拉卡公路的山坡上，突然對騎單車有些體會。

騎單車的背後

騎單車的方式千百種，有相同生活情況的人比較容易成為同伴。星期六早上，走一趟半日單車行程後，回家與家人相聚或處理家事，成了我們這群中年男人騎車的最大極限。偶爾能排出一天行程，顯得難上加難；人一定有憂愁，在單車活動背後，隱含著另一層存在的義意，車友互相吐悶、加油打氣、說心事，單車種種的茶餘飯後，自然而然昇華成無形的療癒作用。

高強度的騎乘，可以暫時忘掉生活煩憂。但騎車的樂趣，似乎不只有踩踏的歡樂與感受。因為單車旅行看見更多台灣角落之美，志同道合的朋友可以傾訴心事、聊聊天，釋放心底沉鬱許久的污泥。一人獨行、朋友結隊，亦或是舉家同遊。騎腳踏車這件美好的移動，絕對是精神上的食糧。

▲林口下福向日葵花海，分享慢騎的美好，也分享心靈的點滴。

停車是一種心靈藝術

那是個剛入夏的清早，同學邀約報名參加大屯山的青斑蝶傳奇單車活動。因為一直以來不喜歡參加人多的活動，推三阻四的沒報上名，不料最後還是陪騎上山。一早睡過了頭，快六點才從中和騎著單車出門。趕路之餘，我還是慢騎經過華中橋，看見沉甸甸的濃雲擁抱晨光，不經意停下單車走上人行道，閉上眼，感受河風為孟夏悶濕空氣帶來清涼。微風中舉起相機留下浮光掠影，日後在說心情的時候，也能談談眼前踩單車遇見的風景，化解無所不在的憂鬱。

出發前趕到了淡水康厝，檢錄完準時出發。本來以為主辦單位的長距離慢騎理念號召的車友，大多重視騎車帶來的美好。但夾在車隊集團中，也跟著踩快拼成績攻上陽明山。直到從巴拉卡公路上，瞥見遠方台北港靜靜守

▲巴拉卡公路孟夏涼綠，適合一人慢騎，更適合分享。

▼華中橋上遠眺晨曦，希望每個人都能看見。

著淡水河口，這才意識過來，把心放慢的同時，適時停車更是一種騎腳踏車的心靈藝術。

慢騎、停車、感受、分享

抬頭，透著陽光的樹葉，美麗無比。在一棵翠綠的大樟樹下，停車等同學跟上腳步，一看到後面同學的影子，就急忙拉住他駐足樹下，體驗山風吹過的清新與陽光透綠的純淨。此後，我們慢慢的踩上山，不時停車吹山風、曬暖陽，感受山巒起伏與公路蜿蜒的神奇，望著遠方山下的大海，分享生活瑣事與工作煩悶。路上沒有青斑蝶，只見許多積水處，小灰蝶群聚。精彩的生態畫面，被奮力爭取時間的車友遺落在路旁。當我看見國家公園範圍內，小灰蝶佇立於已成垃圾的酒瓶上，心中泛起莫名的哀愁。但有人能分享這一切，更顯得珍貴而愉悅。

雖然走走停停，仍然在關門前抵達終點二子坪停車場，掛上獎牌表示征服了巴拉卡。大部分的車友，因感受踩踏追風的樂趣，獲得成就滿足，而我則滿足於低頭看見草皮角落開滿風輪菜，讚嘆八百多米的山上，叢生的小花特別潔淨。雖然登頂的喜悅不盡相同，但彼此分享的會心一笑，卻一樣燦爛！

人生騎遇

陪同學騎乘大屯山的青斑蝶傳奇單車活動，大約是開始騎車的五六年後。此時，恰似靈光一閃的體悟掠過心頭：「慢騎其實是一種自在的態度，以自由自在的心習慣單車的踩踏，適時停車、用心感受，騎單車的過程會更深刻、更有意義。」一路騎遇人生，分享感動，旅行將臻於完美。

慢騎、停車、感受、分享，騎單車如此，人生亦是如此！

單車一日小旅行

【春遊篇】

01【台北市深坑、木柵】阿柔洋產業道路　早春緋紅山櫻、雪白李花一路相隨

02【新北市石碇】潭腰產業道路　水庫茶田好風光

03【新北市淡水、八里、台北市關渡】淡水河自行車道　野花之旅

04【台北市北投】關渡洲美社區　苦楝花飄香

05【新北市】大漢溪右岸自行車道　天上山春賞桐花

06【桃園縣龍潭】三坑鄉村漫遊　體驗客家村莊風情

07【宜蘭縣礁溪】礁溪小鎮慢騎　拾起田綠與山湖美景

08【台中市潭子、大雅、神岡】潭雅神自行車道　春臨花繽紛、風搖麥田香

早春櫻花沿著阿柔洋山路盛開。

01 阿柔洋產業道路

早春緋紅山櫻、雪白李花一路相隨

阿柔洋產業道路，連接新北市深坑與台北市草湳。單車路線由深坑端上山較為平緩，沿途有翠綠山巒陪伴、阿柔坑溪洗滌心靈，還可以遠眺台北盆地風情，更有豐富生態一路相隨。細心走來，阿柔洋的四季都一樣美麗！

尤其早春騎行於阿柔洋，沿途山櫻花路樹盛開，美不勝收。瀝瀝山風，彷彿將人潮吹向山下擁擠的深坑老街，僅有一二台汽車沿著傾斜山路上坡，引擎聲像身邊的山頭一樣高聳。曾以雙腳踩著清涼微風上山，來過阿柔洋的單車車友和登山客，只要感受過這裡的山林四季後，便會不由自主的再次來訪。

冬末春初，山櫻紅遍山巔、李花似白雪翩飛

一月末了冬將盡時，從深坑老街四十米左右高度開始往上爬升，沿途景致依舊散發著季節色彩。整個冬天冷涼氛圍仍在空氣中瀰漫，與泥土最接近的草皮掛著露珠，蜿蜒而上的山路沉著嵐氣。爬坡前脫掉風衣外套，讓汗水與季節的風一起蒸發，這是騎單車爬山必經的過程。海拔漸漸上升，脫去春天綠衣，經過寒冬洗鍊的山櫻掛滿粉紅色小花。愈往山巔，花開愈是濃密。

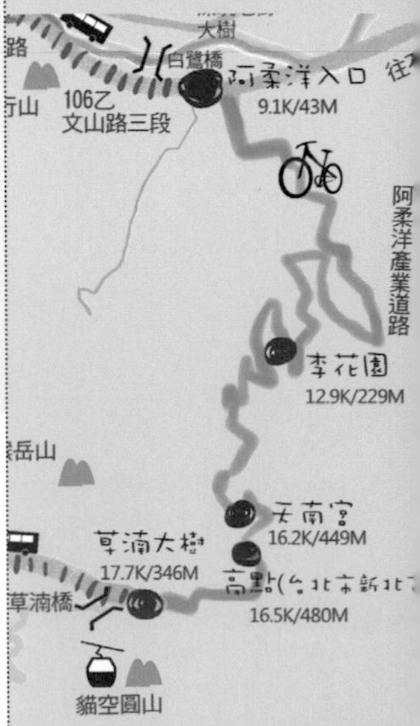

路線難度：★★★☆☆ 輕度挑戰

行程：大坪林捷運站→順安街→寶慶街→景美溪橋→木柵路→秀明路→木柵路四段、五段→文和橋→新光路三段→深坑→文山路三段→阿柔洋產業道路→天南宮→高點→超陡水泥下坡→草湳→政大→道南橋→木新路→秀明路→原路回程→大坪林捷運站

總里程：26.5公里

騎乘時間：1小時56分；平均時速: 17KM/H

旅行時間：4小時

沿著山路抓取一幕又一幕美麗花色，突然手機響起，車友喊著：「快來，這裡開滿李花好漂亮。」一整園美麗李花等我探訪。當我慢慢走進車友口中美麗李花園時，猛然發現，每年路過好幾回，都匆匆而過，冬末春初點上幾朵小白花的路邊果園，像覆了層白雪、濃到化不開發亮的雪色，映襯著朝陽躍上山頭的日出美景，逆光下，整園雪白李樹更是略帶透明般晶瑩。一步步走入白花林子，小心翼翼，深怕撥掉大自然動人傑作。聽園子主人說，昨天還含苞待放，今早來看，瞬間全開了。怎能說，不是一場既美麗又幸運的季節奇遇！我想，今天一起騎行阿柔洋半山腰的同行好朋友，也都把心與幸運，繫上了春天的絲帶。

山勢攀高至三百多米，刻意栽種的山櫻路樹，形成粉紅色花帶，跟著路況畫弧。一眼望去，沐浴春風的溫暖就要在心中化開，幾公里山路也該滿身熱血奔流。

▲春初，李花盛開，置身花海中，染一身雪白。

◀◀火炭母草，冬末春初便開始綻放小白花。
◀晚冬黃鵪菜即將綻放，四季都適合騎單車來阿柔洋感受大自然之美。

阿柔洋春暖花開，欣欣向榮

春末夏初，水氣豐厚，山林較為潮濕，一些季節性小花欣欣向榮。這些野生小花不若人工培育整齊劃一，但更有幾分自然原味，兀自跟著季節變換，準時在該綻放花顏的時候，盡情展現自然之美。五月初，剛過立夏節氣，空氣有些悶濕，春天的賞花熱潮也已經結束，阿柔洋山區，卻正在上演一場微觀自然花展。

沿著產業道路踩踏，「非洲鳳仙花」大鳴大放，山壁上、小山溝、道路旁，因為這些濃郁的花色，顯得豐富。當踩著單車緩緩向上，陪伴流汗、換氣與大腿微痠的景色，除了漸成遠眺的重重山巒外，近距離的繽紛色彩，更舒緩了只有踩踏的單車行程，常在不經意中，攻上山頂。

▲非洲鳳仙花灑遍山野。

▲酸藤開花時漫著淡香，落下時美麗就在腳下。

五月初，「酸藤」正當花季，它的花以粉紅色展現，小巧而玲瓏，從樹冠層看顯得清湯掛麵，有些像紅了臉的樹林。粉紅小花隨風落在樹腳下馬路邊，尋香而至，滿地粉紅色花朵，就像下起粉紅雨般繽紛。

桐花季才剛過，接著「相思樹」小黃花也不遜色，滿山遍野染上金黃。包圍著山路的森林，因為相思小黃花，是否更加想念春天一路開到了夏天的花季列車。有些樹上的花況非常濃密，遠遠望去，像一棵黃金樹。山風一吹，黃色花雨，跟著風的微笑打轉，落在山的身上、樹的腳下，仰頭而望，思緒都是黃色浪漫。

路邊的小花小草，更是精彩。水邊山溝常見的「禺毛茛」嬌小可愛，稍加注意，黃色小花一定是最吸睛的花朵。毛茛科的禺毛茛，常出現在有些水流或濕氣重的地方。雖說是一年生草本植物，但幾乎年年都可以在同一個地點看見它的蹤影。五片黃色花瓣，圍繞著聚生瘦果，花形美麗極了。

很小很小的「小花米菊」，用微小來稱呼實在不為過。米粒般大小的花朵，自成風格。小花米菊有二種近似種，小米菊與粗毛小米菊，外形極為相似，像雙胞姊妹一樣讓人分不清楚。最大的不同點，在於粗毛小米菊綠色總苞上有腺毛，而她的姐妹小米菊，全身長滿腺毛，總苞上光滑無毛。這些生態分類，留在研究精神亢奮時發揮吧！今天，我們先來欣賞小花米菊的風采。

陰涼的樹下，常見到簇簇紫色小花，不高，大約在三十公分以下，對生圓葉，顏色深綠油亮。花序呈穗狀，三到七公分左右。淡紫色花瓣由花穗中抽出，像個吐舌頭的頑皮小孩子。點點小紫花，大多在陽光不熱絡的陰暗處生長，經過

▲野花更是阿柔洋的精彩生態，小花米菊春綻了

▲入夏前，相思樹黃花與春天道別。

◀◀台灣波紋蛇目蝶隱身草叢間，得仔細觀察牠的身影。
◀通泉草及大銀鱗蛛，是春天的好朋友。

▲阿柔洋的李花園，春天花開滿樹。

小花身旁，不妨停下腳步，仔細端詳。它的名字叫「爵床」。

草仔粿，從古早流傳到現在，人口帶著草香，綠色外表有垂涎三尺的作用。原料在山林野外幾乎隨手可得，現今田野被城市吞沒，要見到這味有草香的「鼠麴草」，得費點心注意。阿柔洋的夏初，好多鼠麴草開花。頭狀花序密集生於枝端，看起來像是一束黃色的捧花。用心採下來，帶回家送給自己，草香好似在嗅覺神經間飄浮。草仔粿和鼠麴草，就在夏天連結成美妙的畫面。

「光風輪」，向上挺拔，充滿勇往直前的生命力。「蘚類的孢子體」也抬頭挺胸，撐起小傘。阿柔洋的夏天才剛開始，沉默一整年的角落之美，也打起精神，跟著夏風一起溫暖大自然。翩翩彩蝶飛過，似乎最懂美的道理。七公里上坡，只見牠與花相伴，停下一雙美麗的翅膀，彷彿說：「夏天為你停留。」

春耕、夏耘、秋收、冬藏，每個季節裡有苦有樂、有哀有愁。單車的輪轉對我而言，慢騎、停車、感受、分享，一路走來，希望下個季節是淡淡地美麗，或如今天遇見滿樹的喜悅。

▼台灣黑星小灰蝶，席地駐足。

▼黃三線蝶常在阿柔洋出現。

▲草仔粿的主要原料：鼠麴草春天開花。

▲地錢。

必騎・必玩・必賞

★ 春夏賞蝶：蝶類生態豐富，如弄蝶、小灰蝶、蛺蝶、鳳蝶等。
★ 春天霧季：因季節因素，遠眺大台北盆地，常可遇見山嵐飄移及雲海霧池的景色。
★ 冬末春初：櫻花路樹，沿途綻放，美不勝收。李花園一片雪白，大約在農曆年期間為盛花期。
★ 野花生態：多集中在春季及冬末，路邊不起眼的角落，野生小草花生機盎然。

路線指引：

▲台北捷運大坪林站前，由北新路三段進入順安街，遇寶慶街右轉後過景美溪橋，沿木柵路、秀明路至萬壽橋前左轉木柵路四段、五段，於二高下右轉文和橋，繞行木柵交流道下方新光路出口，接上文山路三段（106乙，二高聯絡道），往石碇。

▲遇右側台塑加油站時，左轉為深坑老街，右轉進入阿柔洋。

▲沿阿柔洋產業道路騎行，大約7公里後抵達最高點，台北市與新北市交界處。

▲由高點下滑至台北市草湳，沿著指南路續行下坡至政大門口，過道南橋後右轉木新路再左轉秀明路及木柵路，沿原路，過景美溪橋後左轉順安街抵達北新路大坪林捷運站。

交通資訊

大眾運輸

▲搭乘台北捷運新店線，於大坪林站下車。

▲自行車怎麼接駁：

●搭乘台鐵，台北車站內不開放單車轉乘捷運，請由板橋車站下車，轉搭捷運至西門站，再轉搭小南門線至中正紀念堂站，換搭新店線往新店方向。

開車

▲行駛國道3號北二高，木柵下交流道往深坑聯絡道即文山路三段（106乙），此路段大多可路邊停車，由此停車後往阿柔洋騎行。

自行車道

▲騎行景美溪自行車道右岸，終點於萬芳抽水站對面出口右轉，接上木柵路四段，往石碇騎行，抵達文山路三段阿柔洋入口處。

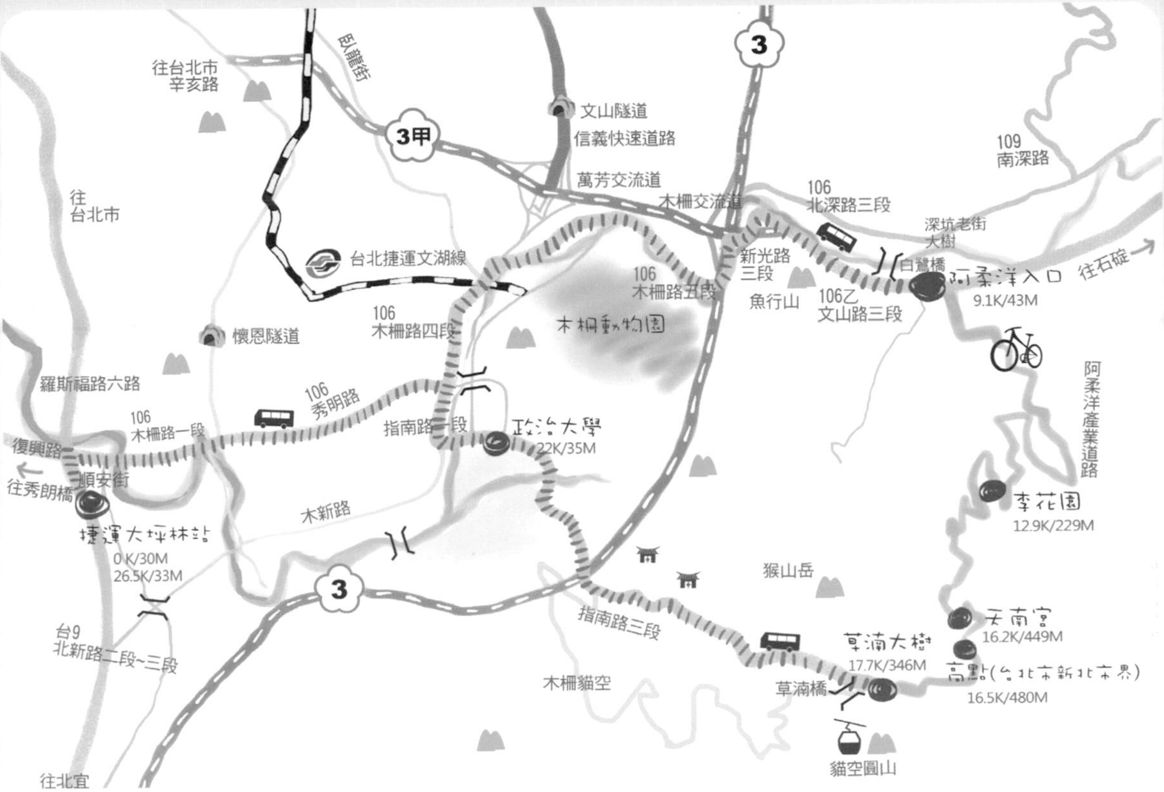

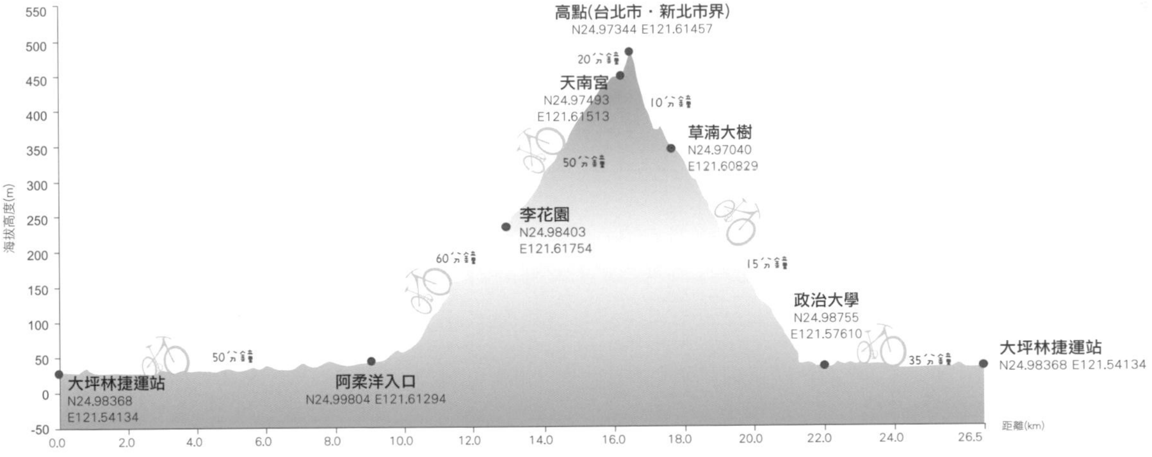

騎乘重點及行程資訊

▲主要上坡：7.2K 上升 412M，平均斜率約 6%（有少部分較陡）。

▲主要下坡：過高點後，水泥路面約500M，有些轉彎接近60度傾斜，必須特別小心。過草湳大樹後，指南路下滑政大4.5K，路窄常有會車，注意交通安全。

▲補給：木柵市區及深坑老街附近，可補給。山區由入口至政大，除零星土雞城外，幾乎沒有補給。高點前的天南宮，可以補水。

◀小山道在茶田間蜿蜒，畫出婀娜曲線。
▼潭腰入口不甚明顯，請注意碧山派出所邊路標。

02 潭腰產業道路

水庫茶田好風光

北宜公路上的美麗支線

北宜高雪山隧道通車後，將車流都丟往喜歡快速奔馳的國道上，留下安靜清新的山路景觀，愈來愈適合單車公路旅行。台九線北宜公路沿途處處山林河谷，單車跟著不太斜的上坡騎行，速度剛好坡度適中，不太快不太慢，來到石碇山區的茶鄉風情裡。

北宜公路上有許多支線及產業道路，雖然不見得是遠近馳名的觀光勝地，但卻十分值得用心拜訪。在接近石碇的高點，有一處小小的碧山派出所，沿著一旁產業道路下滑，風光明媚、遠離塵囂。翠綠的茶園鋪滿眼前，原始的森林包圍身邊。當海拔下降到一定程度的時候，美麗如碧玉的翡翠水庫水域，會以驚喜的姿態，冷不防閃過眼前。再轉個小彎，碧波萬頃若隱若現，伴著青山與鳥叫蟲鳴，漸漸的開闊起來。

消失的鷺鷥潭，茶田好風光

此處早年為鷺鷥潭所在地，自從啟用蓄水功能並更名為翡翠水庫後，這美麗

路線難度：★★★☆☆ 輕度挑戰
行程：新店捷運站→北宜公路→碧山派出所→潭腰產業道路→翡翠水庫水域→沿原路上坡→碧山派出所→往宜蘭方向→北47鄉道→石碇→深坑→新店→大坪林捷運站
總里程：45公里
騎乘時間：2小時50分；平均時速：15.9KM/H
旅行時間：5小時

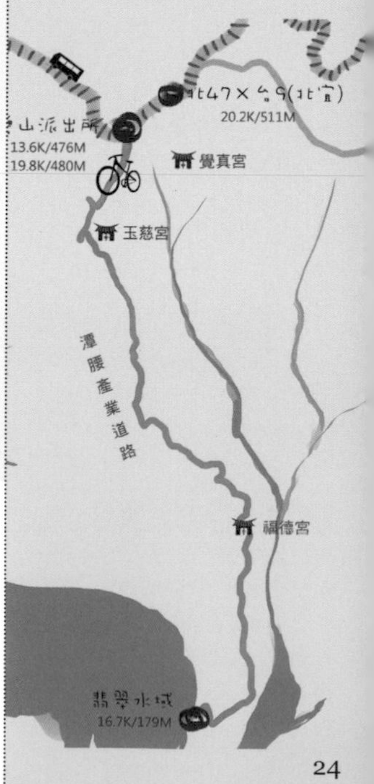

▲玉帶弄蝶，舞動咸豐草花叢間。

▲入冬後，是裡白蔥木的花季。

▲坐在湖畔，碧綠成趣，簡單悅目的色彩，讓心緒平靜。

的地名也消失於無形。翡翠水庫目前為大台北地區的主要供應水源，加上為水庫集水區，自然保留許多天然美景與特殊人文風俗。沿著陡峭產業道路而行，小而美的髮夾彎，順著附近山勢畫弧。視野因路況不斷的變換，茶田依山勢鋪陳，蒼翠青綠，山野小路蜿蜒其間。一路走來，如在一幅畫中。偶爾遇見採茶或整理茶田的農婦，身影彷彿沉在一片綠海之中。種種讓人心生嚮往的情境，鎮日遠眺，也可以說是一種享受。一連串的茶鄉文化，因為山水而生機盎然。

探訪翡翠水庫，直達水邊

除了茶田，水庫風光令人驚聲連連。大部分時間，深不可探的水面總是漾著獨有的濃綠色澤。不若茶綠、不若山青，是一種屬於翡翠水庫特有的顏色。或許踩了進來，才能明白為何會賦與「翡翠」二字的原意。水面如鏡，映著四周環繞的美麗山勢。當道路彎彎曲曲的下滑、上升，一幕幕不同角度與視野的水庫風

◀◀黑端豹斑蝶（雌），為潭腰添上色彩。
◀黑端豹斑蝶（雄），翅膀透著晨光。

情，也映入眼簾。

潭腰產業道路終點位於水庫水域附近，單車可以循著林間小路來到水岸邊，用最接近大自然美景的方式，親近這一大片沒有人為污染及多餘建設的水源保護區。坐在湖畔，看山水相映、碧綠成趣，簡單悅目的色彩，讓心緒自然往平靜的水面沉澱了。

此處動植物生態也非常豐富，以賞蝶而言，沿著山路而行，便可以遇上翩翩起舞的蝶影。另外不少小山道，四通八達，可以往竹坑產業道路及塗潭產業道路探訪。騎單車來，不但看盡了山水美景，呼吸了清新的空氣，更得到充分的運動，放鬆被城市呑食而緊繃的身心。漫遊山野小道，也順便探索大台北水源區的綺麗風光。

北47鄉道，冬春野花的故鄉

避免路線重覆，回程取道北47鄉道，花季時更有不凡景致從身邊掠過。公路在山間畫出美麗曲線，遙望山谷遠處，可見路況一路蜿蜒穿越山林。轉彎處的樹梢上，挺著一叢叢亮白花序，「裡白蔥木」的花季也到了。花形面積大，頂生於樹冠，長可達三十至七十公分，冬天陰沉天候下，很難不去注意高掛的漂亮白花。

早春的山櫻顯得嬌貴，從北宜下滑，粉紅色花叢跟著山風在路旁奔馳。山溝裡灑滿紅豔豔的落花，迎接一整年的開始。王爺葵也不缺席，亮菊花朵展開笑顏，樹腳下空曠處，大片漫生。四處賞花隨意停車，不妨低頭，水泥護欄腳下，嬌小的黃鵪菜，早已在冬風中，準備灑下明春的種子。

必騎．必玩．必賞

★ 水庫風光：沿產業道路下滑至水邊，由各種角度欣賞翡翠水庫山水景色。不同時間季節與氣候條件來訪，可看見變化萬千的自然風貌。

★ 春夏賞蝶：雖然只有短短的三公里長，卻隱藏著豐富的蝴蝶生態。

★ 人文：茶田及茶鄉風情，常見採茶風光。

★ 北47鄉道秋冬賞花：山間風情，野花處處，秋天山芙蓉，冬天賞芒花、裡白蔥木、王爺葵。冬末春初櫻花綻放，沿途適合賞櫻。

★ 106乙沿途景點：石碇老街、深坑老街。

▶小山溝裡灑滿豔紅山櫻花。

路線指引

▲由新店捷運站為起點，騎行北宜公路（台9線）至碧山派出所，由派出所旁小路下滑，依指標，往大湖巷及潭腰巷方向。

▲沿潭腰產業道路下滑，柏油路盡於一湖畔民宅。由民宅右側小路可到達翡翠水庫水域邊，請注意地形及安全，切勿強行通過。

▲岸邊有階梯可達水域邊，在安全的情形下，可步行到達水邊。

▲回程沿原路，爬坡回到碧山派出所。

▲在派出所旁右轉北宜公路，遇見北47指標，請取左線下滑，往石碇。

▲進入石碇市區後，可於石碇老街進行補給。路底為106乙（石崁路），左轉往石碇堡，過隧道後再左轉遇二高石碇交流道，續行沿106乙至木柵交流道，由右側小路繞行交流道下方新光路三段，再右轉文和橋接上木柵路五段（106縣道） 左轉，往市區經秀明路、木柵路，過景美溪橋後左轉順安街，抵達北新路三段大坪林捷運站。

交通資訊

大眾運輸

▲搭乘台北捷運新店線，於新店站下車。站前沿北宜路，往宜蘭方向騎行。

▲自行車怎麼接駁：

●搭乘台鐵，台北車站內不開放單車轉乘捷運，請由板橋車站下車，轉搭捷運至西門站，再轉搭小南門線至中正紀念堂站，換搭新店線往新店方向。

開車

▲行駛國道3號北二高，新店下交流道，右轉中興路二段至北宜路一段口，即抵達新店捷運站。捷運站後方碧潭風景區有停車場，可停放汽車。

自行車道

▲新店溪自行車道位於新店捷運站後方，可由大台北河畔自行車道騎行至新店溪右岸，於碧潭引道騎出，抵達新店捷運站。

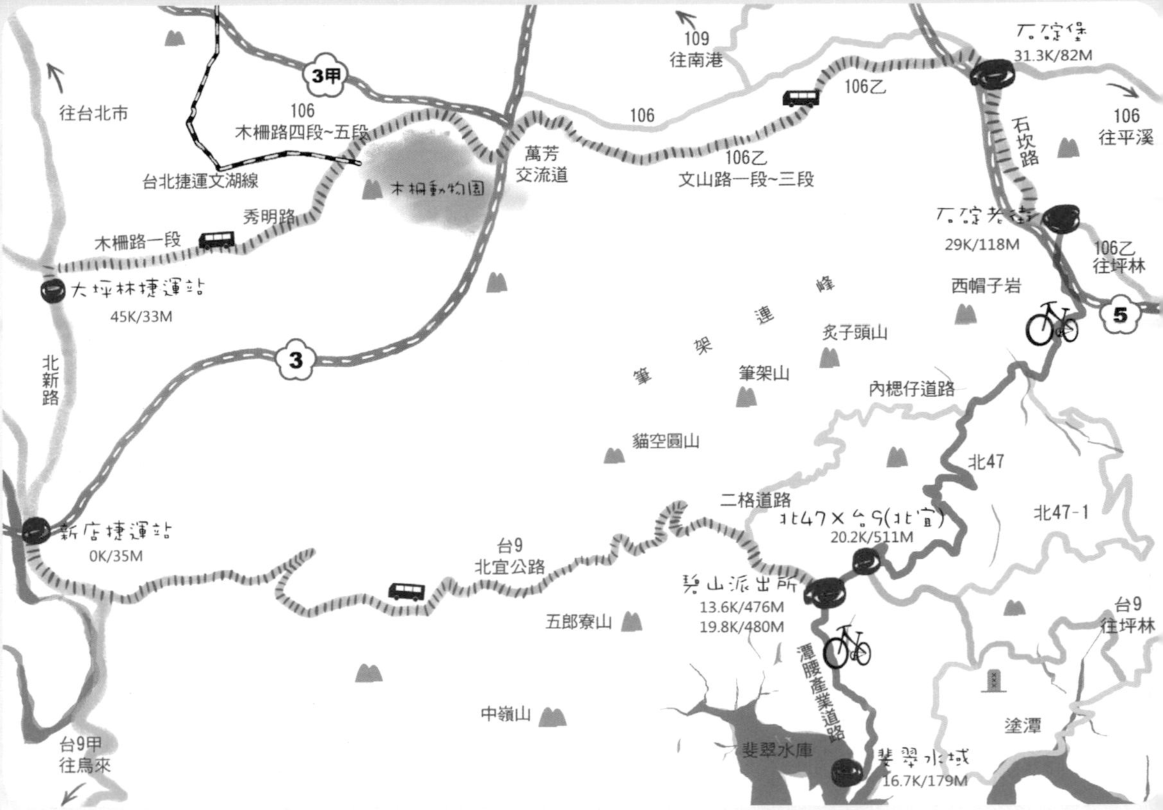

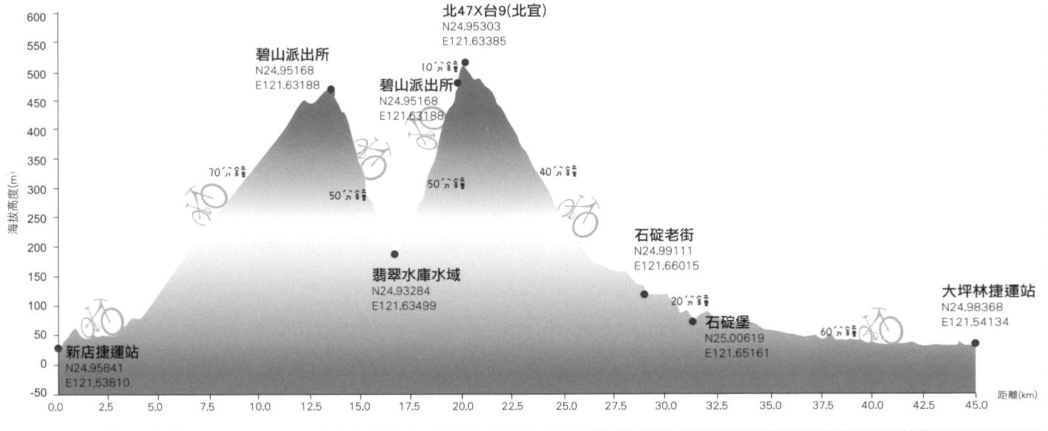

騎乘重點及行程資訊

▲上坡：下坡後原路回程。3公里上升288公尺，斜率近10%，有些困難的陡坡，請小心騎行。

▲由台北新店捷運站到碧山派出所，里程13.6公里。其中以國史館至石碇二格公園大茶壺處上坡較明顯。8.2公里上升367M，平均斜率4%。

▲下坡：潭腰產業道路下坡，路況蜿蜒曲折而且陡峭，務必注意安全，小心慢行。

▲補給：碧山派出所可補給飲水，附近有雜貨店可簡易補給。新店捷運站到碧山派出所，過國史館後少有補給，路程稍長。補給點：新店市區、碧山派出所、石碇老街。

淡水八里往返，可搭乘渡輪，人加單車一起渡河。

春季　新北市淡水、八里、台北市關渡　野花、河海風情、渡輪

03 淡水河自行車道

野花之旅

▲月見草，常出現在翠綠色草皮間，夜間綻放、白天閉合凋謝。

雙腳輕踩單車，掠過雲淡風輕，藍色天空映在微微波動的漣漪上，心裡不禁寫了一首藍色淡水河的悠揚樂曲。好美呀！自行車道在河岸行進，腳下有遺忘的角落，不同季節，變換出不同的自然之美。小野花在河灘地上兀自生長，江河風情更添豐富。

淡水河沿岸，有好多美麗又有趣的自然景觀，可以走馬看花，平淡走過，也可以對大自然多一份認知，那些自然之美，便會永遠長伴左右。

春夏河岸　月見草晨光道再見

春夏河岸常見「月見草」，舉起整夜未睡的嬌容。晚上開花，白天凋謝，所以有待宵草或晚櫻草的稱呼。滿月時分，柔柔的月光下，黃色花朵與月色相映成趣，非常詩情畫意。晨光剛亮，花色漸漸轉黃為紅，花瓣慢慢閉合。早點起床，漫步河岸，看見即將凋謝的月見草小花，説聲最後的再見。

淡水河道有大量的水生植物依附生長。高灘地儘管人工化，卻擋不住野生花朵開出自然與美麗。早夏是「狗尾草」的季節，大部分會群聚生長，形成花叢，毛絨絨的圓錐花序迎著陽光搖曳生姿。只不過這般野花，多乏人問津。當微風吹

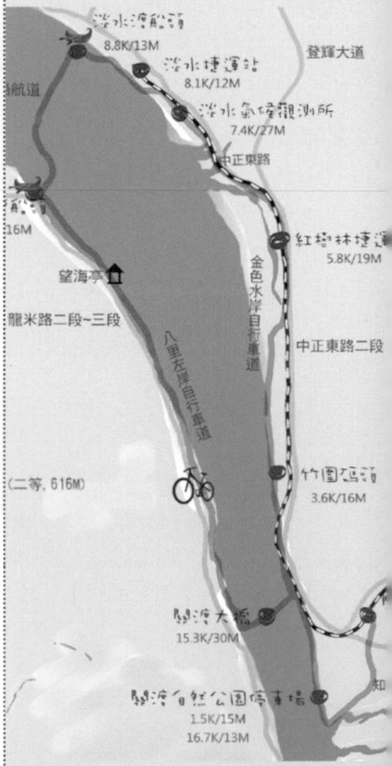

路線難度：★☆☆☆☆ 輕鬆

行程：關渡捷運站→關渡水岸自然公園停車場→淡水河自行車道右岸→竹圍碼頭→紅樹林→淡水→淡水渡船頭→搭渡船過河→八里渡船頭→淡水河自行車道左岸→關渡大橋→自行車引道過橋→關渡水岸自然公園停車場→關渡捷運站

總里程：18.2公里

騎乘時間：1小時17分；平均時速：15.5KM/H

旅行時間：2小時30分

▶河岸苦楝晚春綻放，小紫花近觀才能發現它的美。

起，陽光在狗尾草的花間跳躍，是多麼輕鬆自在的律動呀！

苦楝花香滿溢春天　蟛蜞菊似春陽耀眼

「苦楝」隨風飄逸，紫色小花成串掛在綠葉間，花香滿溢春天。當苦楝結果的時候，也是「烏桕」開花的夏天季節，聚集頂生總狀花序的長條形花朵，不經意印入眼簾。黃裡帶綠，穗狀排列，一束束從翠綠的樹梢探出頭來，模樣可愛極了；宋代詩人楊萬里，在〈秋山〉詩裡所寫：「梧葉新黃柿葉紅，更兼烏桕與丹楓」。雖是夏日時分，賞花之餘，心裡不免想起秋涼，烏桕綠葉轉紅的美麗風景。

「南美蟛蜞菊」四季花開，河道裡常見黃花處處。二、三十年前，南美蟛蜞

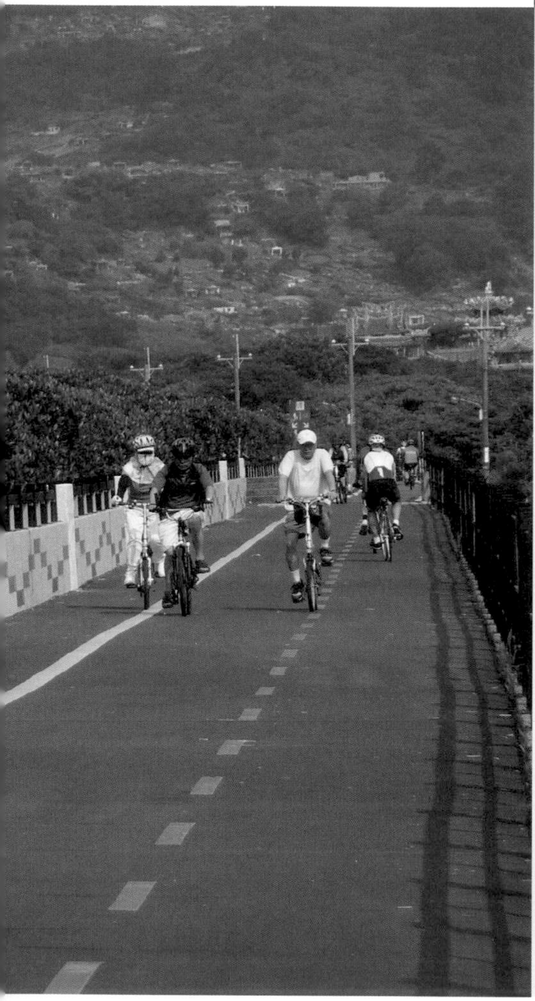

◀◀從竹圍捷運站到紅樹林捷運站，沿線種植大量南美蟛蜞菊，形成帶狀花海。
◀雙花蟛蜞菊，相較於外來的南美蟛蜞菊，更溫柔更婉約。

菊並不多見。因為耐寒暑、披覆性強，有意無意的栽種與自然生長後，族群日益擴大。還有一種「雙花蟛蜞菊」，花朵密度較高，又多了一份溫柔婉約。細看，與南美蟛蜞菊十分神似，卻又少了一點強悍、霸道。小黃花集中開綻，漂亮的黃色疊在一起，河岸少見，但它依然亮麗！

跟著野花腳步　騎遊淡水

基隆河從關渡附近匯流入淡水河，大片紅樹林佔據泥灘地，自行車專用道，

▲從關渡往淡水走，自行車道一直都離不開紅樹林。

▶▶美洲假蓬，瘦果像一顆顆小毛球，可愛極了。
▶烏桕的花，黃裡帶綠，穗狀排列，一束束從翠綠的樹梢探出頭來。

走在微風、陽光豐盈的紅樹林邊。往淡水延伸，河面寬廣、景色宜人，過了紅色拱形的關渡橋，壯闊山河風情，更是引人入勝。小野花，總是恰到好處點綴腳下。「美洲假蓬」，小毛球的模樣甚是可愛，荒地野外，常被當雜草砍除，夏天的淡水河邊，有一點無奈一點不捨。陽光下，披著冠毛的假蓬瘦果，迎風飛揚吧！

接近紅樹林站，捷運載滿城市的忙碌。野地上，「草木樨」串起一朵朵風鈴般的小黃花，最後在淡水河邊落腳，每天看河水流過，看捷運匆忙奔跑。何時該停下腳步，路邊的小野花，它最了解！

從關渡出發，跟著野花腳步來到淡水，買張船票，牽著腳踏車步上渡輪，一起擺渡過河來到八里渡船頭。往下游騎，有挖仔尾、老榕軍事碉堡、十三行博物館。往上游，經過淡淡的漁鄉風情，關渡橋在不遠處，過橋回到關渡，用野花、與江河風情，串起單車環狀路線。

◀泥灘地上的招潮蟹，岸上就能輕鬆觀察生態。

▲大紅色的關渡橋被紅樹林包圍。

▲單車安穩放在船上甲板，以不同視野遙望八里及淡水陸地。

▲竹圍碼頭附近，置身江河風情，自行車道更貼著水邊，遠眺淡水出海口。

必騎．必玩．必賞

★ 淡水河：春季濕氣重，常漫著霧中美景。過關渡橋至淡水，河面寬闊，視野直達出海口。右岸為黃金水岸自行車道，黃昏日落灑下夕陽亮麗，一路由關渡延伸至淡水。八里左岸遠眺大屯山系，體驗淡淡的漁鄉風情，清早時分可賞日出。

★ 賞花：一年四季河岸高灘地有多樣性野花可以欣賞，騎車不妨放慢腳步，尋找野外大自然的美麗。

★ 關渡水岸自然公園：紅樹林保留區，賞鳥、招潮蟹、水生植物。

★ 人文歷史：淡水捷運以舊有淡水線火車拆除改建，目前行經路線為早期淡水線火車舊路。淡水及八里渡船，歷史溯及日據時代，是許多人的年輕回憶。渡船行駛在淡水河心，可眺望二岸風情及出海口。

★ 延伸路線及附近景點：

八里：挖仔尾自然保留區、十三行博物館、八里老街。

淡水：英商嘉士洋行倉庫、淡水老街、紅毛城、滬尾砲台、漁人碼頭。

路線指引：

▲關渡捷運站1號出口，走大度路270巷，穿越大度路涵洞沿知行路，見右側關渡宮，對面人行道上為自行車道，往前續行，在關渡美食攤販集中區前左轉進入自行車道往淡水。

▲沿自行車道往淡水騎乘，沿途經過竹圍、紅樹林，終點淡水捷運站。

▲請由淡水捷運站後方，循河岸商店街至淡水渡船頭，附近有多處售票亭，隨時買票連同單車一起搭乘渡輪至對岸八里下船。購票時請告知售票員，人車同行。

▲八里渡船頭下船，往左騎行淡水河左岸自行道，至關渡橋下方由自行車引道過橋後右轉回到關渡宮。

▲關渡宮前沿知行路，過大度路橋下涵洞，經大度路270巷，回到關渡捷運站。

交通資訊

大眾運輸

▲搭乘台北捷運在關渡站下車。

▲自行車怎麼接駁：

●搭乘台鐵，台北車站內不開放單車轉乘捷運，請由板橋車站下車，轉搭捷運至西門站再轉搭小南門線，至中正紀念堂站轉搭淡水線往淡水方向。

●須特別注意淡水捷運站不開放自行車進出。

開車

▲台北市大度路往淡水方向，於關渡上坡前行駛右側橋下道路，遇270巷口紅綠燈左轉穿越涵洞，沿知行路可抵達關渡宮，附近有停車場可停車。

▲關渡宮附近單車出租店家眾多。

自行車道

▲二重環狀線，於成蘆橋下過獅子頭抽水站，沿淡水河左岸可經關渡橋抵達關渡宮附近。

▲騎行淡水河右岸自行車道，在社子島前右轉至環河北路，沿路邊人行道上的自行車道，至洲美橋下堤防引道上洲美橋，依標線往關渡方向，下橋後沿著自行車道前進，即為關渡自然公園自行車道，一路騎行抵達關渡宮。

▲基隆河自行車道，騎行至洲美橋下方，沿自行車道前進，經關渡自然公園自行車道，抵達關渡宮。

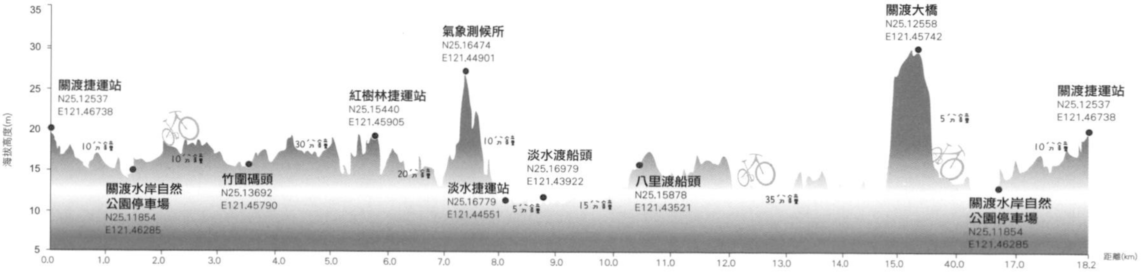

騎乘重點及行程資訊

▲路況：除少數幾個小坡道，全程大致平坦。有部分路段轉彎處較為狹窄易發生危險，請特別小心減速。

▲補給：關渡、淡水、八里補給充足，沿途均有商家及租車服務。

高大的苦楝佇立車道旁。

04 關渡洲美社區 苦楝花飄香

天氣漸漸暖了、雨漸漸停了，春天的感覺又回到台北的懷抱裡。春暖花開的季節，台北各地賞花景點，花訊不斷。水岸自行車道上，正綻放著一種紫色小花，花香漫過每個單車遊客的鼻息間。

苦楝花朵美麗、小巧而且含蓄，遠觀略顯得黯淡失色。多走幾步，湊近欣賞，不難發現淡紫色小花的魅力。淡紫苦楝花圓錐花序排列，花萼鐘形五裂，五片淡紫略白的花瓣，有十個雄蕊，花絲相連成為紫色筒狀，散發出如香水般的天然氣味。每年大約清明節氣前後，大量開花，只要路經樹下或距離數十公尺遠，都能浸潤在苦楝花香中；微香滲入心裡、淡紫映入眼簾，遇見苦楝花開，常常會有意想不到的驚喜。

關渡自行車道的苦楝花季

關渡自然公園自行車道，以原有堤防修築，經過紅樹林保護區、貴子坑溪八仙橋、八仙農業區，最後，在洲美橋下，銜接雙溪自行車道。沿途景色優美，生態及人文豐富，每每騎單車大口吸著關渡的空氣，心情會特別舒緩、放鬆。

每年四月左右，是苦楝樹開花的時候，清香在關渡附近飄移。走在自行車道

路線難度：★☆☆☆☆輕鬆

行程：關渡捷運站→關渡宮→關渡自然公園自行車道→洲美橋下自行車道→雙溪自行車道→雙溪碼頭出口→洲美街→洲美國小（洲美街196巷）→洲美水田區→五分港自行車道→洲美運動公園→洲美橋下越堤道→洲美橋下自行車道→八仙產業道路→關渡宮→關渡捷運站

總里程：16.6公里

騎乘時間：1小時5分；**平均時速**：16M/H

旅行時間：2小時

▲苦楝花朵美麗、小巧而且含蓄，遠觀略顯黯淡失色。

上，陣陣特別的香氣，在身邊漫開來，來此騎車運動、休閒散步的遊客都沉浸在花香裡。或許是一場不經意的邂逅，抬頭、細看，苦楝小花早已滿樹綻放，小小的淡紫色花朵，讓樹梢抹上有點暗沉的雪白。

關渡自行車道的苦楝花況，大多集中在八仙橋與洲美橋間的路段。這裡有八仙產業道路的農田及村落景觀，由位置稍高的自行車道下望，水稻田秧苗輕綠，鋪在廣闊的平原上。基隆河在另一側，幾葉輕舟河水盪漾，景致美麗極了。水岸邊，生長著許多野生苦楝，有些樹冠層與車道同高，站在欄杆前，就可以輕而易舉觀察聚生紫色花朵。這種近距離接觸，平常可是難能遇見。

隱藏在洲美社區的苦楝花

吹著河風、踩著單車，不論帶著什麼樣的心情走過，微醺、濃郁的苦楝花香，會不著痕跡的飄過身旁。沐浴花香，自然愉悅上心頭；河道裡空氣清新，忘情呼吸，春天的氣息都滲入身體裡；留住快樂，吐露沉悶。

自行車道上的花況，延伸好幾公里，由洲美橋下轉入雙溪自行車道，再由雙溪碼頭停車場騎出河堤，對面有個洲美社區。小而靜的聚落，除了略顯舊意和零散的工廠。洲美國小前彎進小路，又是一片天地。

▲堤防上近距離賞花，也可觀察水筆仔生態。

▲多走幾步，湊近欣賞，不難發現淡紫色小花春天的魅力。

◀自行車道上的日出染亮基隆河水。

▼騎行洲美社區的田綠，遠眺大屯山及七星山系。

九份溝隱藏在洲美社區的某個角落，水稻田裡小路縱橫，帶著探險的心情來此，有如深入原始又未經開發的荒野之地。不過，在田間搭設有木棧道，沿五分港而行，當苦楝開花時，九份溝邊春綠正濃。而五分港溪攔水壩形成水位較高的水塘，兩側樹木濃密，有如熱帶雨林景觀。尋賞苦楝花之時，不妨來此體驗，台北市文明繁華中的叢林味道。

▲美麗的野花通泉草，隨處綻放。

▲烏桕的葉子在深冬泛紅。

白三葉草雪白遍地

苦楝盛開時節，也是白三葉草綻放的時候，緊貼地面的白三葉草穿上亮白色衣裳，一片欣欣向榮、風情萬種。由洲美橋下轉入雙溪自行車道，幾公里河岸灘地，開滿白色小花，像春雪覆蓋在草皮上。關渡平原的另類花之美景，正在迎風招手、吐露芬芳。

▲白三葉草，沿著車道，灑上一層雪白花色。

▲九份溝（五分港）的苦楝依水而生。

必騎・必玩・必賞

★ 賞花：關渡自然公園堤防自行車道，春天苦楝花開，清香瀰漫，可以近距離欣賞紫色小花。沿途野花處處，留意路旁常有不經意的發現。

★ 日出：關渡自然公園自行車道上，可看見日出在河面閃爍光芒。

★ 八仙產業道路：附近為台北市少見的農業區，沿途欣賞水田及鄉間風情。

★ 五分港及九份溝：洲美社區內，五分港隱身城市角落，原始味十足。自行車道行進在溪水旁，別有風情。春天也是苦楝賞花重點處。

路線指引：

▲關渡捷運站1號出口，走大度路270巷，穿越大度路涵洞沿知行路，見右側關渡宮，對面為自行車道入口，進入後循關渡自然公園堤防自行車道騎行。

▲過了八仙橋，遇洲美快速道路，穿越橋下後右轉洲美橋下自行車道，至過橋引道處取右線，往雙溪自行車道。

▲沿雙溪自行車道騎行，在雙溪碼頭處左轉停車場邊引道，過洲美街進入洲美社區。在洲美國小前右轉進入洲美街196巷，來到田園地帶，遇岔路取右線沿五分港自行車道至洲美運動公園。

▲洲美運動公園前堤防，有單車引道可越過堤防，回到洲美橋下自行車道上，右轉後在洲美快速道路橋下出口，左轉進入八仙產業道路，過貴子坑溪後再左轉，便沿著關渡堤防下方，來到關渡宮前自行車道入口。

▲騎出自行車道，右轉知行路，過大度路橋下涵洞，經大度路270巷，回到關渡捷運站。

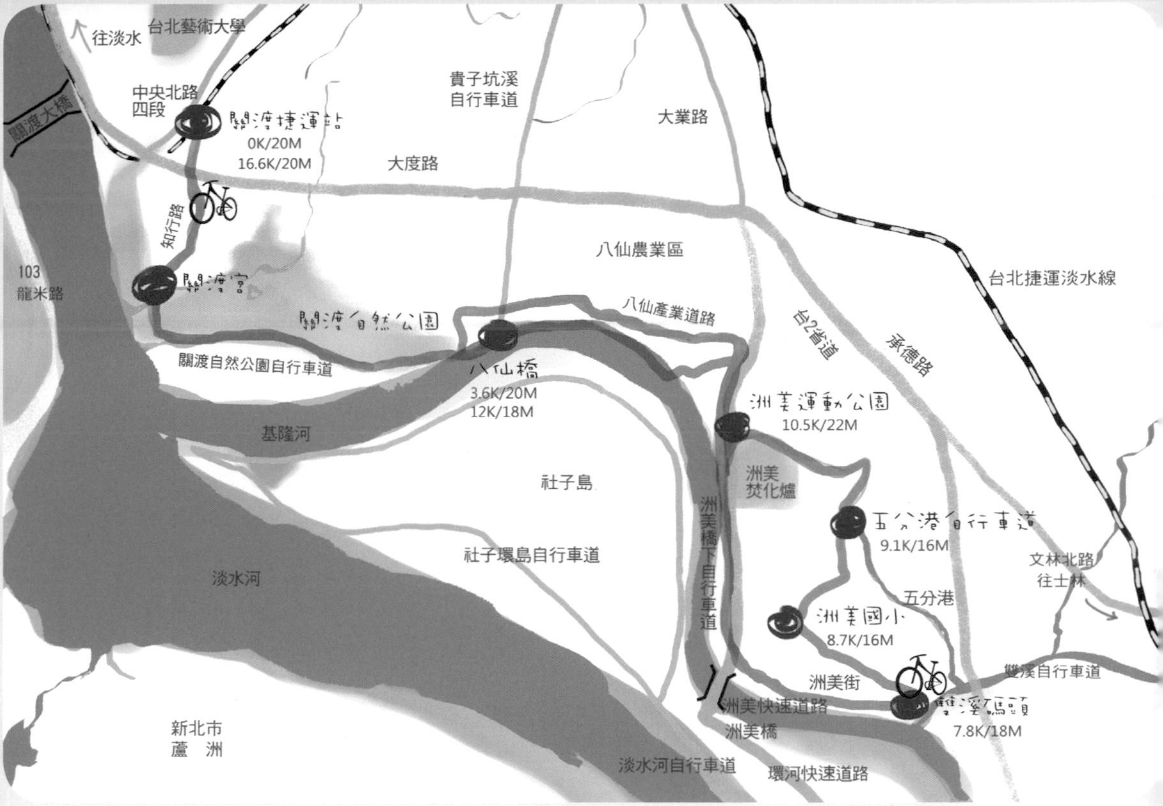

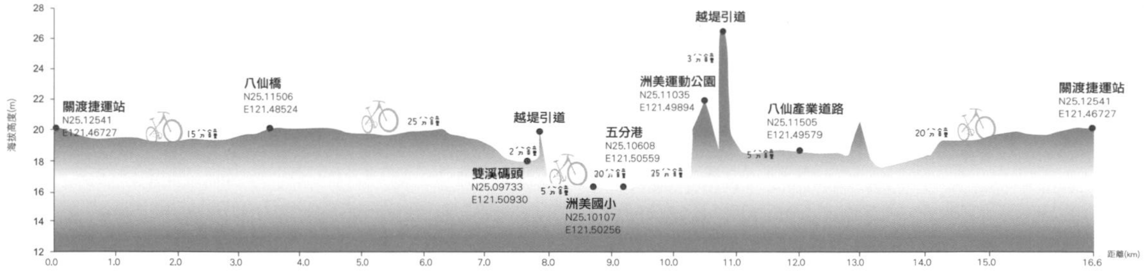

騎乘重點及行程資訊

▲路況：大部分為自行車道及平坦的柏油路，適合休閒輕鬆慢騎。除幾處越堤坡道，可用牽行方式上坡。

▲補給：關渡為主要補給點，自行車道上多有商家及攤販。洲美社區內較為偏僻，可攜帶少量補給品。

交通資訊

大眾運輸

▲搭乘台北捷運在關渡站下車。

▲自行車怎麼接駁：

●搭乘台鐵，台北車站內不開放單車轉乘捷運，請由板橋車站下車，轉搭捷運至西門站再轉搭小南門線，至中正紀念堂站轉搭淡水線往淡水方向。

開車

▲台北市大度路往淡水方向，於關渡上坡前行駛右側橋下道路，遇270巷口紅綠燈左轉穿越涵洞，沿知行路可抵達關渡宮，附近有停車場可停車。

▲關渡宮附近單車出租店家眾多。

自行車道

▲騎行淡水河右岸自行車道，在社子島前右轉至環河北路，沿路邊人行道上的自行車道，至洲美橋下堤防引道上洲美橋，依標線往關渡方向，下橋後沿著自行車道而行，即為關渡自然公園自行車道，一路騎行抵達關渡宮。

一到春天，大漢溪畔重翠橋下的白三葉草開成花海。

05 大漢溪右岸自行車道

天上山春賞桐花

來自台灣北部深山，大漢溪綿延一百三十幾公里，來到新北市境內，川流過三峽、板橋、土城、新莊、三重的前世今生，與新店溪在淡水河相遇。城市的河岸曾經紊亂堆滿垃圾，當人心覺醒時，大漢溪河灘地綠草如茵、陽光燦爛，大自然的蟲語鳥鳴適合慢行聆聽。騎單車，逛水岸，身心愉悅！

新北市境內的大漢溪右岸，大約從華江橋到土城媽祖田附近。經過水岸風情洗禮後，滿心慢節奏、緩步調，接著越過堤防，換做登高訪勝的山林之旅。晚春，看滿山桐花鋪地雪白，散落的小白花領路，踩著綠意與水聲，走進油桐花浪漫季節。

河廊生態保護區　賞雁鴨、觀濕地

重翠橋下的白花三葉草春日綻放，花海似的鋪滿整個河灘地草皮。不怎麼爭奇鬥豔的白色花朵，開啟一段大漢溪河畔之旅。往上游騎行，人工濕地已經成為河岸主角。人工濕地除了生態保育外，還能淨化水質，處理附近城市廢水，近年陸續建置完成，淡水河的RPI（河川污染濃度指數），漸漸由中度污染邁向輕度，人工濕地功不可沒。

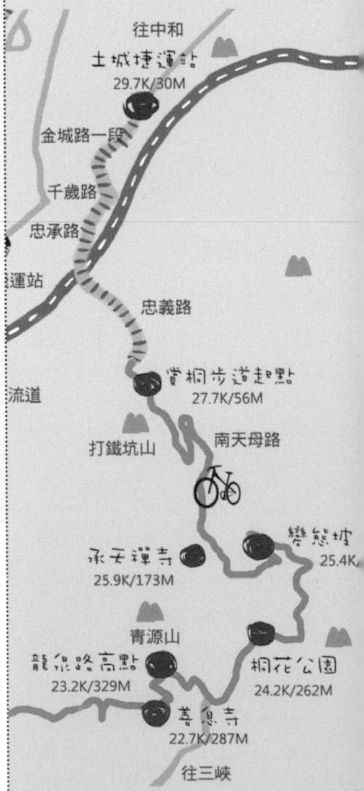

路線難度：★★★☆☆ 輕度挑戰

行程：板橋車站→華江橋下單車租借站→大漢溪右岸自行車道→新海濕地→浮洲濕地→土城媽祖田→龍泉路→善息寺→天上山→桐花公園→變態坡→承天禪寺→承天路→土城捷運站

總里程：29.7公里

騎乘時間：2小時45分；平均時速：10.8KM/H

旅行時間：4.5小時

▲踩著碎石小路，騎進原始味十足的濕地景觀。

華江橋下的雁鴨生態觀察區，水鳥春去秋來，展翅飛越新海橋前，新海濕地、浮洲濕地，連成河廊生態保護區。自行車道旁的木柵門裡鋪著碎石，踩著小石子下陷的聲音，亦步亦趨走入原始味十足的人工濕地。荒野小路在沼澤區蜿蜒，水生植物分布生態池中。靜謐氛圍環繞，稍稍移動腳步的聲響，驚起一群水芙蓉上休憩的小白鷺，振翅飛向天空。單車闖入，揚起一陣生態池擾動。

賞鳥、賞花、觀生態，新海橋到浮洲橋間的自行車道，貼近生態廊道而行，隨時都能由各入口進入濕地區域，體驗不同風貌的河岸景觀。

龍泉路發現生態之美

騎完大漢溪右岸自行車道，出口媽祖田附近正好是天上山入口。龍泉路冷清而少人煙，夏日風情在山林綻放。夏天是冇骨消的季節，也是洋落

◀黃昏時分，黃槿落花為大漢溪畔添上點點亮麗。

葵的日子，稀微的路邊陳列欣欣向榮的白色花況。這兩種小白花，花間生態豐富。細微觀察，小花上站著好多土紋桑舞蛾和黃翅桑舞蛾，白色花蕊搭配黃黑色的舞蛾外衣，顏色對稱，美麗無比。儘管微小不易察覺，用心慢行，每個角落都可以發現大自然之美。

產業道路的綠意最引人心靜，穿越綠色圍築而成的天然籬笆，心情平靜如水，思緒如山風吹過樹梢的樂音一樣流暢。如果再有些黃昏的亮麗光影，映在出汗的皮膚上，山林之旅再完美不過了。不論路程長短、遠近，翻越天上山三百多米高點、層層綠意和林間躍動的生命，想找一份城市邊緣的綠生活，也不怎麼困難！

▲豐富水生態池伴隨著鳥類生態，黃頭鷺群聚覓食。

▶龍泉路春末，沿著山路灑下油桐小白花。

春末天上山賞桐，夏雪了

大台北地區知名賞桐景點天上山，每到春末夏初的四、五月份，定會掀起賞桐熱潮。傳統賞桐路線以南天母路為要道，遊走桐花公園及承天禪寺周邊步道。騎單車賞桐，機動性強，翻越山嶺，走出不同於開車或步行賞桐的訪春路線。由龍泉路上山，可避開人潮與車潮，騎單車的好處顯而易見。

◀◀洋落葵與土紋桑舞蛾（台灣特有種）的美麗夏天。
◀冇骨消提供蜜源，大波紋蛇目蝶陶醉其中。

龍泉路算是天上山的後山，少見遊客與往來車輛。經過一小段住家聚落後開始爬坡，路旁常見登山步道，步道旁豎立著登山小徑說明圖，若有爬山興趣，附近自然而清幽的林相，很值得一探究竟。進入山區一會兒時間，桐花開始隨著春風點點灑落，有時鋪成一小方雪白，有時在山溝裡跟流水打轉，朝陽篩過林蔭，小白花也不忘滾動著舞向一旁。

繼續蜿蜒而上，除了白色桐花外，盛開的非洲鳳仙花也引人注目。花葉沾滿朝露光鮮亮麗。生長及開花密度幾乎覆蓋小山溝，若想拍照取景或靠近欣賞，小心一腳踩進花叢下的山溝。登頂前，善息寺附近人潮稍多，兩、三個陡坡迴旋而上，茶園夾道、山風輕拂。油桐染白山頭，遠望與近賞桐花的感覺截然不同，那是一種壯觀與詩意相遇。

▲濕氣濃重的春天，邊坡開滿非洲鳳仙花。

▲板橋與土城堤防上，看夕陽餘輝落入林口台地。

必騎・必玩・必賞

★ 大漢溪濕地：大漢溪右岸經多年整地建設，由新海橋至浮洲橋路段，遍布大量人工濕地。生態及景觀非常特殊，四季呈現著不同的大自然色彩及動植物生態。

★ 河岸暮色：沿大漢溪右岸慢騎，黃昏時分可欣賞落日晚霞，漸漸沉入對岸新莊、樹林、林口台地。

★ 天上山賞桐：春末由龍泉路上山，沿著山路散落的油桐小白花，美不勝收。天上山、桐花公園及野生油桐滿山綻放染白山頭，為北部地區賞桐重點。

★ 龍泉路生態：春夏二季，山路動植物生態豐富，適合賞鳥、賞蝶及昆蟲。

路線指引：

▲板橋火車站前，騎行文化路往台北市方向，至華江橋單車牽引道，牽行單車越過堤防，進入堤內河濱自行車道，華江橋單車租借站位於華江橋下方。

▲路經華江橋下往土城方向，續行大漢溪右岸自行車道，沿岸人工濕地景觀非常特別，一連串14公里的河道風光後，由土城媽祖田越過單車引道，引道出口右轉土城溪頭路，再左轉遇台3線（土城中央路四段）二高涵洞下方，對面小路口往山裡行進，即為龍泉路。

▲沿龍泉路往天上山爬坡，經過善息寺及茶園，翻越高點下滑，遇岔路左轉往桐花公園。

▲一個小上坡來到桐花公園，續行山路上坡，另一處高點後下滑，路況非常陡峭。平緩處為承天禪寺入口，右轉往承天路下山，經忠義路再右轉金城路一段，抵達土城捷運站。

交通資訊

大衆運輸

▲搭乘台鐵在板橋車站下車。

▲往板橋長途客運在板橋轉運站下車。

▲台北捷運於板橋站下車：

●沿板橋站前文化路往台北市方向，至華江橋單車引道，牽引單車抵達河堤外自行車道。

開車

▲北二高中和下交流道，接上台64線往板橋，於板橋下交流道接民生路二段再右轉文化路，華江橋前走右側聯絡道，抵達環河道路單車引道處。再右轉環河道路，於左側江子翠水門可進入河堤外停車場。

自行車道

▲騎行大漢溪右岸自行車道或新店溪左岸自行車道，可抵達華江橋單車租借站。

▲人工濕地風情，除了生態保育，也處理城市污水。

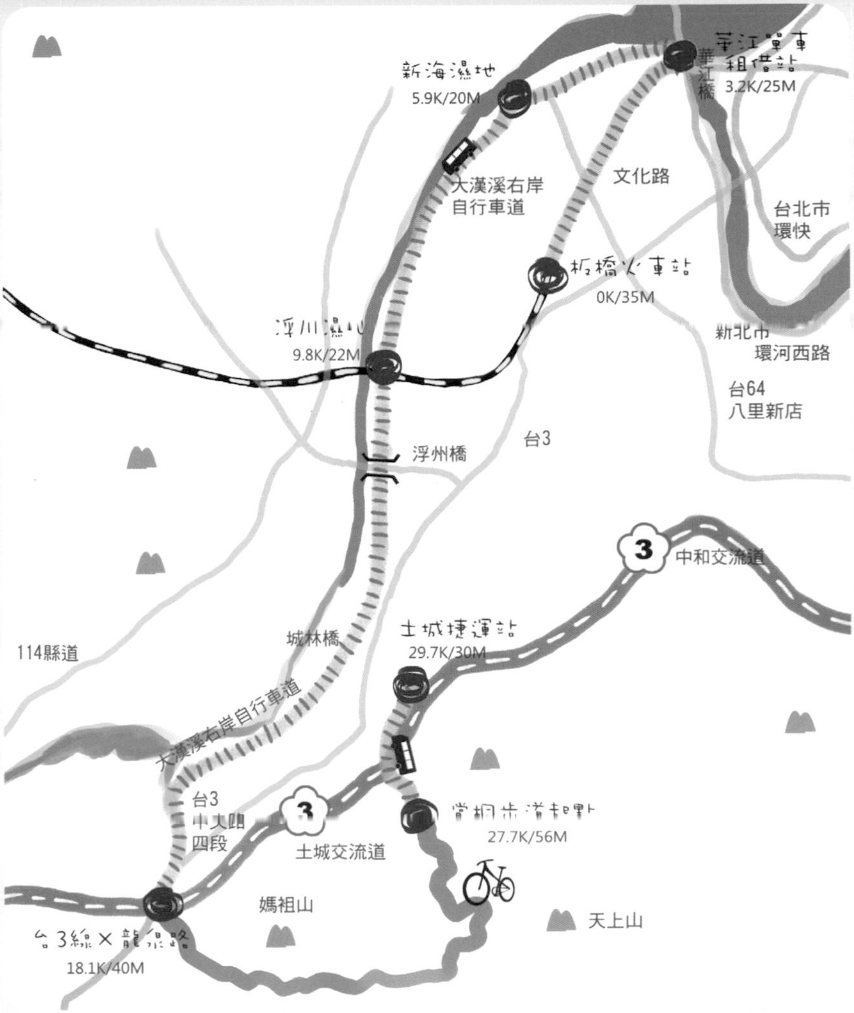

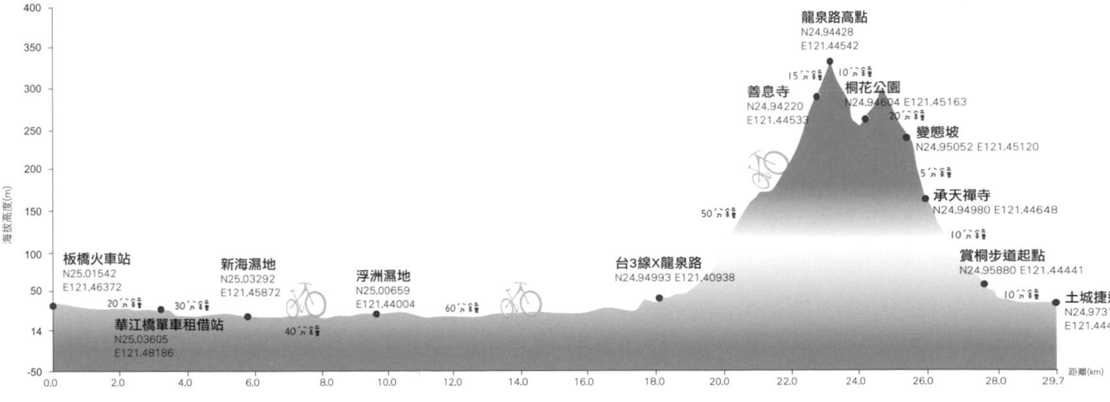

騎乘重點及行程資訊

▲路況：河道內為平坦自行車道。

▲上坡部分：龍泉路上山5公里上升291M，平均斜率6%，有些路段較陡。天山上路段有1.7公里左右，略為上下起伏。

▲下坡部分：承天禪寺前500公尺路段，斜率達15%，非常陡峭，騎行單車下坡須特別注意安全。

▲補給：板橋市區進行補給。河道內路程較長，必須騎出河道，才有商家。天上山有部分攤販，集中在高點附近。承天禪寺入口前，有小吃攤可補給。

百年老宅第「青錢第」難得開放參觀。

06 三坑鄉村漫遊

體驗客家村莊風情

三坑村位於桃園龍潭大漢溪畔，台3乙五點五公里指標附近。入口是個不起眼的小路口，可能從村子口的馬路奔馳而過，也不會注意到有個令人意想不到的小聚落躲藏於內。這裡不適合用都市的方式逛老街，也不能放任採購、大吃大喝，因為三坑老街的村落風格，是在地居民生活歲月的自然呈現。

三坑村內有幾處人文景點。由「黑白洗」開始，經過「三坑老街」，遇見百年老廟「永福宮」，轉個彎「青錢第」在小路盡頭，跨過小橋走過一段林蔭，「開庄伯公廟」就在小山腰上。一連串所謂的景點，就是當地客家聚落，純樸鄉間日子的歷史映像。

牽車漫步三坑老街　沐浴客家歷史風情

老街的黑白洗為早年居民洗衣場所，並不如其他人為發展旅遊觀光的老街，將古蹟文化當作博物館藏般陳列。到目前為止，還是能看見有些婦人洗菜、浣衣的畫面。三坑老街非常有特色，小而美這句話剛好用來形容這條老街，雖然只有短短一、兩百公尺長，略帶曲折，新舊房舍左右並陳，在地居民就生活於老街裡。一眼望穿街底，永福宮矗立，視覺上與老街連成一氣。走近細看，不若一般

路線難度：★★☆☆☆　進階

行程：國光客運龍潭站→113縣道→台3乙→三坑村→黑白洗→三坑老街→永福宮→青錢第→三坑鐵馬道→永福宮→三坑自然生態公園→田園風光→三坑老街→台3乙→113縣道→國光客運龍潭站

總里程：21.9公里

騎乘時間：1小時49分；平均時速：12KM/H

旅行時間：4小時

青錢第
年年有餘增康寧
青

▶三坑老街入口處的黑白洗，舊時光依然存活，常見洗菜浣衣畫面。

廟宇華麗，卻有著淡淡的歷史痕跡，樑柱古意盎然，窗櫺門板刻劃著斑駁舊意。望向街角的柑仔店，舊舊的、黑黑的，就像老闆的客家口音一樣，讓人走進沒有便利商店那個時代的親切感。

繞過永福宮以後，青錢第就在不遠處，門前開滿野花。紅磚、山牆、懸魚、槍銃孔，老建築的點滴依然，彷彿訴說著「青錢」久遠歷史。一路走來不過幾百公尺長，客家小聚落的範圍並不大，牽車步行便能仔細遊歷附近人文據點。最後，別忘了繼續前行，越過圳溝小橋，走過一小段林蔭，往左拾級而上，開庄伯公廟就坐落在一棵大楓樹下，靜靜地守護著三坑聚落。

▲三坑老街不長，未經改造，保有原味，一眼望穿路底的永福宮。

◀◀老屋頂的瓦片，難得可以在老街角落，欣賞到傳統建築之美。
◀在地居民的傳統生活，晾曬客家梅乾菜。

三坑鐵馬道，山林、水聲、花香

掠過三坑老街聚落舊意，從青錢第外的鄉間小道往山邊走，牽著單車登上木棧道，忽然間陣陣清涼迎面而來。三坑鐵馬道與石門大圳並肩而行，所以也稱石門大圳自行車道。沿著清靜舒坦的山林水聲，輕踩綠樹傾倒的春影，感受季節的溫柔與恬靜，連續好幾公里的自行車道，足以卸去一身疲憊。

鐵馬道上自然林相蓊鬱並遍植路樹，成排山櫻花早春綻放，直到晚春漸暖，花季由濃轉淡，換上入夏前的油桐小白花。秋日香氣悠悠，水圳邊開滿野薑花，騎行花香水聲裡，酣暢舒爽。也許是過分愜意，兩公里路程直覺意猶未盡，騎出自行車道轉個彎，鄉野小道劃過水田風景，落寞的荒涼野地，自成一派悠然。

▲三坑鐵馬道與石門大圳並肩而行。

▼走在三坑村的巷弄間，充滿鄉間舊意。

▼來到三坑，一定要嚐嚐客家美食，油蔥乾麵。

賞野花遊田園，回歸鄉野情懷

早年大漢溪河道船隻可航行到三坑子，水畔的三坑聚落理所當然成為附近地區的貨物轉運據點。滄海桑田，從三坑老街下滑到大漢溪堤防邊，過去的繁華已然逝去。堤邊目前是三坑自然生態公園，湖水、涼亭，仍有幾分寂寥。沿著公園路底的小山路爬坡，穿越房舍、竹林，一大片田園景致豁然開朗。

綠稻風中搖擺，田埂風貌隨季節變換，春天穿上綠衣、冬日乾黃撲向大地，稻田小路上騎車，大自然常常帶來驚喜。逢春必開的紫花霍香薊，田疇沃野鋪滿紫色花毯，農用小道鑲著紫色花帶在綠田間蜿蜒，此時無須語言佐注，只要靜靜的踩著單車，讓三坑的春暖花開，沁入空白的思緒。

走出田園來到村子口，慢騎回到三坑老街，永福宮前的客家麵攤正飄著油蔥香，坐在不知年歲的亭仔腳，來一碗乾麵、板條，嘴裡化開的是濃濃的客家味道。就像青錢第外的荒田，紫花霍香薊濃到化不開的春天顏色，等待春去冬來，時光交替，卻不曾停止。

鑽進小巷子，紅磚山牆、瓦片房頂，短牆上頭晾曬著梅乾菜與曬蘿蔔的味道。那份眼熟，令人有若回到鄉愁的夢境。

▲三坑村的二期稻作有金針花陪伴。

▲野花與油菜花交織出美麗的色彩。

必騎・必玩・必賞

★ 春季田園風光：三坑村內春季水田風光。
★ 春季三坑鐵馬道：早春櫻花、晚春油桐花，石門大圳景觀及野薑花。
★ 野花風情：田野間常依照季節開遍野花，如春季紫花霍香薊，秋季水丁香。
★ 歷史與人文：三坑老街、永福宮、青錢第、開庄伯公廟等。

▲秋天荒地換上黃顏色的水丁香。

路線指引：

▲國光客運龍潭站前向左往石門水庫方向，沿中正路（113縣道），經三林段、佳安段，至泉僑高中前文化路口，直行接上台3乙省道（中正路三坑段），下坡約700公尺後紅綠燈，左轉即為三坑村入口。

▲進入三坑村後，略為下坡300公尺，左手邊可見到三坑老街入口指示牌。入口附近為黑白洗景點，往裡走，經老街來到永福宮。

▲永福宮前左轉，100公尺後，右手邊為青錢第，續行田間小路，春日野花盛開。路盡頭推車上木棧道及階梯，到達三坑鐵馬道。

▲於自行車道左轉為台3乙出口，此時右轉三坑鐵馬道沿石門大圳騎行，一直到終點出口處，岔路請取右線下坡，回轉後交叉路口右轉鄉間小道，經開庄伯公廟前，越過野溪小橋，回到永福宮。

▲永福宮前右轉為老街，直行遇叉路口左轉，接著下滑至大漢溪堤防邊，右轉至三坑自然生態公園，沿公園外道路騎行至山邊，上坡穿越住家下方及竹林，路況平緩後左轉經過工廠前，田園景色呈現眼前。

▲沿田園主要道路騎行，經過小聚落接回三坑村入口附近，右轉遇老街入口進入補給，品嚐客家美食。

▲離開三坑村，在台3乙右轉，沿原路中正路（113縣道）三坑段、佳安段、三林段，回到龍潭市區中正路國光客運龍潭站。

交通資訊

大衆運輸

▲請搭乘台北轉運站開往竹東國光客運，桃園龍潭站下車。沿途可在板橋轉運站、中和中正路上車。

▲台中往板橋國光客運，於桃園龍潭站下車。

●長途客運龍潭站，多集中於中正路桃園客運總站對面，下車後騎行中正路113縣道，接台3乙至三坑村入口左轉抵達。

開車

▲北二高龍潭下交流道，行駛大昌路往石門水庫方向，接著左轉中正路113縣道接台3乙至三坑村入口左轉抵達。

自行車道

▲騎行大漢溪左岸自行車道，接大鶯自行車道，穿越大溪橋及崁津橋下方，經三坑子抵達三坑村。

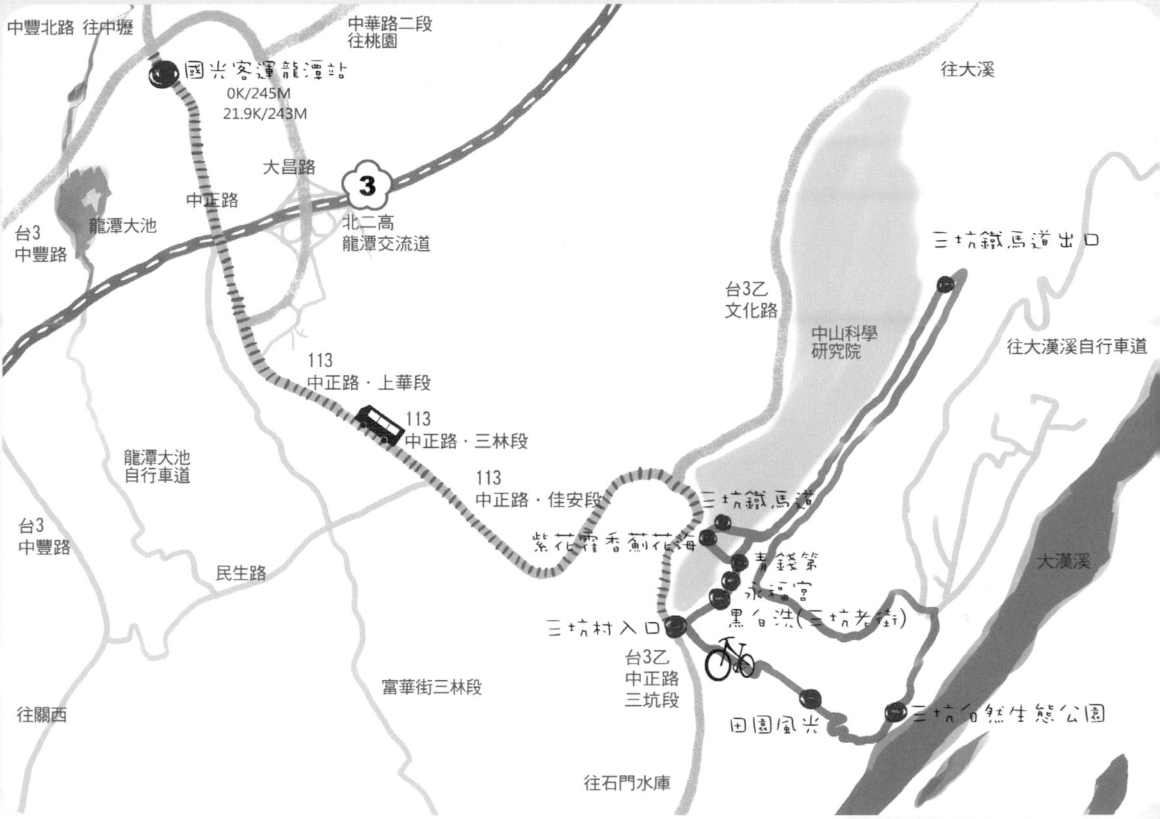

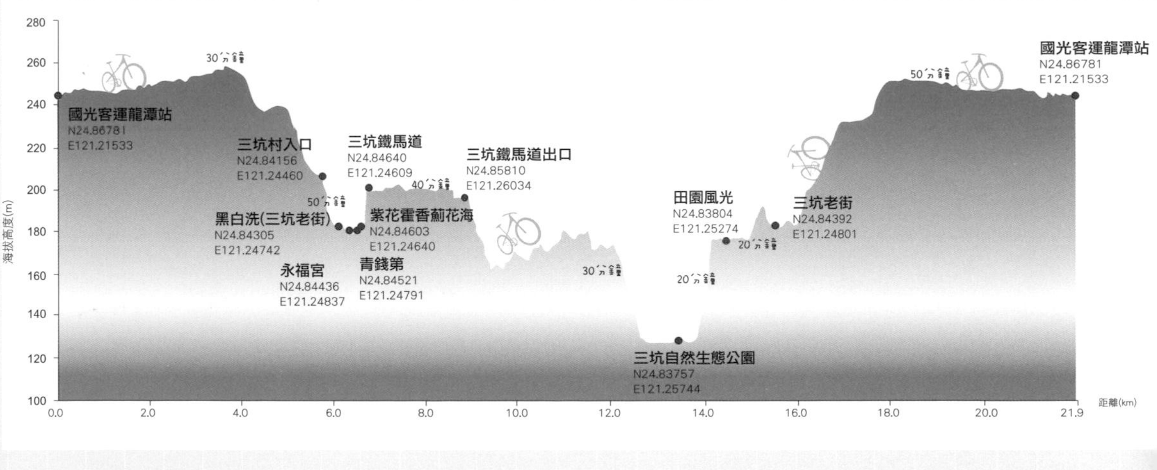

騎乘重點及行程資訊

▲路況：沿途路況上下起伏，但大多為緩坡，距離不長，屬於進階路線。

▲補給：龍潭市區補給較充足，三坑村內集中在老街附近，其餘路程中少有補給點。

五峰旗瀑布離礁溪市區不遠，天然溪流景觀令人身心舒徐。

07 礁溪小鎮慢騎

拾起田綠與山湖美景

▲豐富的生態一路直達山頂淡江大學，黑端豹斑蝶飛舞山林花叢間。

說到礁溪，腦海中浮現的第一印象，必定是名聞遐邇的溫泉。沿著台9線來到礁溪市區，溫泉飯店林立，卻聞不到一點硫磺味道。礁溪擁有台灣少見的平地溫泉，酸鹼值七左右，無色無味的地表湧出碳酸氫鈉泉，為宜蘭北邊的小城鎮，帶來無限商機與發展機會。

除了溫泉，偏離一般人慣走的台9線省道，往靠山的方向移動，有一條沿著山腳下輕掠而過的清靜路線，很適合單車慢遊。清涼的瀑布、飄逸的花香、湖光山色美景，還有遠眺的壯闊，都在礁溪溫泉裊裊輕煙不遠處。

五峰旗瀑布停車登山

騎單車遊玩礁溪相當方便，從礁溪火車站前出發，慢晃過市區水泥樓房時，不妨先停下腳步，到溫泉公園的露天泡腳池泡泡腳，讓雙腳氣血通暢，全身也能通體舒暢。免費的溫泉享受，為接下來的單車行程，寫下美好開始。

從溫泉區轉進五峰路，不一會兒便來到五峰旗瀑布群。停下單車吧！從山下漫步上山，瀑布一層層往下傾洩，淙淙水流聲中，從樹梢落下的芬多精與負離子，混合著氤氳的水氣，恍若天然SPA，建議不妨大口呼吸吧！讓胸腔裡充滿

路線難度：★★★☆☆　輕度挑戰

行程：礁溪火車站→溫泉路、健康路→礁溪溫泉公園→五峰路，上山→五峰旗瀑布→瀑布群→五峰路，下山→龍泉橋→林尾路→百年雀榕→農宜礁13號農路→淡江大學蘭陽校區→柴圍路水田風光→龍潭湖風景區→宜5-2鄉道→金同春圳→宜蘭磚窯→宜蘭橋→宜蘭市區→宜蘭火車站

總里程：37.4公里

騎乘時間：3小時15分；平均時速：11.6KM/H

旅行時間：6小時

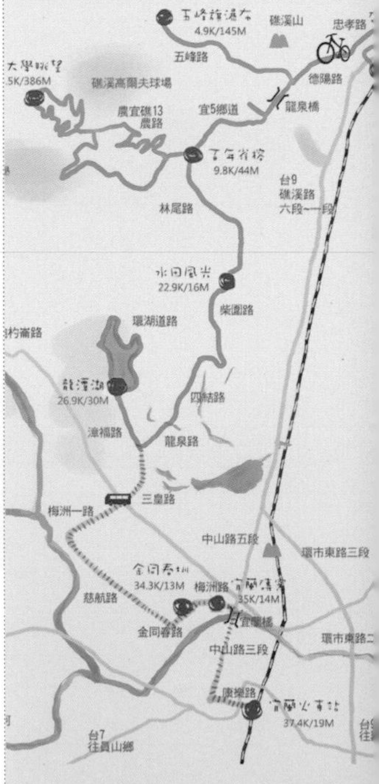

▲沿著農宜礁13號農路上山，徜徉山林自然環境裡。

潺潺水流與清涼綠意。

瀑布後方有五座山峰，狀似京劇裡的三角大旗，因得五峰旗之名。三層瀑布以林蔭間的登山小徑連結，沿著小徑步行而上，透過林隙看見溪域景色不斷變換，樹林迴廊、山石曲檻，走在山水院落裡，捧著滿心舒徐。

穿越農路山林生態，淡江大學遠眺

龍泉橋附近柚花香四處飄移，得子口溪床灘地上的柚子田小白花春日綻放。往林尾路走，一路上都是花香，沿著山邊帶著花香，就在一棵百年雀榕前，往淡江大學的農路爬坡，農宜礁13號農路穿越山林，登高望遠。

山間產業道路春色繽紛，非洲鳳仙花濃郁的色彩，灑遍山路兩旁。這裡幾乎沒有人車，只有單車踩踏的聲響，混合著用盡氣力的喘息聲。野生的橘子開花了，白色花瓣抹上些許淡淡的紫色，任由風吹日曬、乏人照料的果實，是否有些酸澀？草叢生態最是豐富，「黑果馬㼎兒」細小雪白的花朵，點點沾滿濃綠草坡，湊近觀看，細微卻不減小花魅力。「星點黃守瓜」是小白花的守護者，亮菊色身軀飛越一重又一重綠葉間，一方小小的野花世界，說了一場魔幻生態旅行故事。

農路直達山頂，每一次轉彎都有不同風景，走過綠林樹蔭，遠望山下蘭陽平原與大海遠處交接。一直到高點淡大校區，春霧朦朧外的龜山島霧氣裡浮沉，等待天晴。雖然不是每次都能放眼開闊直達海域，但尋找遠眺的幸福，成了再騎單車上山的最佳理由。

▶黑果馬㼎兒小白花點點，綴滿山坡草綠。
▶▶星點黃守瓜有美麗的外衣。

▲沿著山路，眺望蘭陽平原。

田綠與山湖美景，最精彩的礁溪單車行

山巔遠眺，山下春水純釀田綠。由林尾路接上柴圍路山邊騎行。春田才剛滿上宜蘭好水，漫向遠方。季節的風從田畦吹來，帶著秧苗淡淡的甜味。水田邊、山腳下，仲春靜靜的在風中打轉。這一段從礁溪通往龍潭湖的鄉間小路，好似被台9線奔馳而過丟棄的美景。秧綠在水中整齊畫線，經緯縱橫，交織出看似無邊的綠色大地。水田景色與鄉間聚落風情，綿延好幾公里，跟著田埂邊曲線前進，有若城市流失的緩慢生活態度。

蔬菜花朵樸實清麗，偌大的蘿蔔田開遍白色花海。柴圍聚落附近的茶園等著抽新芽，茶田主人說了：「四月份的茶樹嫩綠，美得讓人想坐在田裡泡壺甘甜好茶。」

龍潭湖隱於田園風光後，從漳

▲龍潭湖低斜的相思樹倚水而生，映出一幅樹水美景。

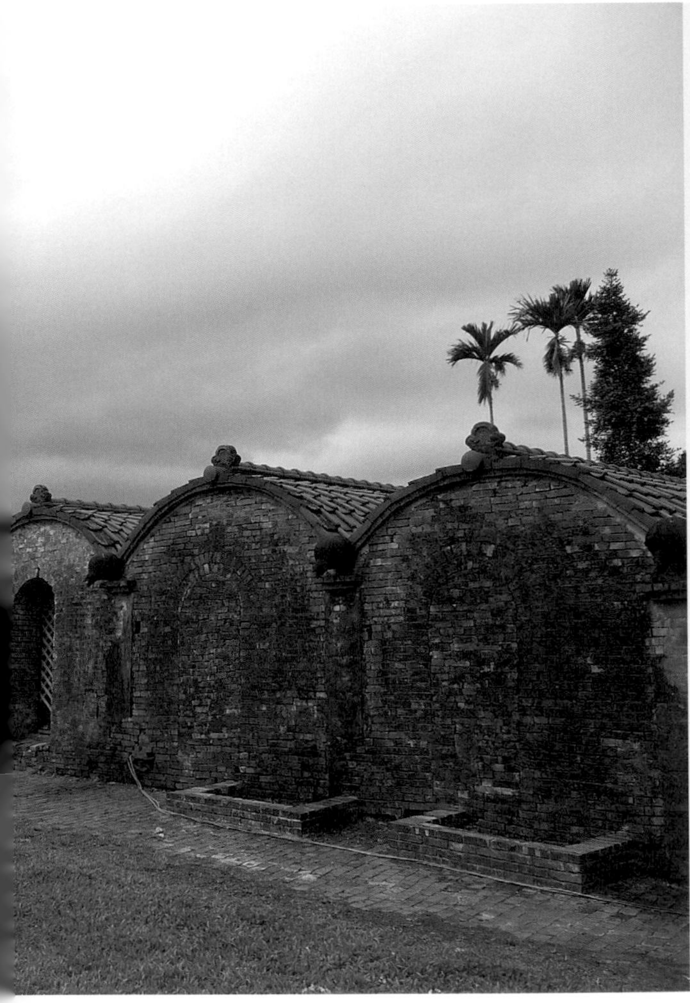

福路轉進金棗加工廠區，兩、三分鐘路程，湖光山色眼前靜臥。青山綠水有若世外桃源，遊客並不怎麼熱絡，騎單車繞行三公里環湖公路，體驗三面環山的山湖靜謐氛圍。人車杳然，天然而成的自行車道繞著湖水，看青山倒映湖中、碧波輕起漣漪，幾株老樹低斜的向水面倚靠，湖畔風情多變，把龍潭湖寫得更加細膩。走在湖水上的步道、穿過樹綠搭成的陰涼。依山傍水，樹影橫斜水輕動，苦楝暗香花飄零。龍潭湖的春日時光，都收攏在短短的繞湖旅程中。

◀金同春圳邊的茼蒿菜，是春天最美的花景。

路邊的歷史歲月　金同春圳與宜蘭磚窯

騎往宜蘭方向，河邊延續礁溪的綠田山湖風情。走進宜蘭市區前，金同春圳蜿蜒流過梅洲、北津地區，直到壯圍鄉。從清朝到日治時期，在地居民不可分割的水文情感，涓涓水流到今日。水圳旁一大片茼蒿花朵鋪滿菜園，黃白相間讓風繫上舊日歷史光景。站在水圳邊，平常的花景，特別能讓腳步停駐。

沒多遠，梅津路旁大煙囪矗立，撐起春日多變的天空。轉進小巷子，宜蘭磚窯停窯二十年後，被幸運保存下來。看著解說，才知宜蘭曾經是紅磚重要產地。目仔窯孔孔相連，失去熊熊烈火，再也燒不出過往層層疊疊的製磚日子。

告別磚窯紅牆綠地，經過宜蘭橋，市區人車雜沓。翻閱幕幕單車走過的足跡，就在宜蘭火車站前細心整理，踏上歸程。

▲失去熊熊烈火，再也燒不出宜蘭磚窯的過往與歷史。

必騎・必玩・必賞

★ 春天農路生態風情：由農宜礁13號農路上淡大校區，生態及自然景觀豐富。野花、蝶類生態豐富多樣。

★ 春季田園風光：林尾路及柴圍路，依山傍田蜿蜒而行，稻田春綠，景色美麗動人。

★ 龍潭湖春色：龍潭湖風景區，青山綠水、碧波盪漾，春日木棉花、苦楝、油桐花陸續綻放。翠綠草皮上眺望山水，清悠舒暢。

★ 五峰旗瀑布群：林蔭間一層層往下奔流的瀑布與溪流景觀。

★ 歷史與人文：金同春圳、宜蘭磚窯。

▲繞行龍潭湖騎單車，穿越綠林隧道，陽光灑落一地。

路線指引：

▲礁溪火車站前，沿溫泉路騎行，路過台9線省道後遇健康路右轉，至礁溪溫泉公園，內有溫泉泡腳池。

▲溫泉公園前騎行公園路往山邊，遇忠孝路左轉，見德陽路時右轉，下一路口有往五峰旗風景區指標，右轉沿五峰路可達五峰旗瀑布群入口。

▲沿原五峰路離開五峰旗瀑布，回到德陽路口右轉宜5鄉道，路過龍泉橋後右轉接上林尾路，右側出現百年雀榕同時有往淡江大學指標，此時右轉後400M岔路口取右線農宜礁13號農路，往山上騎行。

▲山路往上略陡，遇見圓環時對面為淡江大學管制門，此時右轉往更高處爬坡，經淡大後山進入校區再由大門主要道路下滑回管制門。

▲下滑至圓環管制門，小心通過，繞過圓環沿原路至高爾夫球場前，取右線沿林尾溪回到林尾路老樹前，右轉往柴圍路經開闊水田風光，接四結路及龍泉路在漳福路口見指標右轉往龍潭湖風景區。

▲抵達龍潭湖繞湖騎行，再沿著漳福路離開，遇見龍泉路右轉續行三皇路及梅洲一路，蘭城橋前勿上橋，取右側聯絡道至堤防邊左轉慈航路，遇金同春路左轉，沿金同春圳接上津梅路，到達宜蘭磚窯。

▲磚窯前續行津梅路至中山路右轉過宜蘭橋，沿中山路三段進入宜蘭市區，在康樂路口左轉往宜蘭火車站，見宜興路一段，即抵達宜蘭火車站。

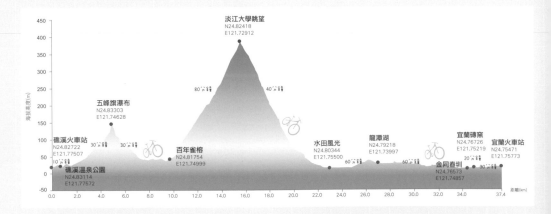

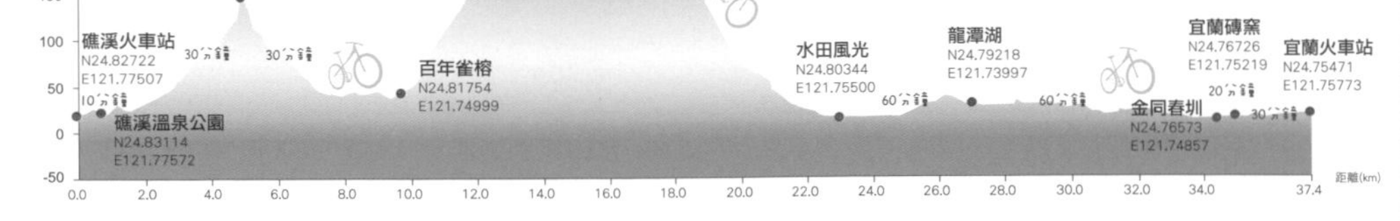

騎乘重點及行程資訊

▲路況：主要上坡：農宜礁13號農路至淡江大學校區，5.3公里上升330M，平均斜率6%。主要下坡：淡江大學沿林尾溪下滑5公里至林尾路，須小心慢行。其他路況為緩坡及平坦的公路及鄉間小路。

▲補給：礁溪市區、宜蘭市區補給較為充足，龍潭湖區域及五峰旗瀑布入口處有少部分店家。其他路程中，大多為鄉間道路，少有補給。

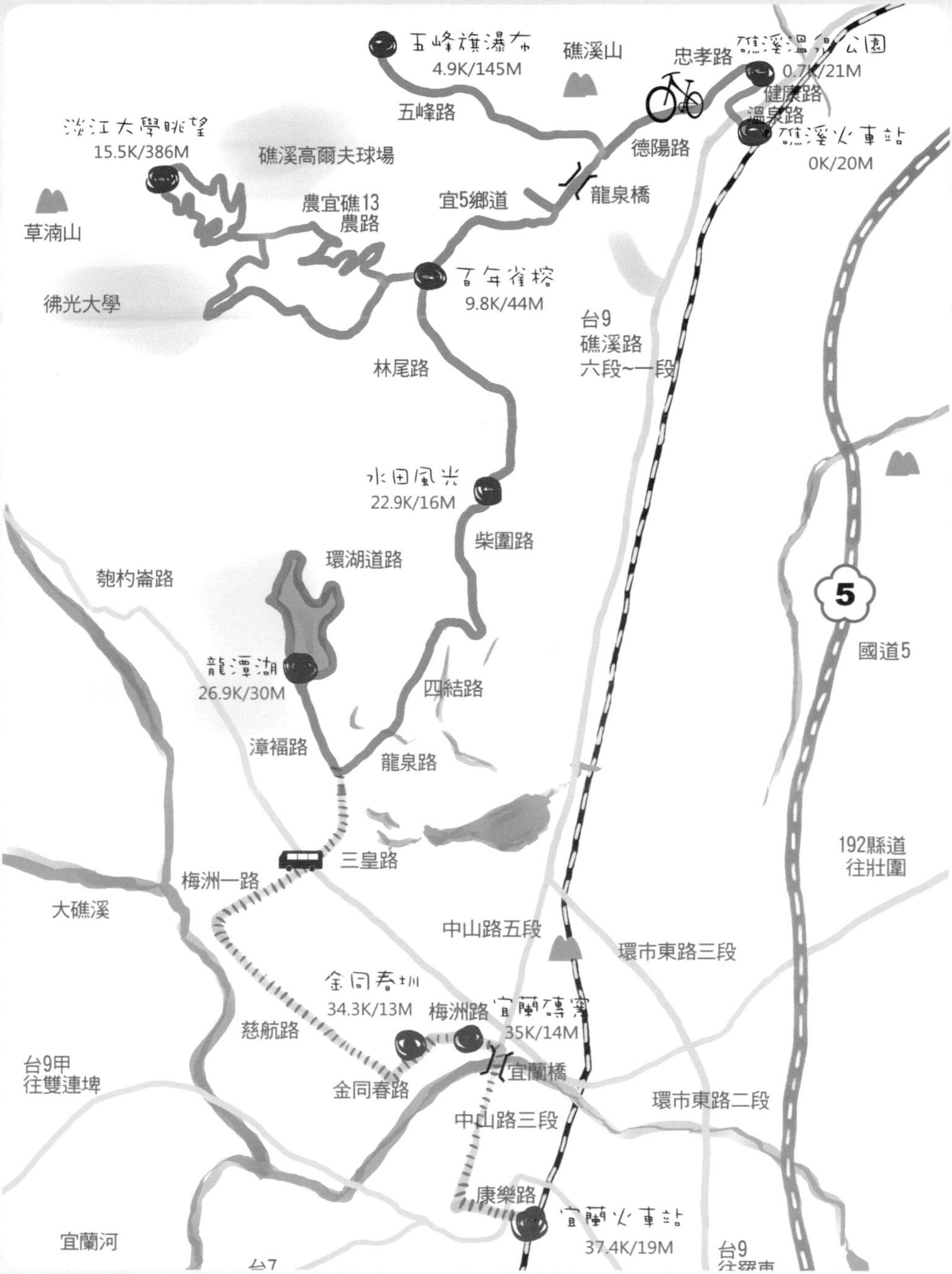

交通資訊

大眾運輸

▲搭乘台鐵、長途客運，礁溪車站下車。

▲台北首都客運及噶瑪蘭客運，於市府轉運站搭乘往宜蘭與羅東班車，在礁溪站下車；噶瑪蘭客運於板橋客運站發車。

▲國光客運於台北西站A棟，搭乘往宜蘭羅東班車，經濱海公路在礁溪站下車。

開車

▲國道五號頭城下交流道，左轉台9線礁溪路七段往宜蘭方向，進入礁溪市區至溫泉路附近停車。

台灣欒樹落盡綠意的枝椏，
道出季節蒼勁。

▲潭雅神自行車道，路程輕鬆，適合一家人同遊。

08 潭雅神自行車道

春臨花繽紛 風搖麥田香

潭雅神自行車道由舊時軍方神岡鐵路支線改建而成，端點分別於潭子及大雅兩側，不論是由大雅或潭子出發，都會經過神岡，是條既平坦又令人身心舒暢的腳踏車路線。全程大約十二公里，海拔高度一七〇公尺至一八〇公尺左右，落差不大，沿途除了幾座跨越街道的天橋外，並沒有太多或太長的上坡，很適合全家親子同遊。

騎單車掠過台中郊區的小城鎮，在城市邊緣遊走，是潭雅神自行車道的主要特色。農村景色與小鎮風情相互錯落，交織出遠城近鄉的況味。一般出發起點在潭子工業區附近，經過一些工業廠區後，便漸漸走入鄉間。水田、菜園充滿眼前，二、三月間來訪正好遇見農忙春耕、插秧，高高的檳榔樹好似水田邊的畫家，隨著春風揮動畫筆，寫一篇美麗的鄉間記趣。

遇見台灣小麥田風光

台中大雅有個田間風光值得探訪，是台灣少見的小麥田。冬去春來，水稻耕耘、插秧，為來年踏出第一步的時候，便是小麥田結實纍纍的季節，漫著大片金黃麥穗，迎風搖曳，美不勝收！

路線難度：★☆☆☆☆輕鬆
行程：潭子火車站→潭雅神自行車道潭子端→潭子→神岡→大雅→潭雅神自行車道大雅端→中科自行車道→秀山里→麥田風光→大林路、神林路→潭雅神自行車道→潭子火車站
總里程：31.2公里
騎乘時間：2小時23分；平均時速：14KM/H
旅行時間：5小時

▶神岡段路旁，麥田迎風搖曳。

大雅小麥田漸漸出名，遇見金黃的喜悅，不言而喻！地方單位，每年都會在麥香成熟的季節舉辦活動。春末，轉黃的麥穗還帶著冬的青澀，像海，揚起軟綿綿的麥浪！

沿著自行車道來到終點，再接上中科園區自行車道，一路下滑到大雅秀山里。麥田在一處小聚落附近，但只要帶著一顆空白的心，讓風拂過臉龐，讓成熟前的顏色，映入眼簾。那麥香，會一直在鼻息間，飄著！

春雨中的田代氏石斑木

春雨飄落的時候，也是田代氏石斑木開花的日子。小白花染得大雅及石岡路段處處雪白，翠綠的樹梢像覆蓋一層白雪般浪漫。接近戰車公園前半公里處，白花夾道，花況最為壯觀。

◀◀田代氏石斑木的小白花在春天盛開。
◀春天有恬靜的水田風光陪伴騎車。

田代氏石斑木，屬於薔薇科，又叫做石斑木或假厚皮香。是台灣的特有變種植物，常用來當行道樹或綠籬。一般樹高可達四公尺，春天時高密度開花，滿樹雪白。以往不太注意這種灌木小花，大多在不經意的行腳過程中，輕輕的讓它和風景一起往後離去。雨中，看著它花開滿樹，不禁讓我停車駐足，仔細端詳。小雨、春天、小白花，夾道而過，景色美麗極了。

▲微雨的春天，樹梢綻放雪白，美麗極了。

徜徉花田與路樹景觀

初春時節，最美最亮麗的花朵，就屬油菜花風中整齊而劃一的輕綠淡黃。千百萬株花朵，鋪在等待春耕的水田上，早已是台灣中部農田最令人陶醉的農村風景。滑下崇德路天橋，第一眼就看見自行車道邊灑滿春天的彩妝，油菜花。

潭雅神的路樹大多是冬落葉類，乾褐色的楓樹還掛著一抹冬紅，幾葉殘紅晾在春風暖陽裡。騎過一段楓林再來一段小葉欖仁，冬的寒意在樹梢喘息，踩進油菜花田裡，回望林間，春意更濃了。落盡冬葉的樹梢也有精彩的花況，從十月份開始，粉紅風鈴木掛著風鈴似的花朵，搖呀搖的，輕輕的鈴響就這麼響到了二月

◀春天騎遊潭雅神黃澄澄的油菜花田。

春來的時候。單車掠過風鈴木樹下，抬頭拈下它的美麗，從秋天一直到春天；如果想賞櫻花，沿著自行車道的清冷與愜意慢行，少了穿越人群的戰戰兢兢，多了一份來自單車獨有的櫻花情節，紅豔豔的花蕊早已為君綻開。

神岡路段的台灣欒樹枝椏滿天，過分濃郁的蒼勁搭起漫天隧道。往樹林外探頭，五顏六色的大波斯菊陽光下綻放，原來春寒料峭，才是潭雅神最美的季節。

▲繽紛大波斯菊花海，彩繪冬末春初農閒時分。

▶粉紅風玲木的花朵高掛樹梢

▲秀山里的金黃麥浪，浪漫入了心扉。

必騎・必玩・必賞

★ 水田及路樹：水稻田四季風光。沿自行車道的路樹景觀，台灣欒樹、小葉欖仁的四季變換，春夏綠隧道，秋冬枝葉落盡的蒼勁美景。

★ 季節賞花：冬末春初有大量的綠肥花海，波斯菊及油菜花最為壯麗。春天以田代氏石斑木，分布在自行車道石岡段二旁，形成難得一見的路樹花景。

★ 麥田風光：每年三、四月份，為小麥成熟期，自行車道內接近戰車公園附近，大片麥田熟黃迎風搖曳，是這條自行車道最特別的地方。大雅出口可接上中科自行車道，下滑到秀山里，附近為小麥田集中區域，景色開闊。

路線指引：

▲潭子火車站前，沿中山路二段往豐原騎行，潭雅神自行車道入口約位於一公里後，馬路對面潭子工業區旁。

▲進入後，沿路標往神岡及大雅騎行，不須再騎出自行車道，一路抵達大雅終點。

▲終點左側可接中科自行車道，見馬路時為上山路，沿上山路下坡再左轉雅秀路，即進入秀山里。

▲麥田集中於秀山路附近；雅秀路左轉秀山五路再右轉秀山路。見中清路三段右轉再左轉大林路，附近為田園風光，接上神林路後右轉，回到潭雅神自行車道，沿自行車道騎行至潭子出口，右轉中山路二段抵達潭子火車站。

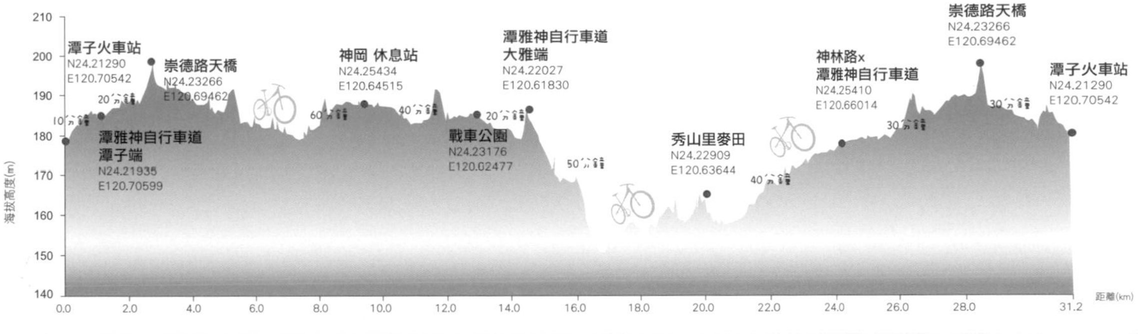

騎乘重點及行程資訊

▲路況：全程為封閉式自行車道，除了幾座跨市區路橋外，平坦而輕鬆。

▲補給：潭子端中山路二段，有便利商店及商家補給。進入自行車道，於道路交叉口附近亦有商店。單車出租店家多集中在自行車道與崇德路交叉口附近，建議開車時可由此出發。

交通資訊

大眾運輸

▲搭乘台鐵電聯車在潭子站下車，出站右轉一公里後可達自行車道入口。

▲搭乘台鐵PP推拉式自強號列車，單車置放於12車；或往豐原的長途客運，豐原站下車。沿中山路往潭子，約5公里抵達自行車道入口。

開車

▲行駛國道1號，豐原下交流道。走中正路、圜環南路、中山路三段及二段，抵達入口處。

單車一日小旅行【夏遊篇】

09 白河鄉間一日遊

賞荷花、穿越木棉花隧道

一入夏，白河田間荷葉翠綠迎風，花香淡淡。

▲荷田裡的生態。

白河是台南最北端的區域，與嘉義水上交接，從嘉義往南走，只消十幾公里便可以來到以荷花聞名的鄉野小鎮。說真的，白河的交通並不怎麼方便，除了自行開車來到容易迷路的田野區域外，大眾運輸交通工具乏善可陳。附近火車站與客運的接駁功能也不夠完善，入夏時分，只見一些聞名而至的私家轎車在開闊的曠野中尋找荷花蹤影。

對於腳踏車而言，白河與嘉義火車站的距離，像是往隔壁鄉鎮通勤上學那種感覺。穿越田疇沃野、八掌溪，晃晃盪盪的一個多小時，白河的綠田、荷香與安靜的村莊，就跟著踩踏頻率往後移動。嘉義車站車班多，自強號也有停靠，由台灣各地搭車至此，幾乎都能順利完成白河單車一日遊。

夏日小鎮漫遊　賞荷品花香

走進南部荷花的故鄉白河小鎮，總要迷路一番，稍離一眼能看穿的小市街，即是幾乎沒有路名的田間小道。入夏後的水田，換上飄逸的荷葉，透亮的翠綠在風中搖擺，任你怎麼迷路，冷不防眼前展現的，皆是一方看似無際的蓮田，綠海

路線難度：★★☆☆☆ 進階
行程：嘉義火車站→民生北路、民生南路、湖子內路→水上鄉→忠義路（市嘉南13號鄉道）→白河→165縣道→中山路→白河市街→中山路→竹仔門自行車道→芒果樹綠隧道→竹門國小→芒果樹綠隧道→玉豐派出所→林初埤木棉道→四十九巷→小南海（上茄苳埤）→將軍埤→台1線→南靖火車站→北回歸線公園→嘉義火車站
總里程：48.2公里
騎乘時間：2小時41分；平均時速：18KM/H
旅行時間：6小時

▶荷花季從六月到七月，湛藍的夏日時光為伴。

中冒出一朵朵潔白或如玉的粉紅色荷花，清清爽爽的香氣在風中飄移。一種白河特有的花田氛圍，花、葉、香，恬靜美麗的況味，有若清靜明晰的文字，浮在心海的書頁。

單車的速度慢，任遊田間花海更隨心所欲。花香慢慢，幾乎與踩踏速度一般，怎麼迷路都成了一種美妙錯誤。沿著竹仔門綠色隧道，夏風一吹，樹與花流動的畫面撩起窸窸窣窣的葉影，真是一段美好旅程。過了七月中旬，白河的荷花漸漸枯萎，單車卻有一種步行、開車缺少的特別移動方式，往田間小路探險，略為乾涸的田地遍布枯黃老葉，縱橫田埂小道，晚開的荷花孤挺在離秋不遠的夏末，這時候，綠極的芒果樹已經結實纍纍了。

春騎竹仔門自行車道　穿越芒果、木棉花隧道

遠道騎遊白河，春天是最佳時刻，行進在舒暢溫度裡，不一會便走進花況豐富的白河季節風情。由嘉義車站騎單車到白河，先進入市街漫遊品嚐小鎮美味，補滿飲水、填飽行囊，還有充足的時間，沿著竹仔門自行車道，享受樹河迎風愜意。

從白河國中旁的三間厝轉進竹仔門自行車道，將近六公里芒果老樹綠蔭成河，往遠方望去，綠色隧道幾乎沒有盡頭。成排大樹伸出強健臂膀，把綠葉搭成隧道，駐足樹下，每顆高大強壯的樹爺爺似有說不完的故事。

春日來訪，正是芒果花開的季節，綠隧道換上新裝，樹梢花花綠綠的，美麗極了。「春樹風搖綠雲輕動，花香慢移薄霧不遠。」踩著單車在綠色樹河下慢慢散步，有種說不出的自然體驗！春天高掛的米白小花，早荷花一步綻放。

◀◀樹梢米白色芒果花，近觀顯得可愛嬌小。
◀白河小鎮還可看見一些傳統手工藝。

▲沿著竹仔門自行車道，芒果花河綿延將近六公里。

◀小南海又名上茄苳埤，環湖步道攬盡湖水風光。

竹仔門綠隧道大約在玉豐結束，轉往林初埤不怎麼遠，一公里左右春日木棉花開得濃濃密密，火紅的花朵掛滿枝頭，花況可說是台灣少見。林初埤附近的鄉野小道，以木棉為路樹，延伸一二公里，繞著田野寫滿詩情畫意。

田園與埤塘發現之旅

賞花之外，南台灣陽光熾熱，但沒有擁擠城市的悶熱籠罩，伴隨著開闊田野，一盞金黃色太陽，灑在白河收割後的水田上，映照出一陣舒暢的白河映像，這時的感覺是脫離了城市煩擾，一幕幕刷過眼前徐徐的小鎮步調，更有一份回歸自然生活之感。

走在鄉間小路上，單車踏板似乎特別輕盈，清風帶著我們前進，撥開前方夕陽簾子。收割完的水田中留著平靜水面，天空晚霞倒映其中，隨著單車前進，彷彿置身田間畫作。仲春時候，稻葉鋪成平坦綠海，沒有房舍、沒有人潮，只有與微風一起吐納的呼吸聲。白河的田園風光，美麗極了。

小南海又叫上茄苳埤，一段小上坡遇見吊橋，苦楝正綻放紫色夢幻小花，香氣漫過水邊，若大夕陽湖水上閃閃發光，這瞬間驚嘆，感覺好美好美難以筆墨形容。埤塘、水田風光、藍天和廣闊田園似乎連成一線，田埂縱橫其中，當天色不斷暗沉，成群鷺鷥漸漸歸巢，回程心中盡是不捨，頻頻回頭看著田裡倒映的晚霞風光。遠遠的路燈亮起，點亮明天清晨的荷田相遇。

◀◀苦楝花季時，花香在小南海吊橋上飄移。

◀白河仲春另一場花季，鋪滿木棉鐵馬道。

▶林初埤附近的田間道路，木棉花染得滿天橙紅。

必騎．必玩．必賞

★ 春季芒果花隧道：竹仔門自行車道由三間厝經竹門國小到玉豐，接近六公里長的鄉野小路，春天芒果花開，染白樹梢形成花隧道，美不勝收。其他季節為綠色隧道，清新舒暢。

★ 春季木棉花道：林初埤附近農田間路樹，大量種植木棉，大約每年三月中旬，木棉花開盛況空前，有如橙紅火焰燃燒著鄉間小道，台灣少見的美景。

★ 春季水田風情：白河鄉間的田野，恬靜、清明，布水時映著晨曦或晚霞，特別有大自然風情。稻綠時分，大片水稻鋪成綠毯，廣闊無際的畫面深入人心。

★ 夏季荷花田：沿著竹仔門自行車道或白河鄉野小道，均可在夏日六七月份，欣賞荷花之美。

★ 埤塘風情：白河境內有不少埤塘，上茄苳埤（小南海）及將軍埤位於後壁鄉交接處，水塘岸邊有步道環湖，夕陽西下時更添美意。水邊苦楝春天綻放，花香與小紫花，在小南海吊橋上，畫成寧靜的水岸風光。

路線指引

▲嘉義火車站前，出站左轉沿中山路右轉民生北路續行民生南路、湖子內路，經過水上鄉中和交流道下方後，接中義路進入白河。

▲在白河遇165號縣道右轉，連接中山路經過白河國中前，直達白河市區，進行補給及休息。

▲補給以後，沿著中山路往回騎，遇白河國中後下一路口見往鹿寮水庫指標，右轉進入竹仔門自行車道（南92-1鄉道）。此時二旁的芒果路樹漸漸濃密。

▲跟著芒果樹走，穿越綠色隧道，2.7公里後竹門國小前岔路，左轉續行竹仔門芒果樹綠色隧道（南90鄉道）。

▲綠隧道續延伸3公里左右，來到小聚落前左轉往玉豐派出所（可補水），派出所右側100公尺路口右轉，往前騎行，抵達林初埤木棉花道。

▲木棉花道中心點有一丁字路口，此為木棉花集中區，右轉直行遇岔路取左線往小南海風景區。在小南海指標前右轉往山仔腳（嘉南137鄉道），下一路口為四十九叢景點，此時請左轉往蓮潭（南86鄉道），大約1.5公里後見往上茄苳指標時左轉，遇丁字路口再左轉（南88鄉道），抵達小南海風景區。

▲小南海吊橋入口處往前續行600公尺右轉，沿著將軍埤水岸上坡，經舊磚廠及小南海東岸後開始下坡，遇永安國小右轉，續行鄉間道路（南91鄉道）約1.3公里後，過縱貫線鐵路平交道，右轉台1線往嘉義。

▲沿台1線經南靖火車站前、水上、北回歸線公園，進入嘉義市區。

▲於博愛路二段右轉民族路，過嘉雄路橋後左轉中山路，回到嘉義火車站。

騎乘重點及行程資訊

▲路況：緩坡及平坦的公路及鄉間小路，行程稍長有些路段為緩上坡，大致上難度不高。

▲補給：請在嘉義市區及白河市區補給，較為方便充足，其餘鄉間地帶補給點分散而且距離長。

交通資訊

大眾運輸

▲搭乘台鐵、長途客運，嘉義車站下車，騎行民生北路、民生南路往南接165縣道，抵達白河市區。

▲國光客運台北嘉義線，於台北西站B棟搭車，於嘉義後站的國道客運轉運站下車。

開車

▲國道三號白河下交流道，經172縣道抵達白河市區。

▲中山高嘉義下交流道，往嘉義市區，經北港路、友愛路、民族路過嘉雄路橋後左轉中山路，抵達嘉義火車站。

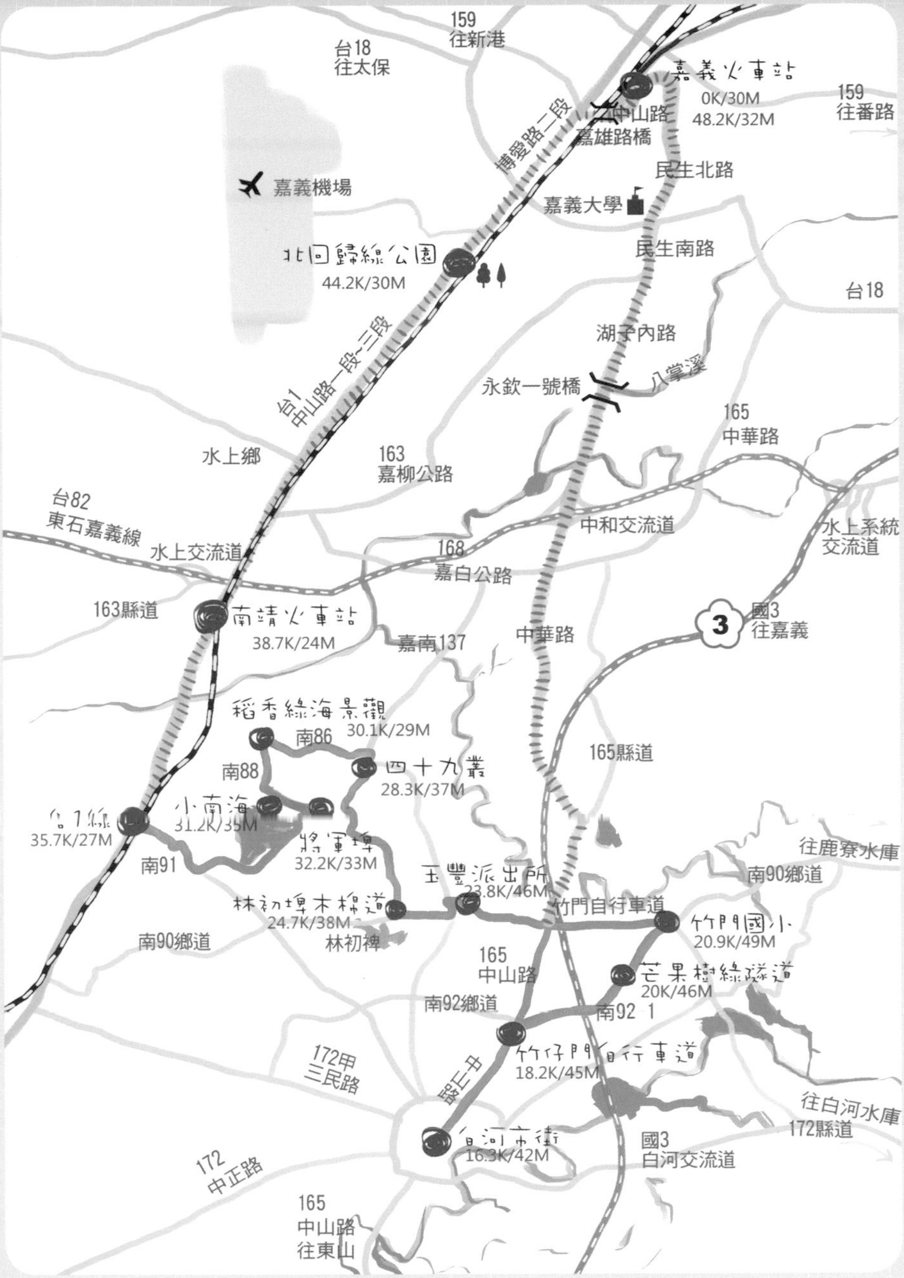
159
往新港
台18
往太保
嘉義火車站
0K/30M
48.2K/32M
159
往番路
中山路
嘉雄路橋
博愛路二段
民生北路
嘉義機場
嘉義大學
北回歸線公園
44.2K/30M
民生南路
台18
湖子內路
台1
中山路一段~三段
永欽一號橋
八掌溪
165
中華路
水上鄉
163
嘉柳公路
台82
東石嘉義線
水上交流道
中和交流道
水上系統
交流道
168
嘉白公路
163縣道
南靖火車站
38.7K/24M
嘉南137
中華路
3
國3
往嘉義
稻香綠海景觀
30.1K/29M
南86
南88
四十九叢
28.3K/37M
165縣道
台1線
35.7K/27M
小南海
31.2K/35M
將軍埤
32.2K/33M
南91
往鹿寮水庫
南90鄉道
玉豐派出所
23.8K/46M
林初埤木棉道
24.7K/38M
竹門自行車道
竹門國小
20.9K/49M
林初埤
南90鄉道
165
中山路
芒果樹綠隧道
20K/46M
南92鄉道
南92-1
172甲
三民路
竹仔門自行車道
18.2K/45M
中正路
往白河水庫
172縣道
白河市街
16.3K/42M
國3
白河交流道
172
中正路
165
中山路
往東山

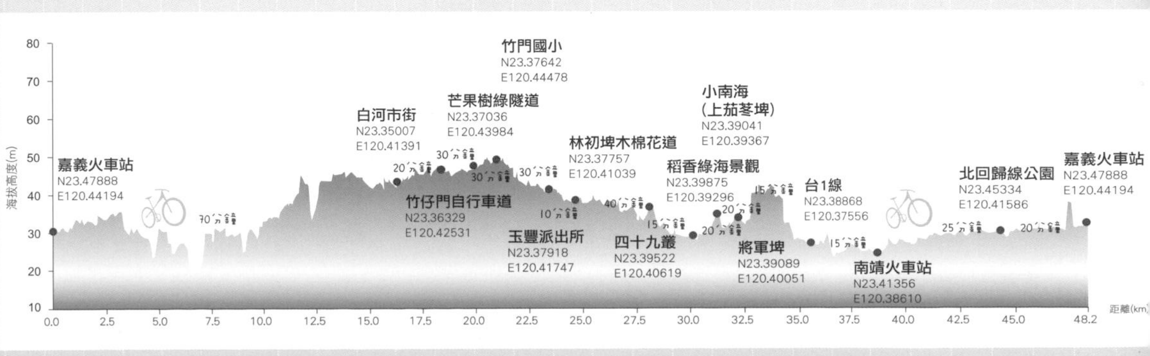
80
70
60
50
40
30
20
10
海拔高度(m)
0.0
2.5
5.0
7.5
10.0
12.5
15.0
17.5
20.0
22.5
25.0
27.5
30.0
32.5
35.0
37.5
40.0
42.5
45.0
48.2
距離(km)
嘉義火車站
N23.47888
E120.44194
30分鐘
白河市街
N23.35007
E120.41391
20分鐘
30分鐘
竹仔門自行車道
N23.36329
E120.42531
竹門國小
N23.37642
E120.44478
芒果樹綠隧道
N23.37036
E120.43984
30分鐘
30分鐘
10分鐘
玉豐派出所
N23.37918
E120.41747
林初埤木棉花道
N23.37757
E120.41039
40分鐘
四十九叢
N23.39522
E120.40619
15分鐘
稻香綠海景觀
N23.39875
E120.39296
20分鐘
20分鐘
小南海
(上茄苳埤)
N23.39041
E120.39367
15分鐘
將軍埤
N23.39089
E120.40051
台1線
N23.38868
E120.37556
15分鐘
南靖火車站
N23.41356
E120.38610
25分鐘
北回歸線公園
N23.45334
E120.41586
20分鐘
嘉義火車站
N23.47888
E120.44194

水冬瓜的桃紅小花，落地後有另一種美。

10 翠峰路探騎

登上杉林最高峰

北宜公路眺望雙峰

雙峰路的入口，位於北宜公路雙峰國小附近，距離新店捷運站大約六公里左右。過了新店捷運站後有個小上坡，爬過高點望見新店溪從山間蜿蜒而過，下坡往台9線走，水泥城市愈來愈稀疏，清新山林愈來愈濃密。北宜高雪山隧道通車後，北宜公路人車稀少，很適合單車旅行。踩著不太陡的北宜公路，身體微微出汗的時候，於雙峰國小門口抬頭眺望，不遠處山峰成雙。因地形景觀得名的雙峰路，就在不起眼的右手邊幾百公尺處。

雙峰路春夏賞紅皮

騎單車走北宜公路，有不少沿著主線分布的支線山路。慢踩上坡，望向山谷小路，好像進入幽遠深林，隱藏著令人嚮往的美景。雙峰路接上翠峰路的景色，是一幅身心舒徐的綠色森林與小橋流水，不論抬頭或俯瞰，心裡總是飄著季節韻味。所以要登上翠峰路高點，走雙峰路是最好的路線規劃。

沿著雙峰路下滑，遇見小橋和美麗的亂石溪流景觀，停車感受美景時，紅皮

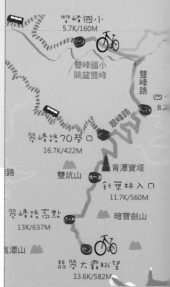

路線難度： ★★★★☆中度挑戰（山間產業道路）
行程：新店捷運站→台9線北宜公路→雙峰路→四十分橋→翠峰路→四十份公墓→青潭寶塔→杉木林→過山路高點後下滑→翡翠大壩眺望→原路回程→往新店→竹林路→油車坑橋→台9線北宜公路→新店捷運站
總里程：23.5公里
騎乘時間：2小時28分；平均時速：14.6KM/H
旅行時間：4小時20分

▲水冬瓜落下春天粉紅花色。

▲紅皮的落花像朵朵小皇冠，美麗極了。

小白花掉落滿地自然之美。春末夏初，酸藤粉紅色小花之外，紅皮的花季也到了，山道沓沓，一叢叢小花落得滿地清麗。

安息香科安息香屬的紅皮樹，別名紅皮仔。樹皮紅褐色或灰褐色，老葉上葉面光滑，而下葉面呈灰白，所以又有人叫它是葉下白。腋生或頂生的花形小巧美麗，總狀花序三至七公分裡有八至十二朵白色小花，黃色花冠長約兩公分，大約在桐花季時，也會看見紅皮開花，花期較長。雖然是台灣原生樹種，但平常較少聽見有人提及。最近幾年，單車遊走山間，發現紅皮花白中有黃，散落一地白色的美麗。夏初時分，踩單車上山，很期待在某條山路上，能與它相遇。

◀置身濃郁的杉林裡，有若回歸山林。

翠峰路最美的清心杉木林

沿著翠峰路上山，大約在海拔五百公尺左右，進入四十份公墓，再往高處走，便在墓地裡打轉。經過青潭寶塘花園牌樓，走入一大片墓園之中，大部分人至此應該不會再前進，但美麗又特別的山林景色，卻隱藏在更高的山後。騎過墓園以後，突然間林相變得非常蓊鬱。小路潮濕長滿青苔，滑溜溜的綠色傾倒一地，濃濃地落葉鋪滿山道。沒有被車輾壓過的痕跡，只有隨風而落的蒲桃花，呈細絲放射粉撲狀，孤單躺在枯葉叢中。剛覺得心在清淨中飄浮，針葉林猛的出現眼前。海拔六百公尺附近，已經接近山勢高點，坡度不大。林間漫著山嵐霧氣，

▲接近雙峰路，遠遠的就看見雙峰地標。

◀◀蒲桃的美麗花朵，落在山巔。
◀蕺菜（魚腥草）與晶盈的露水。

杉林筆直往霧茫茫天際矗立，幾分訝異，單車騎到翠峰路山頭，能遇見霧境裡的杉木林。

俯看翡翠水庫大壩

越過高點，水泥小路下坡往深處走去，再往前騎六百公尺左右，有個私房景點人煙罕至，景色開闊，攬盡翡翠水庫壯麗山水，更能往下俯看大壩佇立山谷。層層山巒向遠方起伏，身心也為之開闊起來。

推車漫步走在杉林裡。腳下的通泉草顏色特別鮮艷，鼻息間的空氣特別清新，溫度涼涼的，舒暢極了。哪管山下城市一派污濁、算計萬千，帶著涔涔汗水上山，有一片自己心中的森林，真好！

▲山路盡頭，可以眺望壯闊的翡翠水庫水域風情。

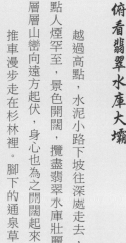

▲翡翠水庫大壩更在不遠處的山腳下，攔住青山綠水。

必騎．必玩．必賞

★ 雙峰國小：眺望雙峰景色。
★ 翡翠大壩遠眺：杉林後方為翡翠水域，可由上往下，俯看大壩佇立山水間。
★ 溪流景觀：下滑雙峰路，無名小橋上欣賞亂石溪流。
★ 沿途動植物生態豐富：春夏可賞桐花、紅皮花、酸藤、魚腥草等。
★ 600M山區的杉木林：人煙稀少，林木蓊鬱，景色非常特別，針葉樹筆直參天，有進入溪頭的錯覺，在台北地區非常少見。

路線指引

▲沿台9線北宜公路往宜蘭方向，由新店捷運站出發6.5公里，注意路邊雙峰路口，進入雙峰路。
▲遇四十分橋，直行為雙峰路，請右轉翠峰路，過橋後往山頂前進。
▲看見岔路往新店，請取左線迴轉，往四十份公墓，進入四十份公墓及青潭寶塔花園。
▲穿越公墓後往山頂騎，針葉林漸漸出現眼前。
▲針葉林區溼滑請小心通過，高點後請沿水泥小路下滑，路盡頭可眺望翡翠大壩及壯闊山水風情。路底是懸崖，請特別小心。
▲沿原路回程，遇見往新店指標，進入翠峰路70巷，接上竹林路，經油車坑橋回到北宜路，左轉後往新店市區抵達新店捷運站。

交通資訊

大眾運輸

▲搭乘台北捷運新店線，於新店站下車。
▲自行車怎麼接駁：
●搭乘台鐵，台北車站內不開放單車轉乘捷運，請由板橋車站下車，轉搭捷運至西門站，再轉搭小南門線至中正紀念堂站，換搭新店線往新店方向。

開車

▲行駛國道3號北二高，新店下交流道，右轉中興路二段至北宜路一段口，即抵達新店捷運站。捷運站後方碧潭風景區有停車場，可停放汽車。

自行車道

▲新店溪自行車道位於新店捷運站後方，可由大台北河畔自行車道騎行至新店溪右岸，於碧潭引道騎出，抵達新店捷運站。

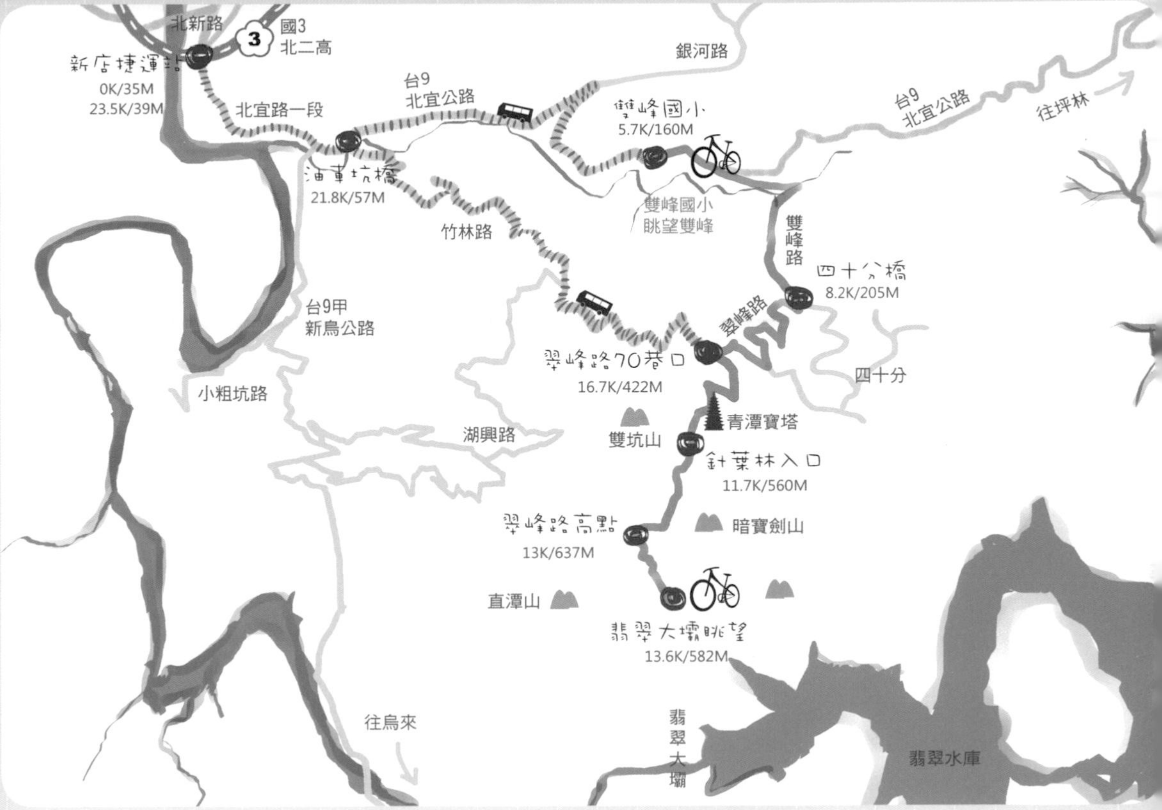

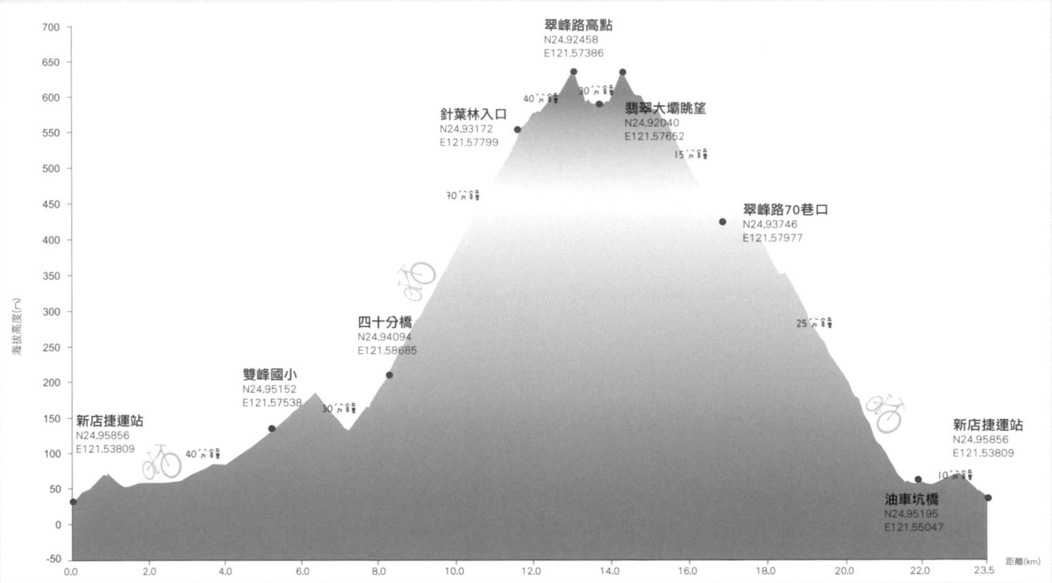

騎乘重點及行程資訊

▲雙峰路及翠峰路上坡，6公里爬升499M，平均斜率8%，有部分路段超過10%，務必小心分配體力。

▲補給點為新店市區，山路上沒有補給，請盡量帶足補給品及維修工具。

▲杉木林水氣豐厚、道路濕滑，並且路況不佳，請注意路況以免發生危險。建議以登山車進行攻頂。

騎行針葉林間身心舒暢。

11 竹崙熊空山越嶺 騎遇杉林一百甲

▲竹崙路的蝶況相當豐富，黃三線蝶。

翻越熊空山，走進一百甲，得早早出發，不然一路上隨著朝陽晨光漸亮，美麗又豐富的自然景色，日上三竿就會淡了、糊了。

竹崙路，賞蝶好地方

路過成福橋，經過竹崙里，抽離城市繁雜後，山間聚落顯得一派悠然。掠過最後一處補給點，台灣農林公司前小雜貨店，山林路況環繞，產業道路在山間蜿蜒，山巒重重交疊。停車，讓山風澆灌滿身城市若有似無的空虛。閉上眼，彷彿聽見蝴蝶振翅的聲響。山的聲音，落在堆滿非洲鳳仙花的路旁小山溝裡。

視線跟著佇立，遇見數不清的蝶影，翩翩飄然花叢。波紋蛇目蝶不喜歡曬太陽，晾在春晨溫度適中的暖意裡；紅邊黃小灰蝶，像一張油彩的雙翅，在綠叢中飛舞；單帶蛺蝶頭上腳下轉著身體，來來回回忘情風中；還看不清旁邊三條白紋的美麗身影是不是三線蝶，竹紅弄蝶就急忙跑來搶鏡頭。

竹崙路是通往熊空的唯一柏油路面，由於開發程度低，大多農業使用，原始森林保持良好，路旁蜜源植物豐富，蝶類生態多樣化密度高，賞蝶路經延伸十幾公里，直達山巔。

路線難度：★★★★☆中度挑戰

行程：南勢角捷運站→中和景新街→新店安和路→110公路（安康路）→三峽→成福路→成福橋→竹崙路→台灣農林公司→北109（竹崙路）→熊空農場→水泥小徑→高點（熊空山西側）→一百甲→柳杉林→百甲產業道路→有木里4鄰出口→北114→嘉添路→北108（正義街）→台3線→土城→中央路三段→永寧捷運站

總里程：53.7公里

騎乘時間：3小時40分；平均時速：14.6KM/H

旅行時間：5小時50分

▶竹崙路至海拔600米以後，便出現針葉林相。

竹坑溪，野溪好景致

緩緩地上坡，樹腳下、山溝旁，豐富光影掉落滿地，一個不小心，一腳便踩進滿地落英繽紛。竹崙路也就是北１０９產業道路，由三峽竹崙入山，終點大約位於台灣農林公司的熊空農場附近。

山路迂迴，野花、老樹充滿視野間，淙淙溪水更讓耳際飽滿。單車熊空越嶺，除了清新舒徐的翠綠山間風情與精彩動人的生態，還有一條野溪，讓路程更加豐富。連續好幾公里，竹坑溪與竹崙路相依相偎，從濃密的樹林望向溪谷，若隱若現的谷底充滿神祕。大雨後的豐水期，澎湃水流聲響遍山谷，彷彿是來自山林深處的原始吶喊。奔馳過青翠樹林，在亂石間激起浪花，常是一幅美感盡現的水樹相映畫面。川流過小橋，老樹、溪石、浪花，春水潺湲、秋雨豐盈，竹坑溪的季節景色自然美麗。

▲竹坑溪來自翠綠的山林，流過美麗的豐水期。

◀◀台灣波紋蛇目蝶展翅曬太陽。
◀琉球三線蝶是春天的嬌客。

柳杉林，空氣芬芳、清心深遠

無法鎮日遠眺幽林，偶爾假日閒行山巔，抖落一身都市煙塵的灰頭土臉。接近標高七百公尺左右，針葉林逐漸出現，清新空氣包圍山巔，林隙間穿透陽光，對比強烈。單車踩上七百多公尺高以後，只覺得空氣透明、土地乾淨，呼吸有一種缺少味道的芬芳。

柏油路底為熊空農場，農場未大面積開發，門前搭設遼望平台，可遠眺大漢溪流域、桃園、樹林、鶯歌。附近為人造柳杉林，設有步道，大部分遊客至此喝杯咖啡後原路下山。騎單車來，卻能四處悠遊，隨意停車，發現鬱沉沉杉林緩慢而整齊的山林節奏。

一百甲森林的悲愁

再往內深入，山的另一頭，便是有木里一百甲。水泥路面帶領單車踩踏，越過熊空山西側，走進一大片濃密的杉林。仰天而望，樹梢幾乎不見天日，樹林裡充滿涼意，是北部山區難得一見的人面積杉林美景。造林區覆蓋八百公尺至六百公尺山區，水泥林道穿梭在蓊鬱的森林裡。可惜，大約二〇一〇年遭砍伐，僅存六百公尺左右林地。如溪頭筆直參天、黑綠成蔭的美麗柳杉林景觀，已經大不如前。雖然如此，一百甲依然安靜的坐落有木里，靜得只剩樹搖山風與蟲鳥的歌聲。單車掠過了重重破碎路面，抬頭看看那些幸運存活，深不見底的黑色森林，是喜悅與感傷交錯的複雜！

▲熊空農場附近保有大片柳杉林及杉林步道。

▲原是樹蔭蔽天的柳杉林，現在只剩一片荒蕪。

必騎・必玩・必賞

★ 竹崙路（北109）：秋天檳榔樹林開花，花香蔓延附近山頭，香氣悠悠。自然生態及山林景觀。
★ 賞蝶及賞花：蝴蝶生態豐富，可綿延十餘公里。春夏桐花盛開，沿途花況盛大。
★ 溪流景色：竹坑溪與竹崙路交錯並行，時而隱密時而開闊，溪流覆蓋在森林間，常有意想不到的溪流美景。雨後豐水期，流水聲響徹山林，聲勢浩大。
★ 柳杉林：標高六百米以後，山坡遍植針葉林，空氣清新、舒爽。景觀不同於一般闊葉林區。越過熊空山一百甲區域，有大面積高密度柳杉林。

路線指引：

▲南勢角捷運站出發經中和景新街及新店安和路，右轉行駛安康路往三峽，至九鬮聚落附近，即達成福橋路口，約14公里。（或由土城永寧站，走台3線至橫溪直行往溪東路約10公里。）
▲過成福橋後左轉往竹崙里，遇台灣農林公司，沿竹崙路（北109）上山。至熊空農場約12公里，均為上坡。
▲熊空農場前觀景台邊，請取道水泥小路下滑至鞍部，後有約700公尺非常陡峭的柏油路，到達山路最高點。
▲越過高點後，即為三峽有木里之一百甲，均為水泥山徑，杉林砍代後，大多為芒草叢生，常散有落石，路況不佳請小心通過。
▲由於路況不佳，請慢速下滑，接上百甲產業道路後，於有木里4鄰與北114號道路連接。
▲請循北114及三峽嘉添路，回到三峽市街，沿台3線（中正路一段、介壽路至土城中央路三段）往土城，抵達永寧捷運站；亦可經鶯歌搭乘台鐵。

交通資訊

大眾運輸
▲搭乘台北捷運中和線，於南勢角站下車。
開車
▲行駛國道3號北二高，安坑下交流道，右轉安康路往安坑，沿110縣道至三峽成福路左轉成福橋，抵達竹崙里。

自行車道
▲可由大台北河畔自行車道騎行至新店溪左岸，於碧潭大橋引道騎出，沿安康路(110縣道)，抵達三峽竹崙。

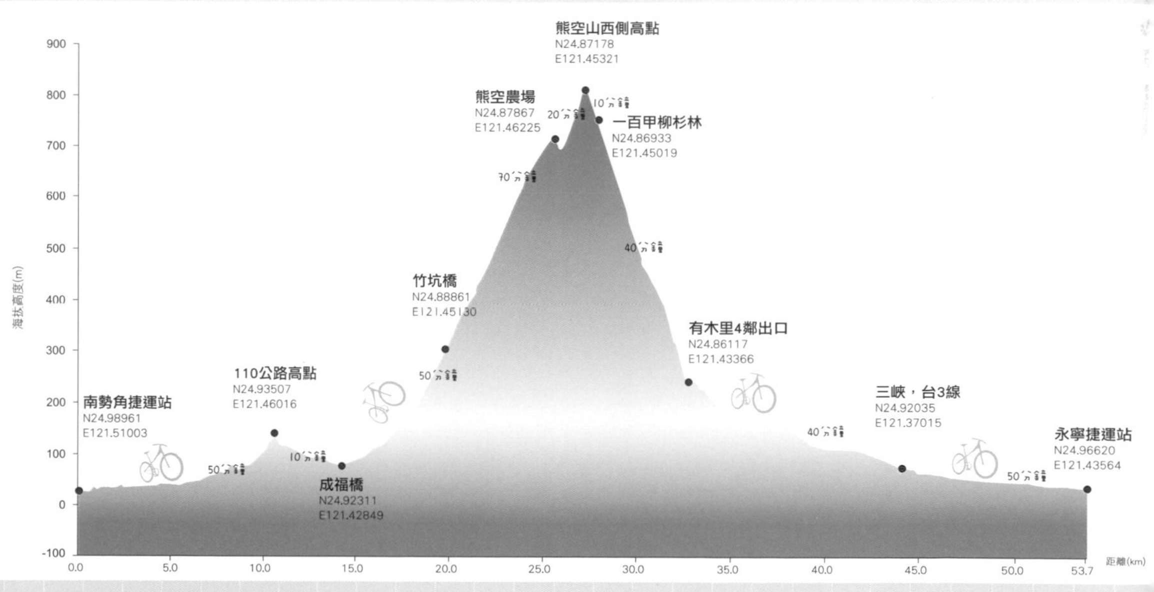

騎乘重點及行程資訊

▲上坡：竹崙路至熊空農場，11.6公里上升633M，平均斜率5.4%。另熊空農場後鞍部至熊空山西側高點，720公尺上升79M，斜率11%非常陡峭，請小心爬升。

▲補給：成福橋附近有雜貨店，台灣農林公司前小店，熊空農場販賣部。

向日葵為花田染上橙黃亮麗。

▲盛夏的觀音以賞荷著名，
騎單車逛花田清早尤佳。

12 觀音鄉間

埤塘花田濱海漫遊

賞花、聽海、逛埤塘，三種玩法

桃園縣觀音鄉是個濱海小鎮，由於地形及氣候的關係，發展出獨特的農業文化。除了傳統水稻耕作，荷花已經成為主要的經濟作物，也因為賞荷觀光人潮，發展出各類型的休閒農場。由於地處偏僻，大部分到訪遊客多以自行開車前往，其實利用腳踏車漫遊觀音鄉間小路，更能體會濱海鄉野的特殊況味。

單車漫遊觀音概略可分成三大部分，北環埤塘、南遊花田及市街濱海采風。中山路橫貫觀音，直達市街臨海地帶，北邊埤塘密布，南邊農場花田欣欣向榮。來到地處遼闊，容易迷失方向又錯綜復雜的鄉間小路，只要以112縣道（中山路）為標的，劃分三段騎遊重點，就可以輕鬆悠閒的踩踏單車深入觀音。

北環自行車道，深入埤塘鄉間小路

北環埤塘自行車道的入口位於中山路二段九六三巷，指示牌淹沒在雜亂的電線桿邊。自行車路線有三公里白千層大樹搭成綠色隧道，每到秋天樹梢便開滿白色瓶刷狀花朵，景色美麗動人。濃綠色長橢圓披針形互生樹葉覆蓋整條車道，像

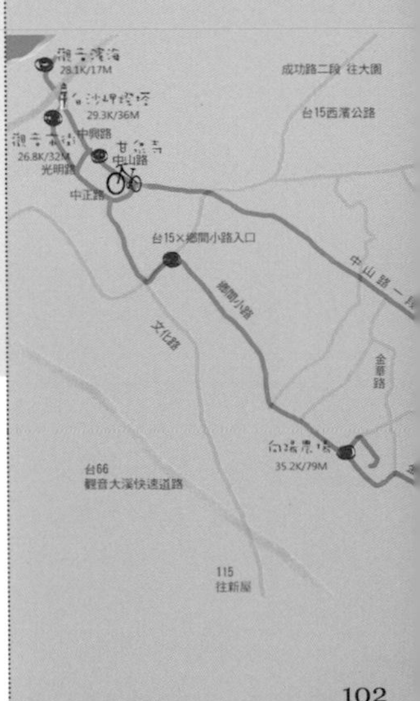

路線難度：★★☆☆☆進階

行程：中壢車站→觀音→埤塘自行車道→廣福村→白千層綠隧道→青埔埤→福山路二段→鷺鷥林之旅→陂內埤→龜墓埤→學校埤→新坡國中→觀音市街→甘泉寺→觀音海水浴場海邊→白沙岬燈塔步道→白沙岬燈塔→台15線→鄉間小路→育仁國小→向陽農場→青林農場→大湖路一段→中壢→中壢車站

總里程：52.1公里

騎乘時間：3小時16分；平均時速：15.9KM/H

旅行時間：6.5小時

化不開的綠色雲彩塗滿天空。白千層自行車道裡騎車，好似漫步無人的雲堆，隨意坐在路邊觀景台的木頭板凳上，吹吹沒有城市煙硝的鄉間涼風，等樹梢落下自然樂音，讓曠野綠意充滿視線，感覺舒暢極了。

埤塘路線環繞著學校埤、龜墓埤、青埔仔埤、青埔埤、坡內埤，沒有地圖GPS導引，幾乎是深入迷宮、霧裡看花。揮別白千層的綠意，轉個小彎，來到埤塘湖畔小路上，竹林綠牆、時有顛簸，地形微微起伏；埤塘並非向下挖掘，而是利用地形高低落差，堆土壩形成蓄水功能，兼具灌溉及水產養殖等經濟利用，想一窺埤塘面貌，有時得爬上土坡。龜墓埤為附近規模最大的水域，風起波瀾、深映天青，土坡上的水域風光無限開闊。鄉間小路不怎麼好走，破碎、亂石，田野小路比連續劇更曲折離奇。走走停停，一個轉彎，水黃皮灑了一地清香。迷路之餘，遇見腳下的橘紅金針花默默綻開著，像落日漾起水面金黃，暮色倒映湖心。

觀音市街，感受濱海小鎮味道

由中山路二段新坡國中旁，告別北環埤塘路線，往觀音市街騎行。觀音市街靠近海岸，台15線舊濱海公路從旁經過，市集商家環繞觀音鄉發源地「甘泉寺」，冷飲、小吃店不少，但遊客寥寥可數。經過二次大戰洗禮的「白沙岬燈

▲金針花沿著埤塘小路綻放。

▲每到秋天，埤塘邊開滿水黃皮。

◀觀音海水浴場外的海堤，開滿天人菊。
▶漫遊觀音就從翠綠如毯的水稻田開始。

塔」，歷經戰亂與歲月風霜，仍然屹立海峽照亮出海人的心。唯一的公車總站不見班車進出，這種緩慢步調，很適合一顆來自城市快速移動的心。若是轉搭巴士，從公車走下來，一定會有不同的旅行體驗。

往海邊越過台61線高架道下方，觀音海水浴場早年盛況不再，殘破的景色鋪陳海堤周圍，海風中滿是寂寥迴盪。被人潮拋棄的海岸線，白沙紛飛、色彩平淡。往前走幾步路，海堤邊卻出現一條帶狀紅色花叢，沿著堤邊小路，一起轉彎、畫著美麗弧線。洋紅花心圈上亮黃色彩，是「天人菊」與海風手牽手，搖著大海寂寞的味道。那種感覺，是無比的傷感又無比的美麗。

▲觀音市街以甘泉寺為中心。

▲觀音鄉間隨處可見絲瓜黃花，絲瓜花多了幾分亮麗。

▲由市街往海邊走，荒蕪沙灘上的濱刺草不畏海風。

天人菊的生長範圍跨過海堤，儘管愈接近海水生長情況愈不理想，但沙岸上還是分布著小菊花的蹤跡。被遺棄的美麗，少了呵護、受盡風雨嚴酷折磨，開出的花朵只會更燦爛動人。跟隨小花腳步踏入沙灘，貧瘠土地上充滿了生命力。「海埔姜」藍紫小花蔓生，隨地形略有起伏。「濱刺草」長相令人頭皮發麻，深怕不小心跌進針狀叢裡；觀音大海的邊界，自然的生命力在荒蕪角落成長。

花田漫遊，由鄉間小路開始

踏進小鄉村第一眼遇見的不是荷花，是隨處可見的絲瓜黃花，美麗又純樸的花朵。「絲瓜」台語叫「菜瓜」，一直是農村瓜果類代表。走進台灣鄉村，一定看得到菜瓜身影。盛夏，觀音的絲瓜花甚至比荷花更多幾分亮麗。小圳溝、稻田邊、荒野前，到處都是綠色掌葉爬滿棚架，一朵朵黃花向上探頭，濃濃的綠配上淡淡的黃。

桃園觀音蓮花七月盛開，每年由不同農場輪流主辦蓮花季。鄉間小路縱橫交錯，容易迷失方向。花田區集中在藍埔村的金華路、新華路與大湖路上。夏天季節，到觀音的鄉間小路單車漫遊，只要在這三條主要道路隨意慢騎，都會有不期而遇的驚喜出現，或是花朵茂盛的農場，也或是缺少圍籬的花田，不需要計畫走入觀音小鄉，隨意停車、隨意漫遊，蓮花季會場總是突然出現在旅程中某個地方。若是心裡煩悶，荷花池子吹過的清閒早風，該能把滿腦憂愁淡化許多！

▼北環埤塘自行車道，三公里長的白千層隧道，如綠雲遮天。

環狀單車運動旅行

想試試單車運動的方式旅行觀音，搭乘大眾運輸工具，火車或是國光客運，在中壢車站下車。由中壢市區沿112公路往觀音騎行，遊花田、探埤塘、逛濱海市街，再沿著鄉間道路與田村風情，回到中壢市區。一趟環保、經濟又健康的單車之旅，再完美不過了。

▲路過雞屎藤有濃濃的鄉下味道。

▲縣定古蹟，白沙岬燈塔佇立觀音海濱，歷經百年風霜及二次大戰。

▲龜墓埤藍天綠水相映，湖邊小路碎石滿布。

必騎．必玩．必賞

★ 北環埤塘：3公里白千層路樹綠色隧道，秋天開花。埤塘風光及漁撈人文風情，灌溉系統設施，湖面日出日落景色。

★ 南遊花田：夏日賞蓮，花田色彩繽紛。休閒主題農場風光，如向陽農場向日葵、新屋蓮園大面積荷花蔚為花海。

★ 觀音市街與濱海：甘泉寺、甘泉井、白沙岬燈塔、觀音海水浴場海濱及夏天野生天人菊、海濱生態。

路線指引：

▲中壢車站前騎行中正路（112號公路）往觀音，至觀音中山路二段963巷右轉進入，即為北環埤塘自行車路線。

▲沿自行車道白千層路樹綠隧道，約3公里走出綠隧道遇丁字路口左轉，500公尺後注意左側，左轉後馬上右轉，環青埔埤。由青埔埤騎出至福山路二段，遇見鷺鷥林之旅指標，右轉進入土坡邊小路，環坡內埤、龜墓埤、學校埤，接上新生路及文中路，於新坡國中前回到中山路二段，右轉往觀音市街。

▲進入觀音市街中山路，抵達甘泉寺進行補給，經過公車總站前中興路往觀音海水浴場。

▲中興路台61快速路前為白沙岬燈塔，依指標進入步道由燈塔後方牽車步行至燈塔大門前，光明路直行中正路及文化路，遇台15線濱海公路，左轉500M右轉鄉間小道經育仁國小，達向陽農場。

▲續行鄉間小路再右轉金華路，見新華路左轉，再右轉大湖路，此處為花田及農場區域。

▲沿著大湖路一段前進，接上過嶺路進入中壢市區，經民族路及中正路回到中壢車站。

交通資訊

大眾運輸

▲搭乘台鐵、長途客運，中壢車站下車，騎行112公路抵達觀音。

▲國光客運台北中壢線，於台北西站A棟搭車，中壢總站下車，騎行112公路抵達觀音。

▲長途客運中壢站，多集中於中壢火車站前客運總站，下車後由中正路騎單車至觀音北環埤塘入口，約12公里，有些不長的緩坡。

開車

▲中山高中壢下交流道往市區，經民族路及中正路抵達中壢車站。

▲中山高中壢下交流道，行駛114縣道經民族路、過嶺路、大湖路，即可抵達觀音南遊花田。

▲台66線快速道路往西，於台15線濱海交流道右轉，遇叉路走左線信義路，進入觀音市街漫遊。

自行車道

▲騎行淡水河自行車道，由八里接台61線西濱公路下方慢車道，經林口、蘆竹、大園，到達觀音濱海地區。

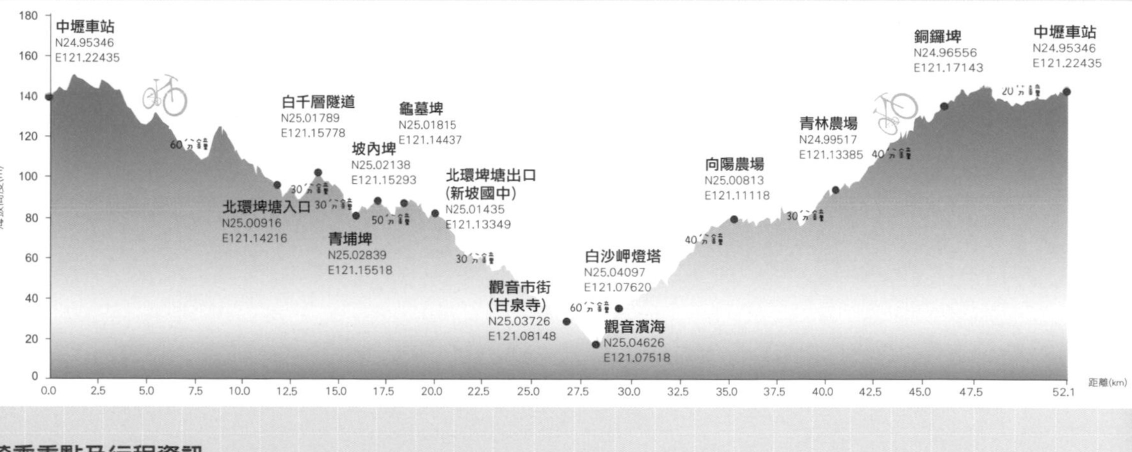

騎乘重點及行程資訊

▲路況：緩坡及平坦的公路及鄉間小路。環埤塘路線有部分路段路況不佳，需小心騎行。鄉間農田小路，大多沒有路名及指標，請先規劃路線，參考地圖。行程略長有緩坡，為進階路線。

▲補給：由於觀音市集分散，農路及廣闊鄉間少有商家。補給點多分布在中山路及觀音市街，需帶足補給及維修工具。

13 彰化埔心休閒自行車道

稻香綠海的夏天

◀葡萄藤隧道是埔心、溪湖最美的風景。
▼埔心休閒自行車道入口在不起眼的馬路邊。

舊時糖廠五分車路線改建

隱藏在彰化不起眼的田野間，一條與鄉間生活並存的埔心鄉自行車道，穿越稻田、水果園、農家聚落，充滿台灣農村的慢步調與廣闊田園。其實它平凡得像荒野小徑一般，但用心慢行，總能體會平淡中的美麗與豐富。

埔心休閒自行車道，從員鹿路入口開始田園風情的旅程，往溪湖方向沿著舊有台糖五分車路線，接上羊葡自行車道，進入溪湖市街。在溪湖境內，廢棄小火車鐵軌靜靜的躺在路旁，訴説著，台灣糖業的過去與未來。

走進稻香綠海的夏天

北部的稻葉才剛綠波起浪，往南方走，中台灣的田裡已經結穗泛黃了。埔心自行車道旁的田間風情，引人入勝，廣大的稻田景色，有心曠神怡的療癒作用。漫步田間小路，煩惱的塵埃怎能不落定心田，換化成未來往前的養分。希望，自己心裡的一畝田，總是在某個旅行途中，得到更多灌溉。

還好台灣是稻米的故鄉，有意無意間，一腳踩進的常是不可預期的美麗稻

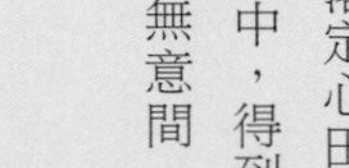

路線難度：★☆☆☆☆　輕鬆
行程：員林火車站→中山路→員鹿路→埔心自行車道→羊葡自行車道→溪湖鎮→溪湖糖廠→原路回程→員林火車站
總里程：23.9公里
騎乘時間：1小時54分；平均時速：12.6KM/H
旅行時間：4小時30分

▲武舉人故居，訴說著當地的人文風情。

▲埔心自行車道，可以接上羊葡自行車道，往溪湖騎遊。

田。只要用點赤子心情，少不了幾味稻香，能裝進旅行手札的筆記書頁。

嫩綠色稻葉、輕黃色稻穗，交織出身心愉悅的美麗稻海。騎著單車猛然跨進這一大片綠海之中，好似走在一條充滿快樂的田間小路上。暮色下的晚風一吹，稻香都飛了起來，漫過傾斜的陽光，沾滿全身。心裡有什麼憂愁，一股腦兒都隨著稻香陣陣，暫時飛到九天雲霄去了。

雖知種田人的辛苦，但看見被綠海淹沒的農家身影，怎能不教人羨慕。看似有無盡田綠的自行車道，晚風輕來夕陽斜照，那如毯的稻綠穗黃更加色彩動人。

愈深入，田野風光愈是開闊。小路蜿蜒稻海間，最後根本不知道自己身在何處。迷路了，下一個轉彎，會不會有更多驚喜出現呢？原來迷失在田野間，有一種探尋的莫名快樂。

悠遊人文，騎遇埔心三蜜

埔心鄉位於彰化員林隔壁，往西延伸與溪湖鄉交接。沿148縣道這條主要幹道員鹿路而行，路標上彩繪著埔心農特產品，「蜜紅葡萄、寶島蜜拔、金蜜芒果。」甜度高、香脆又水份充足，大家給這三種水果取了個美麗可口的名字，「埔心三蜜。」

自行車道入口就擺在大馬路邊，與附近環境融合，若是漫不經心，可能會當成某個鄉野小路而錯過。入口還沒到眼前，遠遠的望見它夾雜在路邊店面鐵皮屋旁。穿越幾步長的花架子，埔心鄉自行車道，漸漸走入安靜又濃郁的田野風光。

芒果園、芭樂田，還有一望無際的葡萄藤架子，埔心鄉的三種名產水果，在自行車道兩側輕而易舉就可以瞧見。

◀◀台灣苣窮，秋冬生長在彰化靠海鄉鎮的休耕農田。
◀騎單車掠過有趣的台灣鄉村景致。

▲埔心自行車道，以小葉欖仁及楓香為路樹，一路伴行。

自行車道上人煙稀少，大多是附近居民騎著單車休閒散步。鄉間生活自由慣了吧！偶爾有機車當捷徑穿越而過，一切都再自然不過了。經過田野，也經過了在地的人文風光。清代武舉人故居、寶島歌王黃三元故居，更路經葡萄隧道、葡萄迷宮、百年天主堂，還有農會、鄉立圖書館、鄉公所。

沿著埔心鄉自行車道走，原來有好多豐富的人文歷史與單車路線交錯，看見路標，只消轉個小彎，就可以在歲月的風華裡漫步。

▲沿著埔心及羊葡自行車道，來到溪湖糖廠。（SL346 蒸氣機車，臺灣觀光糖廠中，唯一燃煤的蒸氣機車）

▲往日的糖廠鐵路軌跡，打從門前經過。

必騎・必玩・必賞

★ 自行車道：水稻田四季風光，春耕夏耘秋收冬藏。沿自行車道的路樹景觀，台灣小葉欖仁、楓樹的四季變換。

★ 田園風光：埔心三蜜農作，以葡萄園最為精彩，有些大面積葡萄架子，形成綠色隧道，透著陽光美麗動人。菜田及各種水果田，分布在自行車道二側。

★ 鐵路遺跡：進入溪湖境內後，以前的五分車鐵軌有部分並未拆除，可看見與車道平行而過的鐵軌遺跡。一路進入溪湖市區，仍然有鐵路通過巷道及民宅門口的景像。

★ 重要人文景點：清武舉人故居、寶島歌王黃三元故居、葡萄隧道、百年天主堂。

路線指引：

▲由員林火車站出發，右轉中山路再右轉員鹿路，路過泉源路二段後，注意右側路邊埔心休閒自行車道入口指標。

▲進入自行車道，沿地面標線前進，經過員林大排後，田園風光出現眼前。

▲循車道而行，路邊有景點指標，可繞經景點再回到車道主線。

▲遇見仁安路前自行車道地標後，即為埔心自行車道終點。續行接上羊葡自行車道，往溪湖。

▲羊葡自行車道直接抵達溪湖市區，沿著地面鐵軌遺跡騎乘，穿過小巷接上員鹿路二段，右前方路口左轉東環路後直走到彰水路，抵達溪湖糖廠。

▲大部分時間，自行車道都行進在綠色田間。

交通資訊

大眾運輸

▲搭乘台鐵PP自強號列車，單車置放於12車；或往員林的長途客運，員林站下車。沿中山路、員鹿路，接上埔心休閒自行車道。

開車

▲行駛國道1號，下員林交流道，往員林方向，行駛員鹿路五段至一段，過東明路及瑤鳳路口後100公尺左側，可見埔心自行車道入口。

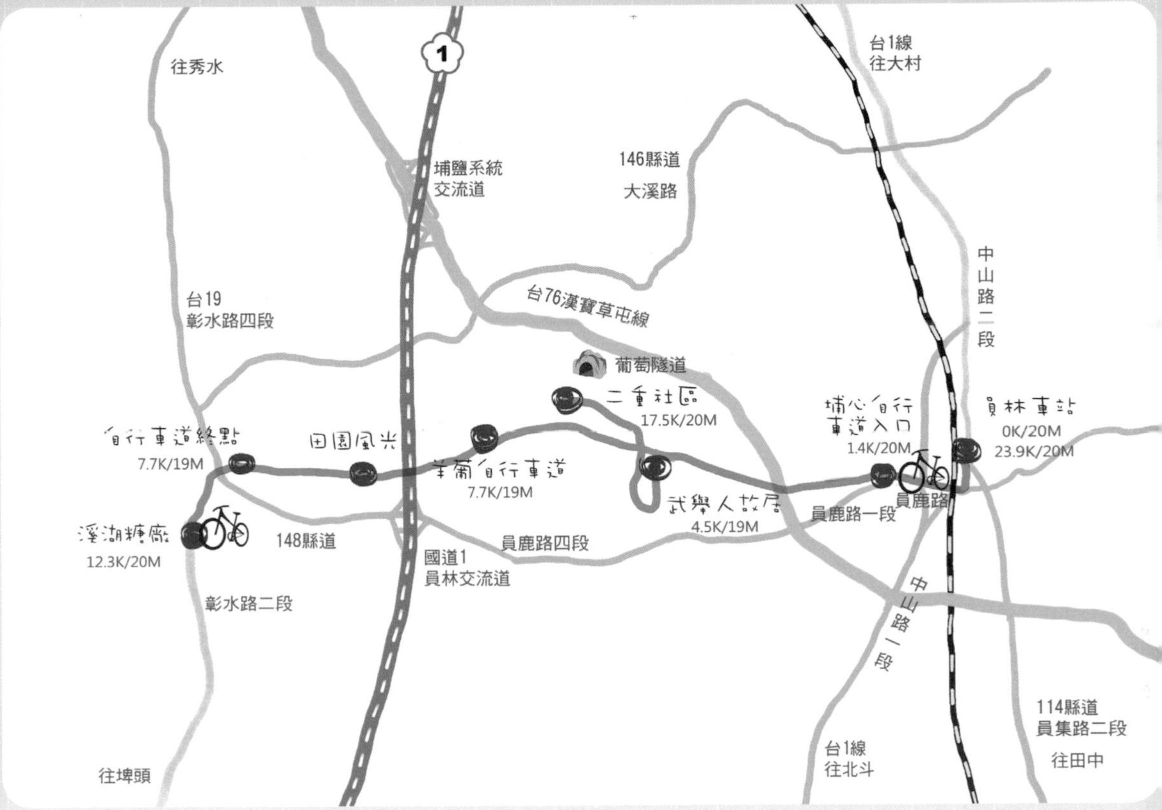

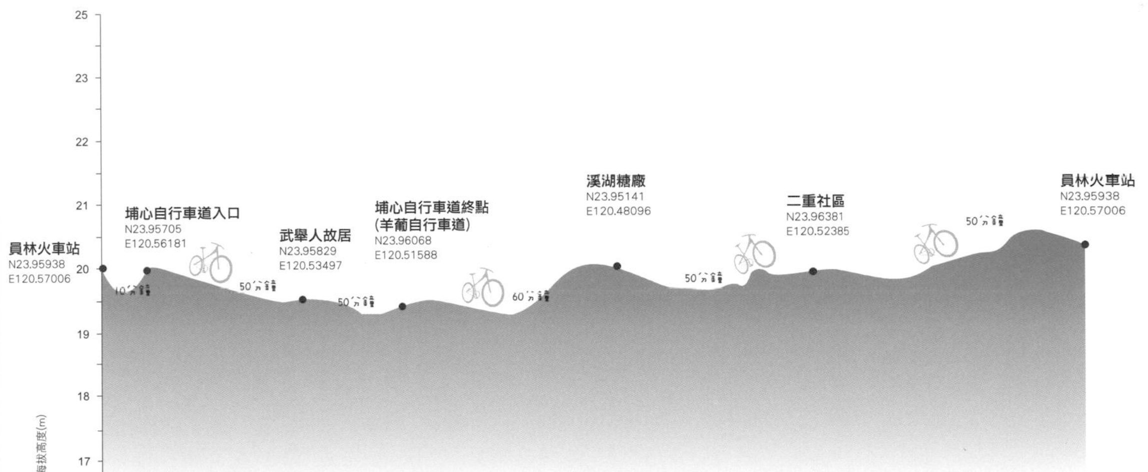

騎乘重點及行程資訊

▲路況：自行車道與一般鄉間道路共用，人車不多，平坦路況佳。唯須注意偶爾經過的汽機車。

▲補給：員林及溪湖市街為主要補給點，自行車道沿線大多為田野，少有商家及補給點。

陽光橋由中安便橋折除重建，
行人及單車獨享。

▲夏天一到，攝友必訪農場內的荷塘。

14 陽光水岸自行車道

騎遇台北賞荷祕境

夏天騎單車路過新店溪陽光水岸，記得一定要順道前往賞荷祕密後花園，體驗零干擾的清新花香。

安康農場　台北賞荷祕境

大清早，五點不到，城市街燈還停留在昨日的夢寐。窗外天微光，到安康農場夏日散步吧！順便拎著滿心花香回家。

安康農場在新店莒光路，裡面有一大池自然味十足的荷花田。這裡屬於台灣大學實驗農場，並不對外開放。但農場默契十足，荷花盛開的季節，會悄悄地打開大門一角，供散步、攝影、休閒同好欣賞美景。

夏日安康農場散步，好像是一種習慣，時間一到，雙腳自然往裡走。踏進大門，綠意圍繞身旁，小泥路往遠處走，樹影沙沙唱著大自然樂音，閒步林間，整個思緒都在綠色的夏浪裡打滾！不到六點，微熱陽光落入花心、灑在荷葉上，綠影有濃有淡，花朵有深有淺，整池色彩層層疊疊，繽紛豐富。慢步在綠色葉海上，空氣特別清新，心情也特別明晰了。

每一朵花，每一個景，似乎都有一個故事，寫故事的人正圍繞著荷花池呢！

路線難度：★☆☆☆☆輕鬆
行程：新店捷運站→碧潭→碧潭大橋→安康農場→碧潭大橋→新店溪左岸自行車道→溪洲部落→陽光運動園區→陽光橋→新店溪右岸自行車道→碧潭→新店捷運站
總里程：8.9公里
騎乘時間：40分；**平均時速**：13.3KM/H
旅行時間：2小時

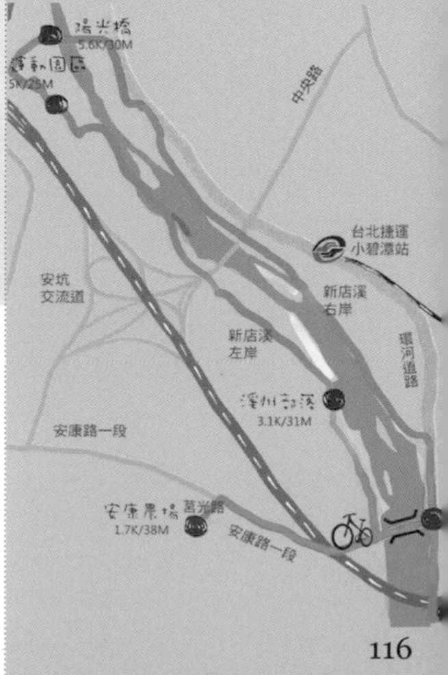

▶大台北區最佳賞荷祕境，台灣大學安康實驗農場，夏日涼爽綠意入心扉。

扛著相機腳架的大哥：「等下有旅展，我得趕著去會場。」原來是上班前，來追尋美麗的畫面；兩位追花大姐：「昨天機票買好了沒！還沒，明天再去辦理。」一這兩位大姐，準備出國去浪跡天涯；遠方的帥哥和美女：「等一下，馬上就好。」一笑聲中，幫小狗拍荷花寫真集。花朵的故事，在池子周圍此起彼落。夏天來安康農場帶回了花的顏色，也帶回了花的故事。

陽光水岸住著寧靜部落

步出安康農場，穿越安康路上的繁雜車流，碧潭大橋下游是溪洲公園，河岸坡地利用生態工法修治，野地生態破壞得少，大片南美豬屎豆，黃花叢叢，不用人工種植，也灑滿初夏亮麗。溪洲公園邊有個原住民部落，走進巷子，幾個小朋友看見我，忙著往屋後躲。一時間，溪洲部落變得好安靜。

再往前的風情更加原始，野生花朵開得純樸動人，馬鞭草落了腳，而且開滿紫色小花。拱臂提著自來水管，橫過溪水，自行車道劃過陽光運動園區，平坦地形讓視野直達河岸彼端，沒有任何障礙物，只有滿滿的彩葉花草。黃色沙灘排球場可以堆一座童年城堡，爸爸媽媽關心的呼喊記憶，都住在裡面。自行車越野競技場顛簸向上，踩著碎石佇立高點處，略見整個陽光運動園區。曾經被工廠佔據，雜亂不見天日的新店溪左岸，幾年整理以後，是一大片雨後的湛藍天空。

雨水生態池一塘夏姿，大肚魚悠游、蝌蚪點點，池中心長滿直挺挺的荸薺，水面散布不少睡蓮，某個翠綠水邊，開滿台灣水龍黃色花朵，染出一大池生命力。幾株莎草綻放，體腸白色小花也獨自伸展，說不定它是上天落下的生態呢！心裡才想著，就看見泥大蚊在雨後晶瑩的綠葉上交配。當我們認真思考與大地共同生活，自然會不著痕跡的回到我們身邊。

◀雨水生態池裡的台灣水龍。

◀◀沒有干擾的環境，荷花特別清心動人。

▲白三葉草，春夏的河岸主角。

夏天到新店溪晾黃昏

雖然入夏，暮色裡晚風一吹，微涼況味滲入即將西沉的陽光，灑了滿地舒暢。由橋上引道滑進堤外灘地，是多麼美好的一件事情。沿著新店溪與漸斜陽光，劃過淡淡地涼意，一直到碧潭，把孟夏時分的美好都說盡了。

中安便橋拆除後，築起一道白色弧線，陽光橋拱起亮眼的身子，專供行人與腳踏車閒步。越過陽光橋，下滑河濱公園，走過早年卵石堆上的大草皮，沿著新店溪往碧潭，河岸因為腳踏車休閒運動開始改變，從天然石礫換裝成灘地大草皮。今日，天然景色已不復存在，河濱公園整齊清潔，自行車道蜿蜒穿梭。騎單車掠過河邊，風景賞心悅目，河堤道內清新舒徐。

平坦的自行車道越過濃綠草皮，與新店溪並肩同行。彎彎的紅色水管橋，倒著看像黃昏夕陽的笑容。新生的白三葉草，吸收初夏陽光，神采奕奕。一路慢騎來到碧潭，穿越擠到不能再擠的人潮，找一處人少角落駐足，望著晚霞餘韻，思緒晾在河邊吹風。夕陽西沉後天光漸暗，該回家了，再見新店溪。

▲陽光運動園區內的雨水生態池，構築許多童年回憶。

▲把自己晾在碧潭河岸吹風，享受午後微涼的陽光。

必騎．必玩．必賞

★ 安康農場賞荷：每年入夏，台灣大學安康農場內的荷花池清新自然，開遍荷花，是台北地區最有規模且最有特色的賞荷祕境。

★ 新店溪陽光水岸：陽光橋近年完工，專為行人及單車設計，搭配橋下的陽光運動園區，生態及造景美不勝收。

★ 河畔野花及新店溪自行車道：由陽光橋及碧潭橋連接左右岸新店溪，形成環狀自行車路線，不同季節分布著不同野花生態。

路線指引：

▲台北捷運新店站後方，由自行車引道越過堤防，進入碧潭附近的新店溪右岸自行車道。

▲往下游騎行，經過二高橋下及停車場，由碧潭大橋出口左轉上橋，直行接安康路一段，遇莒光路指標，左轉進入。

▲莒光路續行50公尺，左側為安康農場大門。平日並不開放，夏日荷花季節，多會打開門縫，可牽行單車進入。

▲沿原路回碧潭大橋，橋上有單車引道下達新店溪左岸。經過橋下涵洞往下游自行車道騎行，遇岔路左線進入溪洲部落，右線為新店溪左岸自行車道。

▲穿越二高及水管橋下方，抵達陽光運動園區，見前方陽光橋，右轉上橋越過新店溪，下滑至右岸自行車道，直行往上游騎行。

▲依自行車道標線，經水管橋邊及碧潭大橋涵洞，回到碧潭堤防引道前方。越過單車引道，抵達新店捷運站。

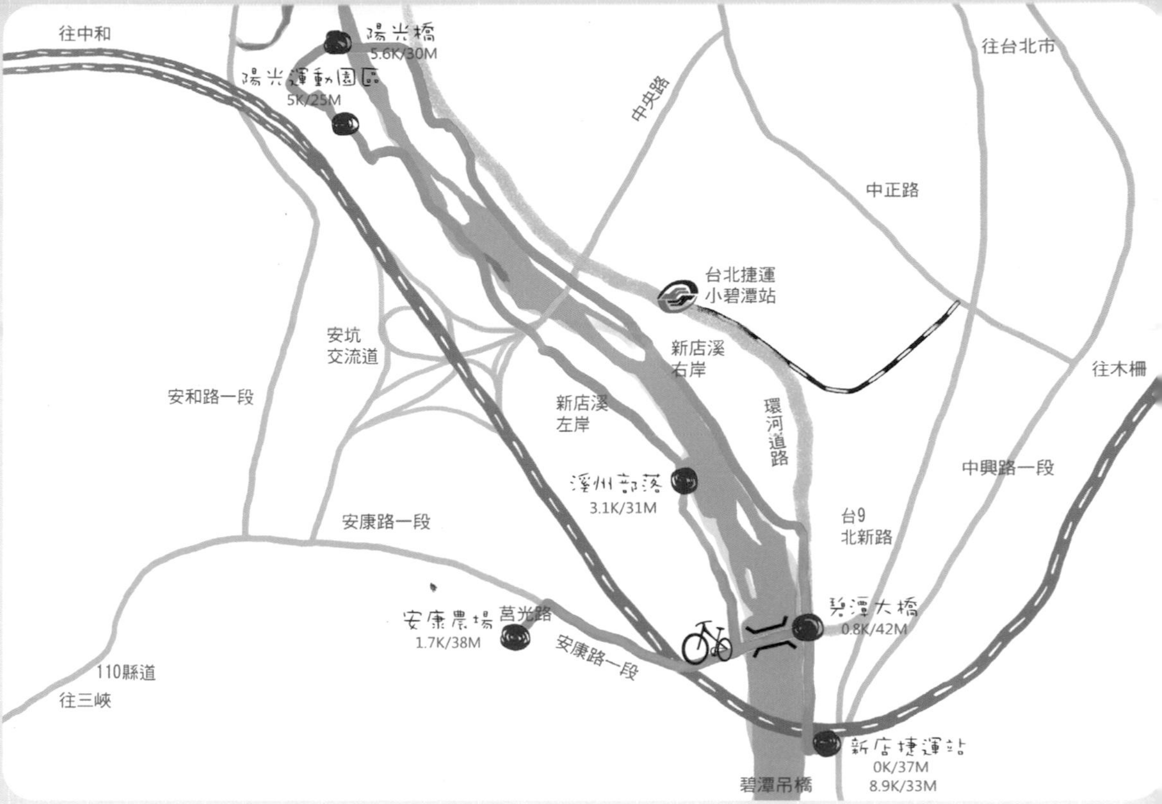

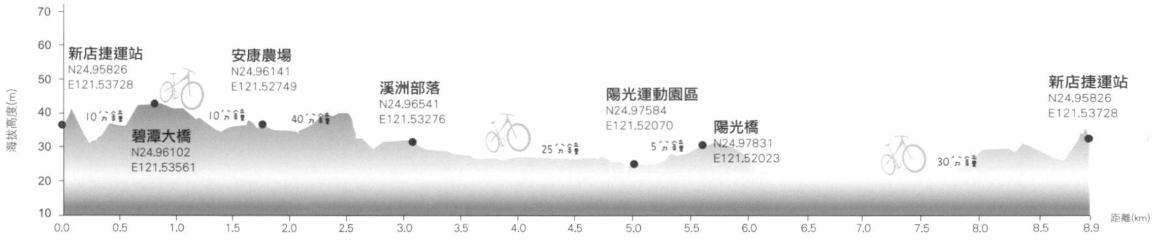

騎乘重點及行程資訊

▲路況：大致上為平坦自行車道，有一些因地形及橋樑、越堤小坡。

▲補給：新店市及新店捷運站及碧潭商圈為主，河岸地帶少有補給點。陽光運動園區內設有攤車，但時間及天候會影響開店情況。

交通資訊

大眾運輸

▲搭乘台北捷運新店線，於新店站下車。

▲自行車怎麼接駁：

●搭乘台鐵，台北車站內不開放單車轉乘捷運，請由板橋車站下車，轉搭捷運至西門站，再轉搭小南門線至中正紀念堂站，轉搭新店線往新店方向。

開車

▲行駛國道3號北二高，新店下交流道，右轉中興路二段至北宜路一段口，即抵達新店捷運站。捷運站後方碧潭風景區有停車場，可停放汽車。

自行車道

▲新店溪自行車道位於新店捷運站後方，可由大台北河畔自行車道騎行至新店溪右岸，於碧潭引道騎出，抵達新店捷運站。

◀迂迴的山路和檳榔林，形成特殊景觀。
▼黃蛺蝶，等牠展翅就更美麗了。

15 三層坪農路
檳榔花飄香

僻靜的竹崙環山自行車道

往三峽的角落走，離市區並不是太遠，甚至與白雞山、紫微森林著名景點只有幾公里之隔。踩進竹崙里，就好像悠遊在被寧靜包圍的小鄉村一樣。沒有過分的觀光人潮、少了喧鬧的商業行為，只有濃郁小鄉風情。

三層坪農路是為了農業運輸開闢，鮮少人知，景色優美又具有特色，路況甚至比河岸所鋪設的自行車道更適合騎腳踏車，所以地方政府把三層坪農路及竹崙路所形成的環狀路線，規劃為自行車道。基本上自行車道由北112及北109交叉點開始，沿著竹坑溪二側山谷圍繞而成，右岸為三層坪農路左岸為竹崙路，幾公里後，在竹坑橋再次交會，形成竹崙環山自行車道。

檳榔樹田層層堆疊

一小段下坡帶我們走進三層坪農路，跨過三層坪水泥小橋，橋下潺潺流水，未受污染的溪水與河床景觀充滿眼底。起初山路以緩坡向上，沒有多久便是一個一百八十度的大轉彎，此時已經開始迂迴在檳榔林裡，筆直的檳榔樹充滿視野，

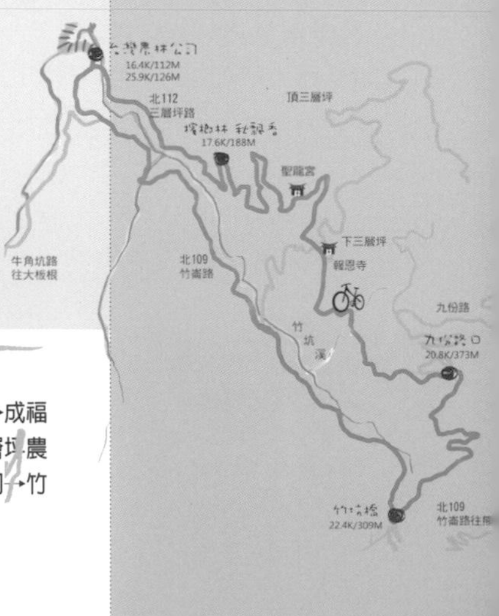

路線難度：★★★☆☆ 輕度挑戰

行程：南勢角捷運站→中和景新街→新店安和路→110公路（安康路）→三峽→成福路→成福橋→竹崙路→台灣農林公司→北112（三層坪農路）→三層坪橋→三層坪農路→高點（九份路口）→山間道路→竹坑橋→竹崙路（北109）→台灣農林公司→竹崙路→成福橋→110公路→新店→安康路一段→碧潭大橋→新店捷運站

總里程：41.3公里

騎乘時間：2小時40分；平均時速：15.5KM/H

旅行時間：5小時20分

▶▶沿途是最佳賞蝶路線，紅邊黃小灰蝶。
▶三層坪農路生態豐富，台灣粉蝶。

撐起一片早起的藍天。一股熱帶風情引領單車前進，產業道路就這麼一層一層的往高處攀升。

有些野薑花開在山谷深處，初秋的三層坪農路飄著一股清香，香味並不如野薑花來得濃郁，隨著深入檳榔林後猛然發現，獨特的香味來自於滿山矗立的檳榔花。高掛在樹上，又不知不覺悄悄地把花香灑滿山間。

▶清冷的山間，適合放逐自我

八月檳榔花香滿山

每個季節可以見到不同的風情，夏日來訪，似乎多了一分喜悅與舒暢。溫度適中，陽光微斜，醞釀整個夏季的花香，全都跟著樹影一起溢滿山間小路。八月騎單車遊歷竹崙，慢條斯理地登上三層坪檳榔樹海，看高聳的樹影撐起藍色天空，讓成熟的季節香氣沾滿全身。

單車慢騎山林間，花香淡淡、微風陣陣、樹影傾倒一地。仰望檳榔樹像許多洋傘，把天空畫得美麗動人。小路順著山勢而上，大迴轉登上一層，穿透千百根樹桿子，便看見山下剛走過的另一層，這是檳榔林子特有的山間景觀。大約爬高三層山路，一點五公里指標處，花香最濃、景色最優。

清涼綠意賞生態之美

除了檳榔林以外，三層坪也保有許多原始林相，沿途經過許多蓊鬱山林深處，太陽光芒難以穿透林梢，盤根老樹依附路邊山牆伸展，潮濕山壁長滿伏石蕨，幾道陽光恰巧投射在葉片上，靠近細細看來，葉脈布滿幾何圖形，大自然的傑作令人驚奇。

蝶類生態更是觀察重點，鳳蝶、小灰蝶、蛺蝶等，點滿山色翩翩起舞，沿途賞蝶目不暇給。

不太陡的坡、豐富的生態、自然的景觀，在夏末秋初，隨著滿山檳榔花一起飄香。有時間不妨騎著單車，走一趟三峽三層坪，感受夏末秋涼的味道！

▲藍天白雲，三層坪檳榔花香四溢。

▲台灣波紋蛇目蝶。

▲蘇鐵小灰蝶，小精靈有山林的圖騰。

有關三峽竹崙

「竹坑」和「崙尾寮」二個地名，使得「竹崙」成為這裡的名字。竹崙里是一個山間小鄉，沿著竹崙路而行，滿眼都是山林景觀，零星散布著年代久遠的居家小屋與紅磚厝。

路過不少青翠的茶田後，再遇見「台灣農林公司」精製茶廠。其實，也一起走進了製茶文化的歷史地。竹崙的茶葉歷史，從日治時期的「日本三井物產株式

◀油茶樹，沿著山路開花結果。

會社」、「大寮茶場」，走到了今天，山間仍然鋪著茶香。

竹崙路旁有著流水潺潺的「竹坑溪」，溪水清澈，少有污染。牛角坑溪與牛角坑路，可以通往「插角里」及「人板根」附近。愈深入，山林情況愈是蓊鬱。一直到熊空山附近，汽車通行不易，所以少有遊客，也因此幸運保存了大片柳杉林與原始林相。越過熊空山八百多米鞍部後，就進入「有木里」。

四季來訪，總是被許多自然生態包圍。闊葉林、針葉林，與四季變換的山林顏色，披覆著不同季節的森林。路過芒草原，再往上走，眺望山勢與遠方城市。路上彩蝶翩翩、蟲鳥豐富，在落下油桐果與油茶花時，秋天就要來了。

▲竹坑溪，溪水潺潺，在綠蔭下奔流，美麗極了。

▲三層坪的檳榔林，濃成了樹蔭。

必騎．必玩．必賞

★ 三層坪農路：夏末秋初檳榔樹林開花，花香蔓延附近山頭，香氣悠悠。 層層疊疊的檳榔林，在北台灣少見。

★ 賞蝶及賞花：一年四季蝴蝶生態豐富，但以夏秋較佳。 四五月份桐花盛開，此處亦為賞花重點。

★ 溪流景色：竹坑溪少有污染，自然情況良好。騎行山林間，常聽見溪水淙淙。原始的溪流景觀，美景天成。

★ 人文：竹筍季、曬苦茶油子、茶田風光及歷史。

路線指引：

▲南勢角捷運站出發經中和景新街及新店安和路，右轉行駛安康路往三峽，至九鬮聚落附近，即達成福橋路口，約14公里。（或由土城永寧站，走台3線至橫溪直行往溪東路約10公里。）

▲過成福橋後左轉往竹崙里，沿竹崙路，遇台灣農林公司，請放慢車速。左側有一下坡小路，即為三層坪農路。（北112，0K處，竹崙環山自行車道起點）

▲沿三層坪路下滑，過三層坪橋，開始上坡。1.5公里處，為檳榔林景點，夏末秋初花香四溢。

▲至高點九份路口，請直行下山，過竹坑橋，右轉竹崙路，回到台灣農林公司（北112，0K處，形成環狀路線）。

▲沿原路經成福橋、新店安康路，至安康路一段過碧潭大橋，右轉北新路直行，抵達新店捷運站。

▲順遊碧潭風景區，請過碧潭大橋後，右轉停車場內接上自行車道，即可抵達碧潭吊橋下方。

交通資訊

大眾運輸

▲搭乘台北捷運中和線，於南勢角站下車。

▲自行車怎麼接駁：

●搭乘台鐵，台北車站內不開放單車轉乘捷運，請由板橋車站下車，轉搭捷運至忠孝新生站，再轉搭中和線至南勢角站下車。

開車

▲行駛國道3號北二高，安坑下交流道，右轉安康路往安坑，沿110縣道至三峽成福路左轉成福橋，抵達竹崙里。

自行車道

▲可由大台北河畔自行車道騎行至新店溪左岸，於碧潭大橋引道騎出，沿安康路（110縣道），抵達三峽竹崙。

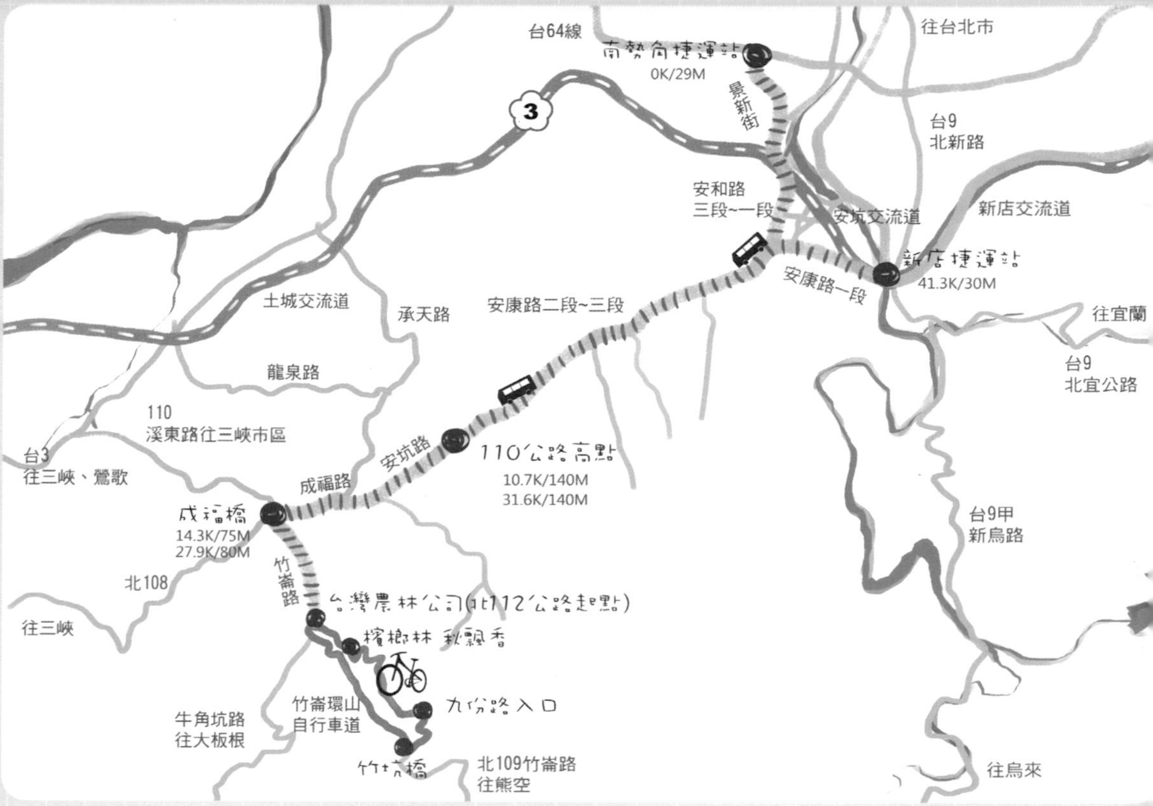

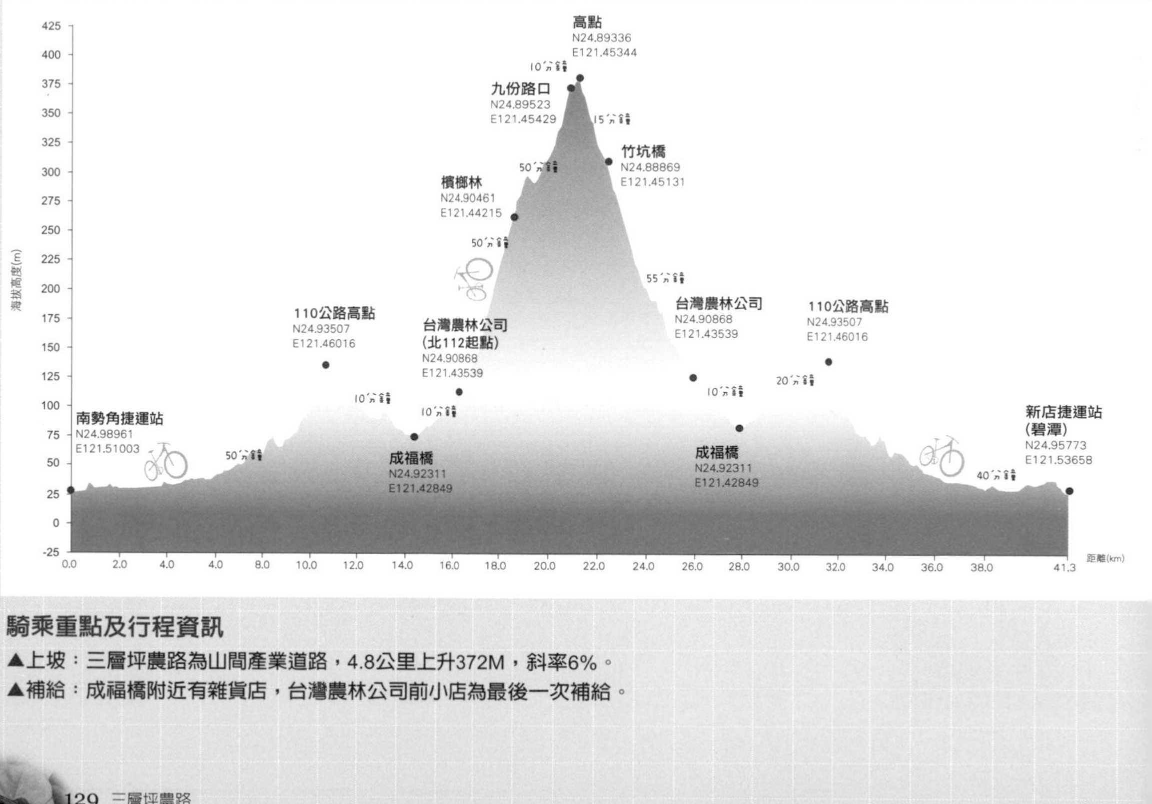

騎乘重點及行程資訊

▲上坡：三層坪農路為山間產業道路，4.8公里上升372M，斜率6%。

▲補給：成福橋附近有雜貨店，台灣農林公司前小店為最後一次補給。

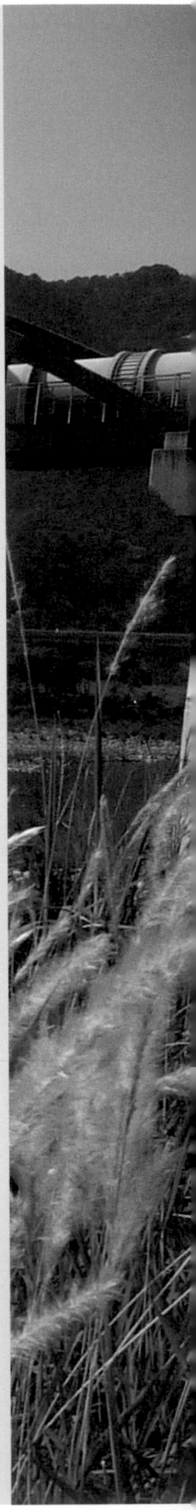

單車一日小旅行

【秋遊篇】

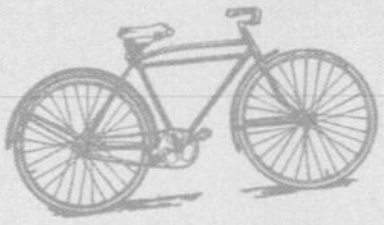

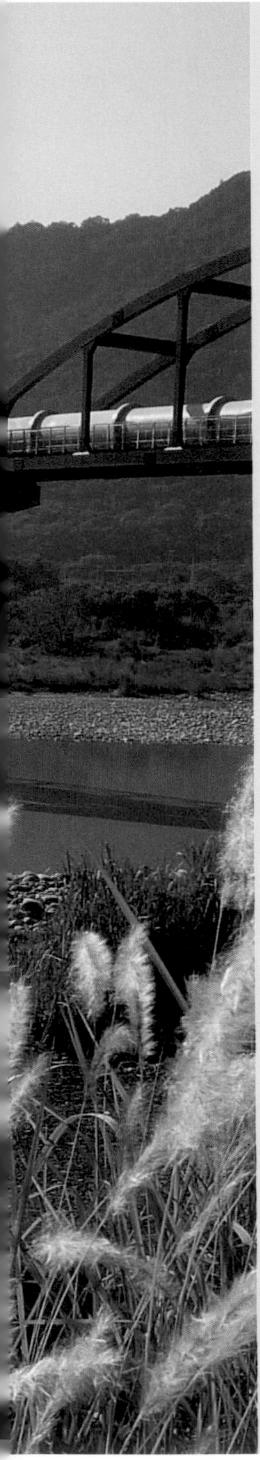

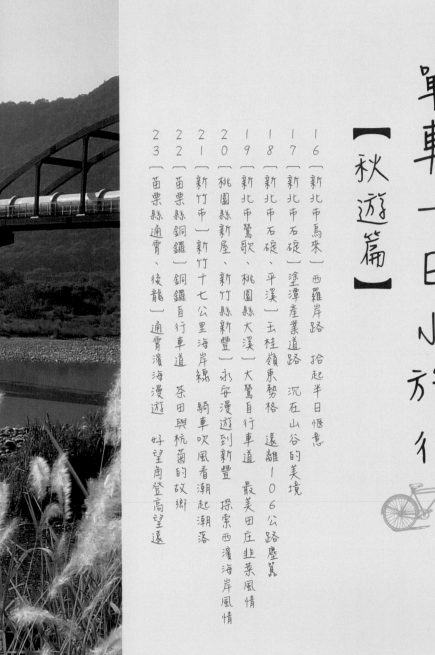

秋季 新北市烏來 杉林、賞蝶、櫻花、落葉

16 西羅岸路

拾起半日愜意

◀早秋騎單車上拔刀爾山，有幾分愜意。
▼永澤黃斑蔭蝶，享受秋天構樹落果。

單車路線拔刀爾山，由烏來觀光大橋接上環山路，遇見可愛的全家便利商店，走右線略為傾斜的產業道路，便一路上山。其實這條路叫西羅岸路，制高點保慶宮，離拔刀爾山還有一段距離。宮廟邊上有一大片清新高聳的杉木林，是通往美鹿山、高腰山、拔刀爾山的登山口，所以，單車友都以拔刀爾山稱呼這條單車路線。

新烏路上的雨後秋晨

跟著新烏路上下起伏，走進山間，才真正體會到秋天的況味。翠綠的山頭，抹上層層色彩，深淺不一的綠搭上濃淡交錯的黃，有些顏色熟成了褐色，山林的秋天更加豐富動人。昨夜山嵐氤氳，陣陣鮮白霧氣在山巔飄移，繞過一座山，另一座山又是山水畫似的意境。晨光掠過藍天下高聳山勢，投射下來，光束散在南勢溪的河床上。

大清早的，往烏來路上獨有風情，但是烏來老街還是一片冷清呢！我們不往老街聚落走，只消轉個彎，離開觀光地域，登上更高更清幽的拔刀爾山。

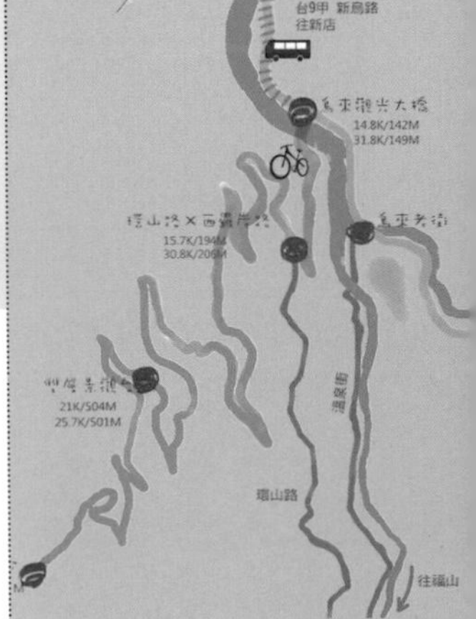

路線難度：★★★☆☆輕度挑戰

行程：新店捷運店→台9甲（新烏路）→烏來老街→烏來觀光大橋→環山路→西羅岸路→高點（寶慶宮杉林）→原路回程→台9甲（新烏路）→ 續行台9甲→新店捷運站

總里程：46.4公里

騎乘時間：3小時；平均時速：16KM/H

旅行時間：4小時35分

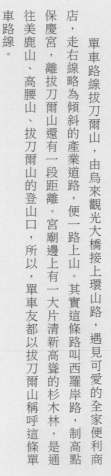

▶夏天過後，翠綠山林披上秋意。

秋訪西羅岸路　滿地落葉繽紛

環山路有個地方，往下看去，新完工的吊橋連接二岸，鮮豔的紅色特別顯眼。除了那些滿足視覺的理由，再也找不到能對眼前漂亮的新景觀，寫下什麼故事或註解，因為，對於吊橋太陌生，就像是擦肩而過的路人一般。

西羅岸路是登上拔刀爾山的唯一道路。秋天的朝陽灑在路上，篩了一地影子，大部分是樹的影子，偶爾有幾隻彩蝶飛過的影子，還有一群二、三十來隻，樹梢略嫌聒噪的台灣藍鵲影子。而單車載著旅人的影子，跟著山路盤旋而上，遇見秋天顏色落定時，便停下腳步，躺在繽紛落葉上。掉滿路邊的山櫻葉子，被季節溫度催黃，深深淺淺的咖啡色濃淡有別，色調卻整齊劃一。沿著山路都是秋褐色的葉子，鋪在路邊，放心懷想，春寒料峭的時候，一定也鋪滿桃紅色的櫻花

◀◀拾幾朵美麗與單車一起輪轉。
◀巴西野牡丹，落在秋天的懷抱裡。

吧！

蜿蜒上山　早春獻櫻情

每每騎進西羅岸路，總是欲罷不能的與時間賽跑，不論春夏或者秋冬，我總是能在原野味十足的山林道路間找到停下腳步的理由。秋天的黃葉常落在我被城市浸濕的心靈，漸黃的葉片，還能汲取一些山下帶來的心裡油漬；而春天充滿希望，落盡乾葉的山櫻在冬將遠去的時候，綻放豔紅與粉麗。想都不用再想，只要騎著單車往拔刀爾山走，沿途的櫻花景致，賞心悅目。

▲烏來新吊橋通行了，從環山路看來別有風情。

▶櫻花早了春天一步，為晚冬添美麗。
▶▶走在鋪滿落葉的山道上，秋意上心頭。

往瀑步那頭走，櫻花期老是有揮不去的人潮，拔刀爾山這頭就清閒許多。以路樹為賞花重點，陡峭的山勢甩出蜿蜒的林間小道，一層又一層往上攀升。八公里路程花況繽紛、情境豐富，每一次轉彎都能看見不一樣的景色演出。而開闊的視野便是西羅岸路獨有了，山林間櫻花綻放嬌顏，樹下就能遠眺烏來聚落上方的山頭，烏來山、大桶山蒼翠沉穩靜靜的守護著南勢溪畔的山林歲月。

▲遠眺烏來聚落佇立在烏來山下。

◀◀白匏子小花落成漂亮的綠底碎花毯子。
◀這裡是生態觀察的好地方，石牆蝶。

遠眺烏來聚落　山川巍然聳立

只有幾戶人家、休閒營地；海拔接近五百公尺左右，人煙稀少，除了幾位車友與山友外，只剩下安靜的山林。單車的速度很慢，把心和山的聲音連結在一起。

寂靜中登上路邊一處觀景台，放眼下望，烏來老街聚落依偎在巍然聳立的高山角落。由高處下望，才恍然明白，烏來聚落是如此平靜的躺在翠綠山谷間。山上眺望，拾起一片被遺忘的美麗，看見世人經常忽略的角度。

欣賞四季生態之美

晴朗的早晨，山林色彩特別濃郁。蝴蝶飛過，落腳處，更添幾許欲振乏力的夏末。秋天是白匏子開花的季節，沿著西羅岸路上山，到處都是白匏子樹的茶色花序，為翠綠山色添上濃濃的秋意。一陣秋風搖過樹梢，小花便落了下來，落在路邊少有陽光的青苔上，織成漂亮的綠底碎花毯子。黃庚的詩句說：「春愁唯有落花知。」那秋天的落花，就更顯得悵惘呢！

路高點是一座廟——保慶宮，大部分車友在此休息後原路下山。附近分布許多針葉杉林，風景優美、空氣清新。只消半日，放下被時間追趕的心，坐在杉林裡的石桌石椅，讓山風吹拂思緒，靜心舒徐。

抬起頭，看杉林樹梢裂出淡藍色天空。敞開心靈，攬住一早的美好時光。

▲抬起頭，森林濃郁，微微裂出藍天。

◀道路高點寶慶宮，位於山林間。

季節景觀風情

★ 新烏路：新店溪、南勢溪風情，雲瀑、山嵐及溪流景色。

★ 西羅岸路秋季：秋日山間變葉生態、賞蝶、賞鳥等各式動植物生態，山路高點台灣柳杉針葉林。

★ 西羅岸路春季：早春時節，沿途寒櫻及山櫻花綻放，一路直達山路高點。

★ 遠眺風景：路程中約海拔500M左右，西羅岸路5K，有一雙層觀景台。遠眺台北市101，俯看烏來聚落。

★ 人文：烏來老街風情。桂山電廠老宿舍群，福利社懷舊冰棒。

路線指引

▲新店捷運站出發沿台9線，遇台9甲新烏路，右轉往烏來方向。

▲沿台9甲（新烏公路），上下起伏，越過兩處高點（文山農場及圓聖寺），下滑至烏來老街。

▲進入老街前右手邊，過烏來觀光大橋，走環山路看見全家便利商店時，請由右邊路口進入，即為西羅岸路。

▲西羅岸路約8公里長，一般單車路線請循保慶宮指標，至保慶宮終點。

交通資訊

大衆運輸

▲搭乘台北捷運新店線，於新店站下車。

▲自行車怎麼接駁:

●搭乘台鐵，台北車站內不開放單車轉乘捷運，請由板橋車站下車，轉搭捷運至西門站，再轉搭小南門線至中正紀念堂站，轉搭新店線往新店方向。

●台北捷運系統，星期例假日人與單車可同行上車。平日時段，需以攜車袋打包折疊式單車進入捷運。

開車

▲行駛國道3號北二高，新店下交流道，右轉中興路二段至北宜路一段口，即抵達新店捷運站。捷運站後方碧潭風景區有停車場，可停放汽車。

自行車道延伸:

▲新店溪自行車道位於新店捷運站後方，可由大台北河畔自行車道騎行至新店溪右岸，於碧潭引道騎出，抵達新店捷運站。

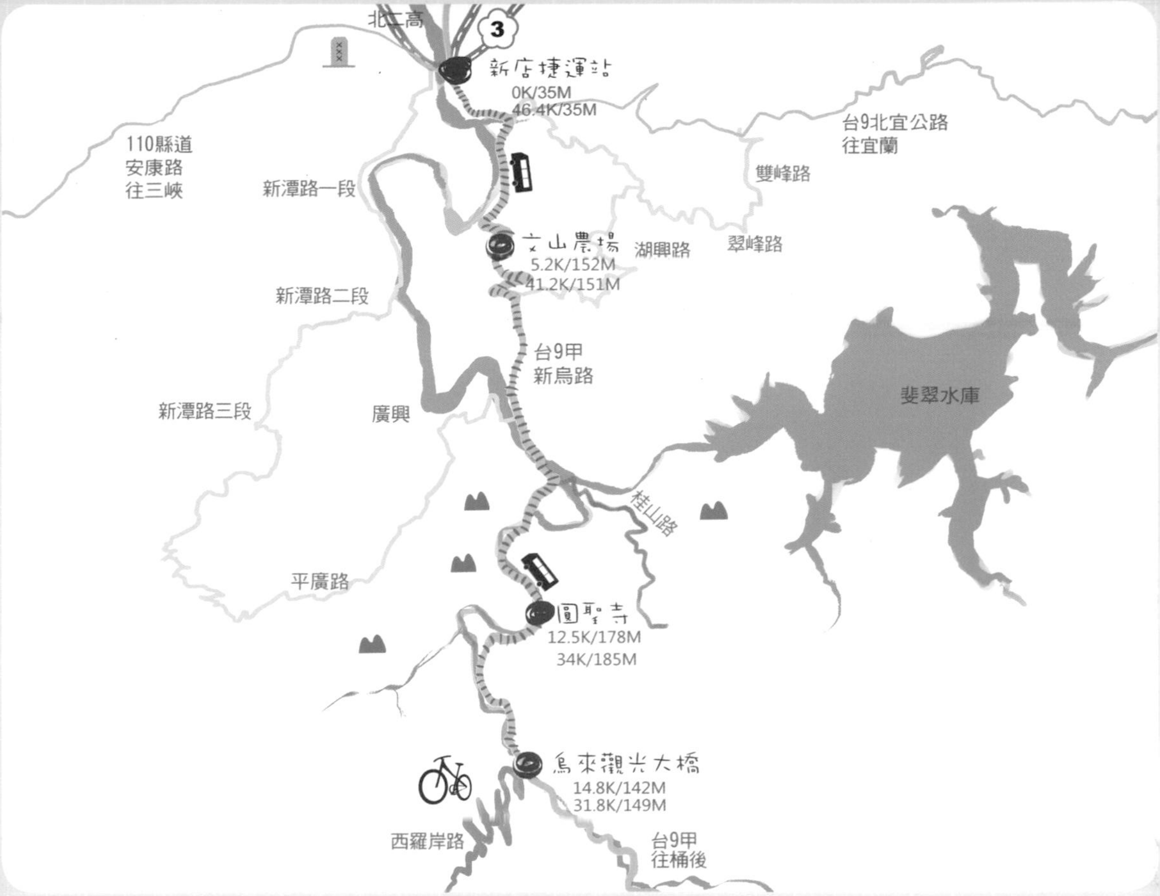

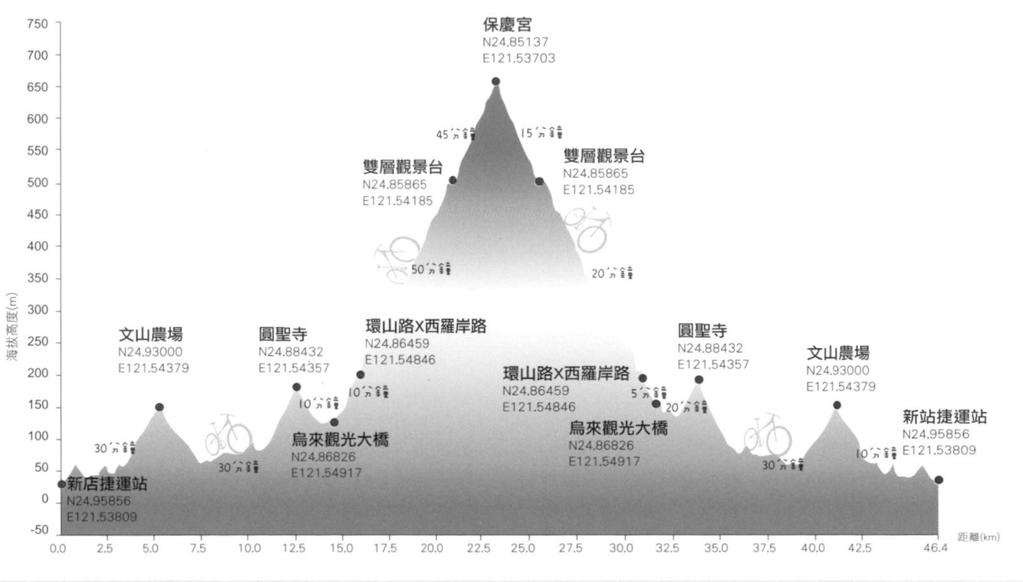

騎乘重點及行程資訊

▲上坡：台9甲新烏路，上下起伏16公里山路，總爬升約410M。西羅岸路 7.7公里上升459公尺，斜率6%。

▲補給：新烏路上有便利商店補給，但上下坡多，請注意。拔刀爾山，除西羅岸路口的便利商店，沿途上坡沒有補給。

▲西羅岸路山區行動電話收訊不佳，無法對外聯繫。

17 塗潭產業道路

沉在山谷的美境

◀茶田就這麼熨貼著山勢鋪陳。
▼靠近觀察落羽松，飄著淡淡木香。

距離北宜公路最高點風露嘴，往坪林方向一公里處，有個不甚明顯的小路口，平凡又帶著與山路景況合而為一的樣貌。若是沒特別注意，醉心於快意奔馳的速度，無意識間掠過往後飛奔的風景，塗潭山谷裡的美境，就像一顆被遺忘在角落的翡翠。

茶田與翡翠水庫，形成獨特風光

塗潭道路景色以茶田風光及翡翠水庫後段蓄水區為主。落羽松沿著蜿蜒窄小又陡峭的山道排隊，引領山光水色敞開壯闊視野，一點一滴在蓊鬱林間釋放。偏離北宜公路主線初期，隨著人車皆少的清淨小路下滑，偶爾瞥見林隙間隱約露出遠方翡翠般的湖水，河道呈現S型把山谷向兩側推開，用最自然的曲線，在山間沉出一潭碧綠。

整齊輕綠的茶樹田，熨貼在山坡上，平整鋪滿腳下。愈接近塗潭聚落，視野愈加清晰開闊。由於道路狹窄彎曲，加上賞景點剛好位於轉彎處，隨時停下單車往路邊一擺，便可以走入茶田間，身體被一大片茶綠包圍，欣賞沒有視覺阻礙的壯麗山川，峰峰層層連到了天邊。環顧四周，都是山與水的對話、風與樹的笑

路線難度：★★★☆☆輕度挑戰
行程：新店捷運站→北宜公路→北宜公路最高點（風露嘴）→往坪林方向→塗潭道路入口→塗潭道路→千島湖眺望→塗潭→沿水邊而行→直潭巷→水底寮巷→直潭巷出口→北宜公路最高點（風露嘴）→新店捷運站
總里程：43.7公里
騎乘時間：2小時47分；平均時速：15.7KM/H
旅行時間：4小時30分

聲。置身其間，怎能不與自然相容，心舒徐、意清明呢！

鳥瞰山中千島湖，體驗山川之美

翡翠水庫碧綠水色與山勢相映成景，幾處大轉彎眺望茶田山水。沿著塗潭產業道路下滑，大約在兩公里處的獅仔頭坑橫向道路口，由獅仔頭坑1～12號指標右轉進入。兩百公尺後視野略為開闊，遠眺峰峰山巒巍峨疊翠，嶙峋山勢往水域伸展，前後交疊、左右錯落，有若重重小島、山水交織。樹林裡，只聞五色鳥扣扣叫聲相伴，微風一吹，透亮的綠蔭下飄著畫意。台灣之美，在山林的角落，俯拾皆是。

離開千島湖繼續下滑，右手邊突然出現茶田與山水相映的美景。永安步道漫步茶田間，靜悄悄的往樹林裡走去。這裡可以走進茶田，讓整齊的綠意圍繞身旁，俯視河彎擺動著婀娜的曲線。層層疊疊深淺不一的綠意，填滿藍天白雲下的大地風情。遠遠的望見，塗潭就在山腳下傍水而居。

◀◀大自然的握握手，伏石蕨山牆。
◀塗潭的入口在北宜公路27K處，永安社區前，車速快容易錯過。
▶漸漸深入塗潭，廣闊的山水風光躍出森林。

▲永安國小後的水與綠交接，芳草碧水，美麗極了。

塗潭、永安，看水與綠交接

道路最低點是安靜的塗潭聚落，人家兩三戶，鎮日水邊為伍。路況貼著水岸而行，左則蒼翠綠林為伴，向右望去是碧水畫弧的岸邊。山與水交接處，芳草萋萋、碧水溶溶，幾片竹筏飄出與世無爭的恬淡之美。

永安國小陳舊中長滿青苔，一九四八年興建，因翡翠水庫及水源保護區內限制開發，廢校後併為格頭村雲海國小永安分班，目前為水資源教室。騎行至此，已經踏入直潭巷上坡，坡度略陡，踩過另一個山巔經由水底寮巷，接回北宜公路。

路過永安國小，再回頭，看見直潭巷、塗潭道路，人文與自然風情連成一氣。彷彿是沉在山谷間的美麗境地。

▲騎單車來千島湖，用單車的影子，編織最美的旅行方式。

必騎·必玩·必賞

★ 水庫風光：主要以水庫集水區湖光山色為主要賞景重點，視野較潭腰開闊。
★ 茶田風光：熨貼著山勢種植的茶田與水庫相映，形成特別的山水風情。
★ 千島湖：獅仔頭巷內眺望點，千島湖山水風情巍峨壯闊，重重山巒與深遠水域，交織出翡翠水庫之美。
★ 永安國小：廢校後的永安國小，成為水資源教室，細說翡翠水庫水源保護區。
★ 人文：茶田及茶鄉風情，常見採茶風光；水源區的村落遷移歷史。

路線指引

▲由新店捷運站為起點，騎行北宜公路往宜蘭方向，至高點風露嘴（台9線26K指標），一公里後見永安社區石碑即為塗潭產業道路入口。

▲進入塗潭社區2公里左右，由獅仔頭坑1～12號路標進入小路，約200公尺見千島湖景觀視野開闊。

▲回原路，再沿塗潭產業道路下滑，轉彎處均可見水庫集水區及茶田風光，遇塗潭聚落接近水岸而行。

▲離開塗潭聚落1公里後，永安國小前開始爬坡，此為直潭巷續行水底寮巷，由永安國小公車站牌前接上北宜公路，左轉四公里回到風露嘴，形成環狀路線。

▲沿北宜公路往台北方向下滑，15.2公里後抵達新店捷運站。

交通資訊

大眾運輸

▲搭乘台北捷運新店線，於新店站下車。

▲自行車怎麼接駁：

●搭乘台鐵，台北車站內不開放單車轉乘捷運，請由板橋車站下車，轉搭捷運至西門站，再轉搭小南門線至中正紀念堂站，轉搭新店線往新店方向。

●台北捷運系統，星期例假日人與單車可同行上車。平日時段，需以攜車袋打包折疊式單車進入捷運。

開車

▲行駛國道3號北二高，新店下交流道，右轉中興路二段至北宜路一段口，即抵達新店捷運站。捷運站後方碧潭風景區有停車場，可停放汽車。

自行車道延伸：

▲新店溪自行車道位於新店捷運站後方，可由大台北河畔自　行車道騎行至新店溪右岸，於碧潭引道騎出，抵達新店捷運站。

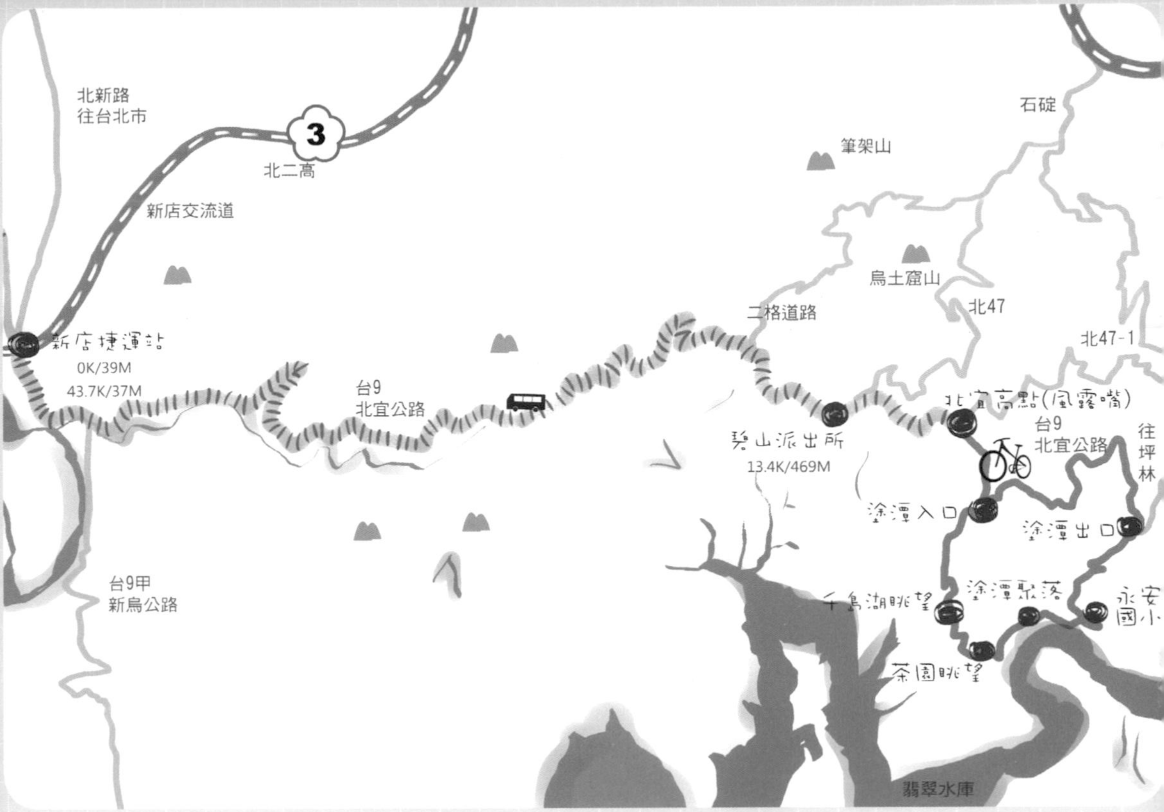

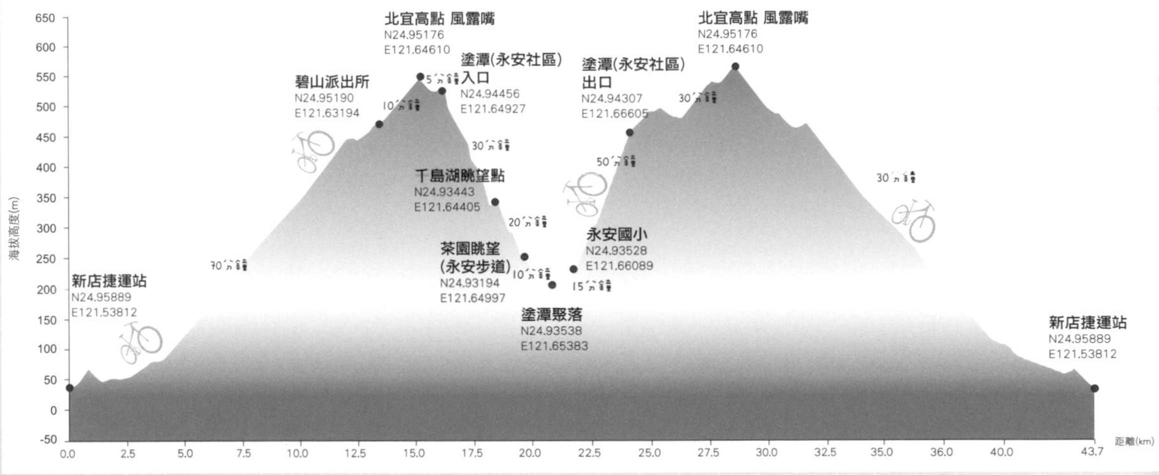

騎乘重點及行程資訊

▲主要上坡：直潭巷約2.5KM上升227M，斜率9%，略陡。

▲危險下坡：塗潭道路下坡情況，路小而且陡峭，岔路多，請特別小心慢行。

▲由台北新店捷運站到最高點風露嘴，里程15.2公里。其中以國史館至石碇二格公園大茶壺處上坡較明顯。8.2公里上升367M，平均斜率4%。

▲主要補給點：新店市區，二格公園，風露嘴，碧山派出所可補水。進入塗潭後沒有補給點，需注意。最好在新店市區補給完畢，沿途商家可能未開張營業。

秋季 新北市石碇、平溪 溪流景觀、觀魚、賞楓

18 玉桂嶺東勢格

遠離106公路塵囂

◀秋楓和雨水一起灑下黃和綠。
▼姬小紋青斑蝶。

石碇、平溪的世外桃源單車路線

白色花絮沿著窄小產業道路綻放，山間吹起沁涼微風，二、三水滴從天而降，原來是樹梢抖落的露水。灰雲滿天，大地一切淡化在暗沉色調中，身邊盡是一片豐富心靈的清幽景致。單車踩過秋日陰雲時分的東勢格農路，仍然不減這條平溪角落產業道路的迷人魅力。

東勢格農路、玉桂嶺產業道路，可以說比單車專用道更適合單車小旅行。沿途自然風情濃厚，行駛車輛稀少，平溪山鄉106公路上的狂嘯車流和人潮，都被遠遠地拋擲在千里之外。整條公路略為起伏蜿蜒於石碇及平溪山區，鮮為人知的世外桃源，清靜舒爽，任單車遨遊。

永定溪賞苦花溪魚

在地圖上或許找不到玉桂村的名字，因為現在玉桂村已經劃入石碇豐田村境內。不過玉桂這兩個字，卻還一直沿用至今。從106公路永定溪上方岔路口，往右走進永定溪畔，可以看見道路拓寬前樣貌，原來以前的106公路，得跨過

路線難度：★★★☆☆輕度挑戰
行程：大坪林捷運站→順安街→寶慶街→景美溪橋→木柵路→秀明路→木柵路四段、五段→文和橋→新光路三段→深坑→文山路三段～一段（106乙，二高聯絡道）→石碇堡→106縣道→永定橋→永定溪右岸農路→藤寮坑→西勢坑→農北碇平015道路→玉桂嶺產業道路→平溪界點→東勢格農路→東勢格→紫東路→106縣道→平溪→石碇→永定橋入口→原路回程→大坪林捷運站
總里程：59.5公里
騎乘時間：3小時30分；平均時速：17KM/H
旅行時間：5小時

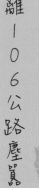

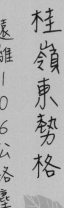

▲一抹秋黃落在苔蘚青毯上。

▲西勢坑附近，入秋後仙草花開遍山坡。

現在長滿青苔舊意盎然的永定橋。橋下的永定溪，經過多年來封溪護魚成果有佳。溪水清澈見底，魚群豐富，水中苦花（鯝魚）悠游。一路沿著永定溪右岸往上游而行，整條溪流自然風情無限。亂石巨岩中賞魚，加上附近山勢頗有水墨畫情境，山景水色美景加乘；經過藤寮、峯頭等遺世地名，往玉桂嶺方向邁進。

仙草花開滿山坡

這條沿溪而行的山路並沒有名稱，直到遇見路標，出現幾戶人家聚落。此時位於石碇的農北碇平015及008號農路交岔口。整片道路邊坡覆蓋紫白相間

◀玉桂嶺產業道路，畫出山間美麗的弧。

的淡色小花，美麗極了。當地農戶表示，在地農家有種植仙草燒茶飲用的習慣，所以菜地田園中，常看見仙草蹤跡。每年秋天，正是仙草開花季節，附近山路兩旁仙草花滿開。這些仙草花並非農家特意種植，應該是仙草種子不斷擴散，所形成的意外美景。能在山間小聚落，看見滿地仙草開花，真是不期而遇的收穫。

玉桂嶺產業道路、東勢格農路美景天成

接下來騎上略為爬坡的農北碇平015號農路，可以接上玉桂嶺產業道路及東勢格農路。其實不用太過擔心坡度，一般腳力騎著變速腳踏車應該都沒有問

◀◀大頭艾納香有鮮明色彩。
◀藤寮坑雖已入秋，姬黃三線蝶依然飛舞。

題。雖然是深秋露濃，產業道路還是別具特色，充滿自然風情的山林，芒草滿開。楓樹落葉繽紛，灑了一地紅褐相間填滿路旁山溝，讓人浸潤在一片秋色中。偶爾路邊會出現一些石築遺跡或小廟，都值得深入探索。

登上最高處是平溪和石碇的交界點，標高三百多公尺。往平溪東勢格，大部分為下滑路段，秋深時分，沿途白色澤蘭大量開花，花況十分壯觀。孟秋時節，野薑花生長密度也很高，但此時花期已近尾聲，只有零星花開。其他還有不少動植物生態可以細細觀察。值得一提的是，附近台灣藍鵲數量很多，沿東勢格農路，不斷成群出現，甚至停在路中央或是抬頭可及的樹梢上。而整段路程野溪隱蔽林間，水質未遭到任何破壞污染，又屬於上游源頭地帶，呈現清流小溪美景，在不同林相覆蓋下，隨著地形變化，若隱若現。站在小橋上下望，就是一幅難得見到的自然造景，美麗更兼自然。

清悠東勢格發思古之情

東勢格雖然在地圖上看不到，但會在不知不覺中走進它的範圍，像是被世人棄守的領地，視野比來時山路開闊，更顯得它的冷清與無奈！主要景點為東勢格派出所，正值秋天，派出所四周散落深淺不一的楓葉，山牆青苔綠意正濃，停車休息，坐在日治時期濃濃古意的東勢水泥小橋上，正好為玉桂村及東勢格這段離世單車路線，畫上完美休止符。

回程可由芊蓁林溪旁的產業道路，接回106公路，經過平溪、菁桐等大眾景點，回到永定溪橋旁，形成環狀路線。

▲枯葉蝶。

▲沖繩小灰蝶。

必騎．必玩．必賞

★ 玉桂嶺產業道路風光：濕氣重，秋天野薑花、芒草、楓紅、澤蘭沿路滿開。
★ 東勢格農路：小橋下之溪流，充滿天然造景之美，不可錯過。並有台灣藍鵲，近距離接觸。
★ 永定溪觀魚：沿永定溪旁而行，一路山勢如水墨畫，封溪成果良好，魚群密度高，溪水裡閃爍著鱗光。
★ 賞蝶：永定橋到東勢格的山間道路，蝴蝶生態豐富，夏秋特別適合賞蝶。
★ 東勢格：山間聚落及東勢格派出所前秋楓落葉，盡賞自然人文之美。
★ 平溪線鐵路景點：平溪老街、車站；菁桐老街、車站；礦城鐵道文化；白石腳日式宿舍群落；薯榔村（一坑）礦工聚落。

路線指引

▲台北捷運大坪林站前，由北新路三段進入順安街，遇寶慶街右轉後過景美溪橋，沿木柵路、秀明路至萬壽橋前左轉木柵路四段、五段，於二高下右轉文和橋，繞行木柵交流道下方新光路出口，接上文山路三段（106乙，二高聯絡道），往石碇。

▲路過石碇交流道後右轉抵達石碇堡。此處為106乙與106縣道交叉點，前去為山區，務必在此進行補給；左轉106縣道往平溪前進。

▲離開石碇堡交叉點，106縣道進入山區道路，略為上坡起伏。6公里後遇永碇橋叉路，請走右側小路下滑經過永定橋，過橋後右轉，經藤寮坑、西勢坑。

▲至西勢坑，遇農北碇平015（左線）及008標示，取左線上坡，即為玉桂嶺產業道路。

▲沿農北碇平015至道路最高點，平溪界點叉路口，取左線東勢格農路（農北碇平009）下坡往東勢格。

▲東勢格農路大多為下坡，遇見東勢格2號石屋後續行，再遇右側旭東橋請右轉再左轉，見右邊東勢格派出所，所內可補水。

▲派出所前為芊蓁林產業道路（紫東路），右轉往坪林，請左轉往平溪遇106縣道時左轉，經平溪、石碇回到永定橋入口處，續行下滑經石碇堡、深坑、木柵，原路回程。

交通資訊

大眾運輸

▲搭乘台北捷運新店線，於大坪林站下車。

▲自行車怎麼接駁：

●搭乘台鐵，台北車站內不開放單車轉乘捷運，請由板橋車站下車，轉搭捷運至西門站，再轉搭小南門線至中正紀念堂站，換搭新店線往新店方向。

開車

▲行駛國道3號北二高，木柵下交流道往深坑聯絡道即文山路三段（106乙），此路段大多可路邊停車，由此停車後往石碇騎行，抵達石碇堡，續行往東勢格路線。

自行車道

▲騎行景美溪自行車道右岸，終點於萬芳抽水站對面出口右轉，接上木柵路四段，往石碇騎行，抵達石碇堡，續行往東勢格路線。

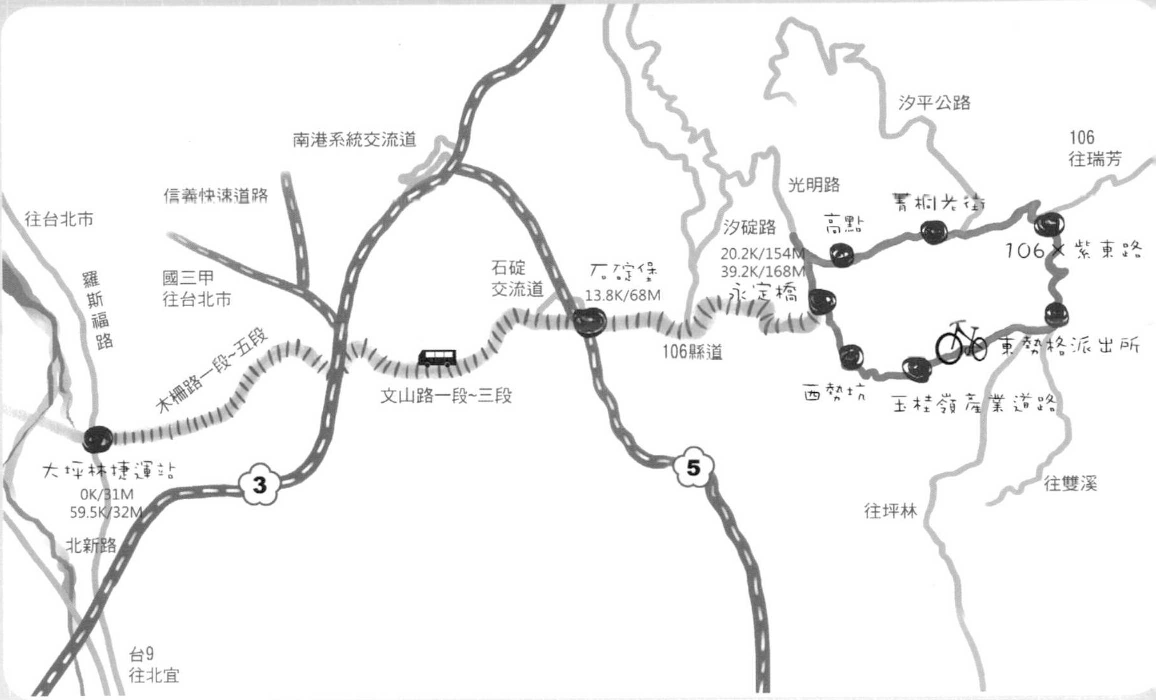

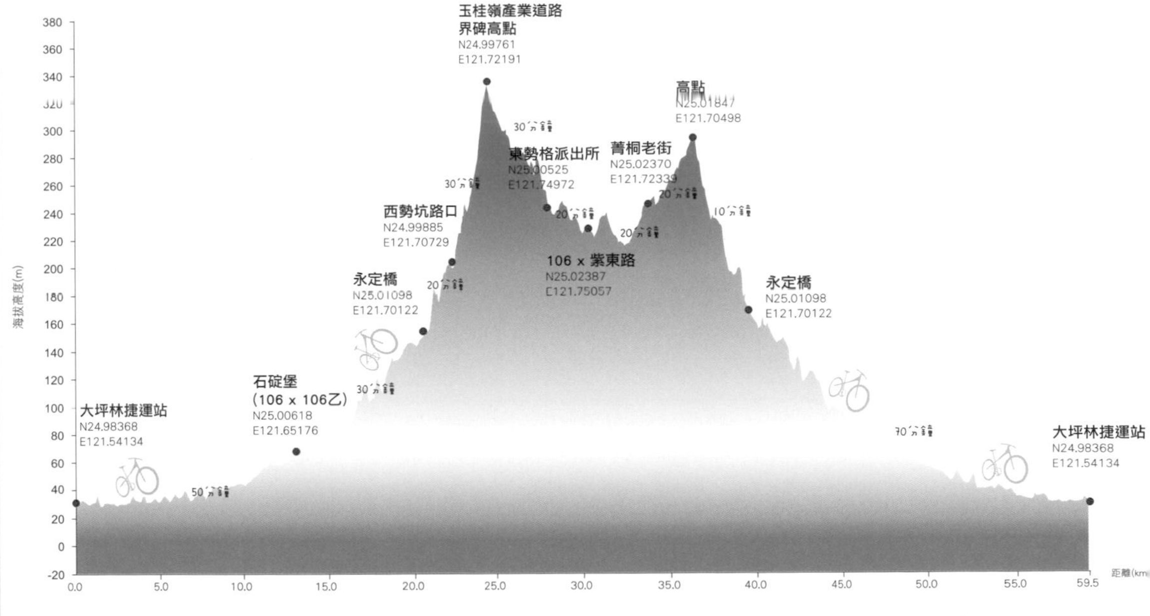

騎乘重點及行程資訊

▲永定溪右岸有略緩上坡，過西勢坑後接玉桂嶺產業道路，坡度較陡。2公里上升129M，平均斜率6%。

▲106公路車速快，注意安全。石碇堡至永定橋，大多為緩坡，有些較長，注意體力分配。

▲由玉桂嶺產業道路接東勢格農路後，大部分為下滑路段，路窄且濕滑，注意安全。

▲山間岔路很多，請事先研讀地圖，注意分辨路況。

▲進入永定溪繞行至東勢格接回106公路，無任何補給，請盡量攜帶補給品，以備不時之需。補給點：石碇堡，平溪市街，菁桐。

◀中庄下崁、中溪洲等聚落，韭菜花海最為盛大。
▼看起來像白色繡球的韭菜花，其實是由許多小花聚生而成。

19 大鶯自行車道

最美田庄韭菜風情

鶯歌到大溪，河岸風情自然天成

大鶯自行車道連通鶯歌到大溪的大漢溪沿岸地區，除了鳶山堰水源保護區以外，更貫通斷斷續續的河岸偏僻聚落。以往少有人煙的河岸鄉野小村，因為自行車道開通，河域文化及灘地景觀，有機會嶄露頭角。

靠近水域最常見的樹種為苦楝，三鶯大橋下的苦楝成群結隊，春末開花夏天結果，從自行車道上抬頭仰望或放眼遠眺，苦楝總是有幾分寫意的味道。秋天芒草白了河岸，溪床灘地四處搖著河風，婀娜多姿。較低矮的白茅也接住晨光與夕陽，白色的花序透著大自然光芒，映襯著大紅色的水管橋，美麗極了。從三鶯大橋下騎進大鶯自行車道，都是一幕幕自然呈現的季節風情。

中新里，全國最大韭菜供應地

這段路線最精彩的季節風情，當屬大溪中新里的韭菜田風光。秋天一到，大溪的韭菜花季也跟著到來。秋風用微涼的口氣說：「大溪中庄下崁花白了，夏天再見！」

路線難度：★★☆☆☆ 進階
行程：鶯歌火車站→三鶯大橋→大鶯自行車道→鳶山堰→竹圍子→中興橋→中寮→大溪中新里→中庄下崁→中溪洲→撒烏瓦知部落→大溪河濱公園→武嶺橋下→大鶯路→鶯歌→中正三路→尖山路→文化路→鶯歌火車站
總里程：23.9公里
騎乘時間：1小時30分；平均時速：17KM/H
旅行時間：2小時24分

▶大鶯自行車道連接鶯歌大溪，沿途風景優美。

▲單車走在濃郁的白色花海裡。

韭菜花白遍野美景，大多集中在溪床台地，地勢較低處。早年因為常有水患，多以水稻為主要作物，民國七十年左右，由相關單位輔導轉作韭菜，多年時光催化下，已成為全台灣最大的韭菜供應地。除了中新里，往大漢溪上游探訪，可以發現坎津橋與三坑子間的下坎、番仔寮溪床台地，也分布著美麗的田園風景。

九月仲秋雪白鋪滿地

韭菜並非秋天才有，台灣全年都適合生長採收。可是因實行輪作，韭菜種植高峰期多集中在九、十這兩個月！

白花美景鋪滿遍地，全盛期大約在九月時候，涼風吹起、天色微溫，大溪中

◀◀守瓜，小巧可愛的生態。
◀田間有不少水生態，粉綠狐尾藻。

新里畦畦田地彷佛換上白色新裝。出鶯歌竹圍子往上游延伸，路過大溪中寮、八甲二、中庄下崁、中溪洲、下崁等聚落，時而可見韭菜白花大面積填滿阡陌農田。像下雪、像白毛毯，更是一份內心失落的嚮往。

其他時節，也能在中新里周圍及對岸三峽交界處，欣賞到韭菜田風情。雖然，不同季節會展現出不同的田莊氛圍，但行走其間，卻少不了韭菜田散發出的淡淡韭菜氣味。有時，韭菜等不及秋天到來，早早冒出頭的幾蕊小白花，孤挺在成片翠綠田間，更顯美麗。

大溪地的韭菜人文風情

錯綜交織的田間小路，特別適合腳踏車漫遊，沒有目的四處打探，遇見農家洗選韭菜是常有之事。家前擺個小板凳，賣起飲料給單車客，解渴之餘和洗菜阿伯閒話家常起來。這應該是其他單車路線體驗不到的農家樂。

鄉村風情簡簡單單，要說有所變換，當屬隨季節改變的田間作物。春稻過了，秋栽韭菜，高麗菜、菜心、秋葵、玉米，隨心所欲。路邊小花也一副悠然自得，田埂上水圳前，白花霍香薊抬頭迎風，那黃鶴菜也正在開花。

九月走過大溪田莊，韭菜花灑遍雪白，回歸田野的慾念更鋪滿大地！

▲路過中興橋後，便走進了鄉村氛圍。

▲周邊聚落，常看見農家洗選韭菜。

必騎．必玩．必賞

★ 大漢溪：河岸春日苦楝、秋日白茅、入冬芒草開花風情，三鶯水管拱橋及鳶山堰水域風情。

★ 中庄下崁：地處大溪中新里，為全台灣最大的韭菜產銷專區，每年九、十月左右，韭菜花盛開，白花遍地鋪滿田野，景色壯觀。

★ 延伸路線：

三坑子聚落及三坑鐵馬道：續行自行車道，經武嶺橋及崁津橋下後，接上三坑子路線。

大溪月眉及市街漫游：可經過武嶺橋下一公里後，越過大溪橋暢遊大溪老街及月眉農業專區。

路線指引：

▲鶯歌後火站正對面，進入鶯歌桃花園通道，由木棧道達堤外便道，越過馬路後進入自行車道右轉，經過南靖橋左轉大漢溪自行車道。遇三鶯橋下，請留意左側大鶯自行車道入口。

▲大鶯自行車道為大漢溪左岸，沿自行車道經過水管橋、鳶山堰、竹圍子、中寮，爬上大鶯路1320巷上坡後，取左線下滑中興橋，即進入中庄下崁韭菜專區。

▲中庄下崁及中溪洲田間風情約2.5公里，為此路線精華，此路段與一般車輛共用產業道路，離開聚落後再度接回河岸自行車道。

▲由大溪河濱公園騎出自行車道，遇大鶯路右轉往鶯歌，經中正三路及尖山路回到鶯歌火車站，形成環狀路線。

騎乘重點及行程資訊

▲路況：大鶯自行車道部分，平坦有少部分小坡，適合一般休閒騎乘。大鶯路部分，往鶯歌為緩下坡，但有幾處上坡略須體力，適合進階腳力。

▲補給：鶯歌市街請先行補給，自行車道內，在中庄的慈人宮可以補給及為輪胎充氣。大鶯路段補給點分散，進入鶯歌中正三路後，店家較多。

交通資訊

大眾運輸

▲請搭乘台鐵火車在鶯歌站下車，由鶯歌後火車站出站，對面鶯歌桃花源通道即可進入自行車道。

開車

▲國道3號，三鶯交流道下，往鶯歌方向過三鶯大橋，於陶瓷博物館前右轉外環道路，附近停車後即為自行車道入口。

自行車道

▲騎行大漢溪自行車道左岸至鶯歌，請於三鶯大橋下方進入大鶯自行車道。

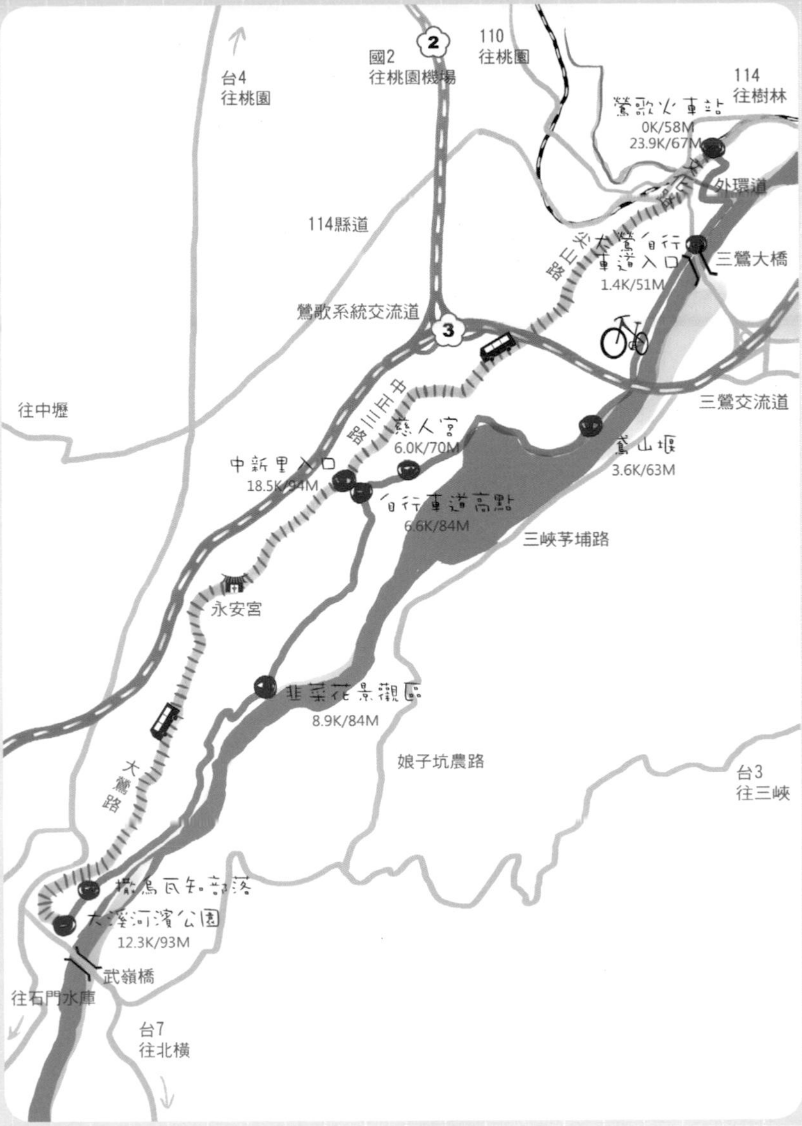

國2
往桃園機場
110
往桃園
台4
往桃園
114
往樹林
鶯歌火車站
0K/58M
23.9K/67M
外環道
114縣道
大鶯自行車道入口
1.4K/51M
三鶯大橋
鶯歌系統交流道
三鶯交流道
往中壢
中正三路
慈人宮
6.0K/70M
中新里入口
18.5K/94M
鳶山堰
3.6K/63M
自行車道高點
6.6K/84M
三峽芋埔路
永安宮
韭菜花景觀區
8.9K/84M
娘子坑農路
台3
往三峽
大鶯路
撒烏瓦知部落
大溪河濱公園
12.3K/93M
武嶺橋
往石門水庫
台7
往北橫

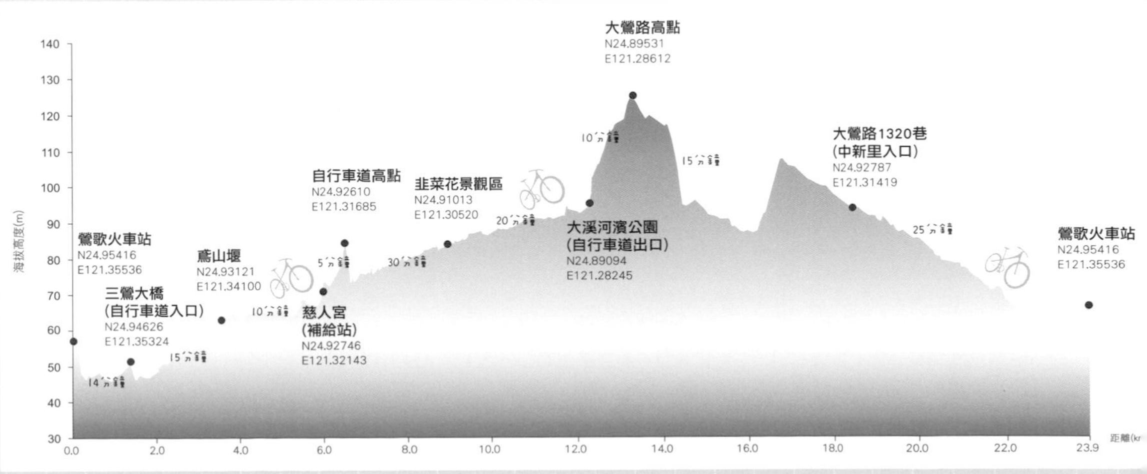

海拔高度(m)
140
130
120
110
100
90
80
70
60
50
40
30
距離(km)
0.0
2.0
4.0
6.0
8.0
10.0
12.0
14.0
16.0
18.0
20.0
22.0
23.9
鶯歌火車站
N24.95416
E121.35536
三鶯大橋
(自行車道入口)
N24.94626
E121.35324
鳶山堰
N24.93121
E121.34100
慈人宮
(補給站)
N24.92746
E121.32143
自行車道高點
N24.92610
E121.31685
韭菜花景觀區
N24.91013
E121.30520
大溪河濱公園
(自行車道出口)
N24.89094
E121.28245
大鶯路高點
N24.89531
E121.28612
大鶯路1320巷
(中新里入口)
N24.92787
E121.31419
鶯歌火車站
N24.95416
E121.35536
14分鐘
15分鐘
10分鐘
5分鐘
30分鐘
20分鐘
10分鐘
15分鐘
25分鐘

◀新屋綠廊四公里長，有少見的橡樹隧道。

▲永安自行車道沙灘上最美的花朵，馬鞍藤。

20 永安漫遊到新豐

探索西濱海岸風情

濱海自行車道，從永安漁港出發

永安漁港舊名崁頭屋港，社子溪出海口就在漁港南邊。台61線西濱快速公路開通後，交通更為方便。從中壢車站騎腳踏車前來，大約二十三公里一個多小時。單純以腳踏車的方式到訪，以中壢車站較接近也較為方便。它是隸屬中壢區漁會的唯一漁港，地緣關係難以分割，是台灣僅見的客家族群漁港。

永安濱海自行車道以永安漁港為出發點，路過社子溪上觀海橋後，沿著海邊行進。社子溪出海口以沙岸地形為主，馬鞍藤及海埔姜等濱海植物，為海岸畫龍點睛。

悠遊海岸風情，探索蚵殼港

帶著探險的心情悠遊慢騎以外，大自然的角落更深藏於心中。永安自行車道穿越新屋綠色走廊，漫天的樹蔭在海邊等待遊人。

前幾公里路況是缺少樹林環抱的蕭索海邊，平整的沙灘鎮日守著陽光和冬北季風。此時停下單車，跨過低矮的短牆，好似與馬鞍藤齊步走向大海，陽光的暖

路線難度：★★☆☆☆ 進階

行程：中壢車站→中正路→114縣道→新屋鄉→永安漁港→永安濱海自行車道→新屋綠色走廊→蚵殼港→望憂門→羊寮港橋→新豐鄉→坡頭村→新豐村→紅毛港→台15線→鳳鼻隧道北口→右側戰備道→鳳鼻隧道南口→西濱路（台61與台15共線）→新竹市→南寮漁港→東大路四段～一段→中華路二段→新竹車站

總里程：62.4公里

騎乘時間：3小時40分；平均時速：17KM/H

旅行時間：7小時

▲水田裡的野花，翼莖闊苞菊盛開 。

▲蚵殼港附近海岸散落野生蚵殼，彷彿是大海的故事。

意穿透了厚厚的葉子，把綠光留在沙灘上。身材高一點的海埔姜，忙著向天際伸展。再往前一點，海堤上滿是長柄菊，生長環境惡劣，花朵舉起歲月滄桑。

一個小轉彎走進樹林裡，綠樹填滿天空，樹梢伸長了手，搭起綠色隧道，榕樹、木麻黃、橡樹綿延四公里左右。終點望憂門早年有個美麗的名字叫蚵殼港，穿越濃密的木麻黃往海邊走，海岸礫石揚起陣陣浪花，波濤為大海歌頌。蚵殼港北方幾百公尺長海岸呈現礫石灘地，海灘上散落點點白色蚵殼，恍若大海邊緣的一場冬盡殘雪。蚵殼港的往日情景已不復存在，那些遺留的白色野生蚵殼，只能在夕陽西下的霞光中閃爍。

◀木麻黃林間，樹蔭清涼。

◀新豐村子裡藏著美麗的土角厝。

新豐村漫遊，找尋紅磚厝的古老時光

蚵殼海岸附近叫蚵間村，往南與坡頭村為鄰。過了羊寮港橋，走進坡頭社區聚落。空氣中漫著安靜味道，畦畦田地安穩的躺在路旁。這裡聽不到海的聲音，沒有漁鄉風情，只有鄉野氛圍。田埂上的翼莖闊苞菊與掃帚菊綻放，野花旁停車漫步，此時已進入新竹新豐鄉。

新豐村適合單車漫遊，古老的紅磚厝四散村內。沒有方向四處探險，往小路深處的紅磚厝靠近，幾個小彎，突然轉角處的黃色土牆，一間、二間……出現眼前，牆腳下流過漫長的光陰故事。老阿嬤坐著小板凳在牆邊除草，打聲招呼，從我們彼此的微笑間走進午後的小村院，色調簡單、純樸、沒有華麗，蒼勁老樹、灰白的水泥地。恍若穿越時空，來到一個不屬於自己的年代。

▶紅毛港外海堤，夕陽落入大海的懷抱。

紅毛港攬夕陽，深入紅樹林綠海

紅毛港在新豐村崁頭溪邊，濱海遊憩區設立後，並沒有為此地帶來太多人潮。漁港對面的紅樹林生態保留區，海茄苳與水筆仔混生林，在海岸地帶形成綠色樹海。紅樹林生長於潮間帶，林子裡的木棧道深入這一大片看似無邊的紅樹林綠色海洋。

步行或單車慢騎方式進入潮間帶的步道，先穿越獨一無二的紅樹林隧道，從下往上或森林中觀察植物生長情況，可以很清楚瞭解自然生態。步道在濃密的樹

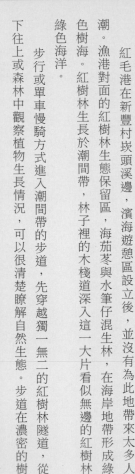

▲走在步道上，觀察生態顯得輕鬆容易。

▲戰備道上葛藤風中飄香。

林裡曲折而行，四面被綠意包圍，舒暢的海邊慢步，此地獨有。其中更有一座兩層樓的觀景台，位於高點眺望綠海，開闊的景致一望無際。

紅毛港的海濱夕陽平添畫意，舢舨、漁船融化在暮色橙光裡。往海堤走，遠不知盡頭的長堤是落日的歸宿。坐在堤防上看夕陽沉落大海，靜待夜色到來，一不小心，差點就忘了騎單車回家的時間。

新豐村外是台15線，至此自行車道斷斷續續，往新竹必經鳳鼻隧道，隧道外有一條軍方戰備道，單車可入內通行。不必與汽車爭道，以逍遙的方式慢騎濱海小道，看看鳳鼻隧道外的景色，嗅幾味葛藤清香，新竹漁港就在不遠處了。很多人說西濱看似荒涼，但從永安到新豐一路走來，西濱，其實一點也不荒涼！

▲紅毛港區的紅樹林，形成廣闊綠海。

▲鳳鼻隧道外的戰備道，欣賞隧道外觀。 ▲永安濱海自行車道，起點在永安漁港。

必騎·必玩·必賞

★ 永安自行車道：永安漁港、社子溪口南側沙灘、海邊景色、夕陽落日、永安綠色廊道、蚵殼海岸、望憂門。

★ 坡頭村：鄉間風情、田間生態。

★ 新豐村：紅毛港、海岸景色及落日風情、紅樹林保留區綠海悠遊，深入紅樹林區域的步道為必遊景點。

路線指引：

▲由中壢車站出發，沿中正路接上114縣道往新屋方向，直接可抵達永安漁港，里程23公里左右。

▲永安漁港入口前左轉，進入濱海小道，過社子溪上的觀海橋，自行車道與道路共線。

▲沿海邊走，約2.5公里後進入綠色廊道，一路抵達望憂門海邊。望憂門前約1公里右側為木麻黃林，穿越林間小路就是蚵殼海岸。

▲望憂門前福興宮右轉羊寮坑橋，沿竹1鄉道進入坡頭村，直行遇台61西濱道路後，即進入新豐村。漫遊小鄉，依指標騎行至紅毛港，內有紅樹林保留區，過紅樹林橋連接步道，悠遊於紅樹林綠海。

▲新豐村海邊池府路接上台15線西濱往南，於鳳鼻隧道前切右側小路戰備道與隧道平行。再度接上西濱公路時，便一路往南騎行，過鳳山溪與竹港大橋後右轉東大路四段，抵達南寮漁港。

▲回程可由東大路四段往新竹市區，在東大路一段路橋右側平面道，右轉中華路二段抵達新竹車站或國光客運新竹站。

交通資訊

大眾運輸

▲搭乘台鐵PP自強號列車，單車置放於12車，於中壢站下車。

▲搭乘國光號或長途客運，於中壢車站下車。

▲自行車怎麼接駁：

●沿中壢中正路、民族路騎行114縣道，抵達永安漁港，約23公里。

●回程請由南寮漁港騎行東大路往市區，右轉中華路抵達新竹車站，轉搭火車或客運。

開車

▲行駛台61西濱快速道路，於桃園永安中山西路三段交叉口，依指標轉入永安漁港。

自行車道延伸

▲新竹17公里海岸線。

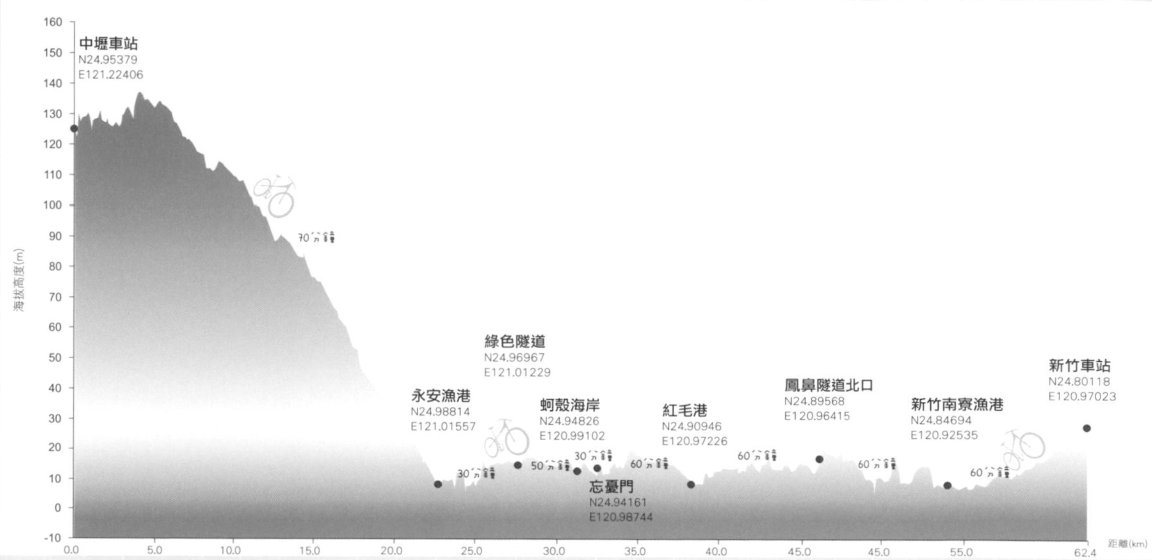

騎乘重點及行程資訊

▲路況：此段自行車路線串連西部濱海村落，多為平坦道路。路程略長，小路複雜，並且有些路段與台15西濱共行，須特別注意安全。

▲補給：永安漁港及南寮漁港附近可補給，永安自行車道多商家及單車租借店家，新豐村內亦有少部分商店。

21 新竹十七公里海岸線

騎車吹風看潮起潮落

◀十七公里海岸自行車道終點，風車觀景台，瞭望海岸線及大海美景。

▲堤防邊的王爺葵展現秋冬之美。

新竹是個靠海的城市，海岸線綿長多變，沒用心慢走過，很難體會到新竹市邊陲地帶的海岸風情。四季更迭的日子裡，大多勁風常吹，多走幾次，才恍然明白，風城角落是一大片遼闊性的悠然。

沿著海岸而行的自行車路線

南寮漁港也稱新竹漁港，在新竹市區海邊。沿著西濱公路來到新竹，一定會路過此地。從南寮到新竹南港的海岸線，大多是離岸堆積海岸灘地，潮間帶近千公頃面積，形成北台灣最大的海濱濕地，蝦蟹貝類生態豐富。

十七公里長的海岸線，修築了一條景觀自行車道。一路騎行，越過一座座美麗的橋樑、紅樹林保護區、水鳥棲地，和那些隨風轉動的白色風車。綿長富有變化，沿路看盡大海風情。

與大海連成一氣的豐富景點

自行車道起點位於新竹漁港入口附近，由東大路進來，左手邊路標清楚指引

路線難度：★☆☆☆☆輕鬆

行程：新竹火車站→中華路、東大路→新竹漁港→自行車道入口→看海公園→海天一線看海區→港南運河→金城湖→紅樹林公園→海山漁港→香山濕地→南港賞鳥區→終點，風車觀景台→沿原路回程→新竹漁港→新竹火車站

總里程：49.2公里

騎乘時間：3小時3分；平均時速：11.3KM/H

旅行時間：6小時

市十七公里自行車道終點
中央獅子會捐贈
騎到了 新竹市
to the destination

▲雨後的彩虹橋清新亮麗。

▲榕樹不畏海風，搭起了長長的隧道。

著單車踩踏的方向。大約經過幾百公尺，便與大海相遇。沿著海岸往南騎行，海風裡踩踏，盡攬海岸的遼闊深遠。

主要景點從「新竹漁港」開始，接近「看海公園」後，來到「海天一線看海區」，還在徜徉海韻的美好，一不小心就身處「港南運河」的綠意裡。「金城湖」是個離海很近的湖泊，而湖邊堤外的潮間帶更是賞鳥的好所在。登上堤防，如綠海的紅樹林包圍客雅溪出海口，「彩虹橋」一次又一次跨過「紅樹林公園」的綠意。看似沒有盡頭的海岸風情，帶著我們路過「海山漁港」。那「南港賞鳥區」的一大片灘地，水鳥自由飛翔，潮間生態在閃爍的光影間此起彼落。砂岸堆成好多小丘的時候，自行車道終點快到了，登上藍與白的「風車造型觀景台」，無限的寬廣不只有大海，還有陪著單車一路走來的美麗風景。

綠意裡踩踏，體驗不同海岸景觀

其實不必太過在意一路上的景點，只要沿著自行車道而行，動人的風光自然會出現眼前。綠色的焚化爐前看見海天一色，吹著海風前進，讓海的顏色填滿心裡，如此靠近大海騎車，是一件愉快的事情。

橋樑眾多是這條自行車道的特色，紅樹林公園有四座彩虹橋，每個橋上停車眺望，都有不一樣的視野，紅樹林往海口延伸，將美麗的綠色與大海連接。藍天橋與白雲橋，兩相對稱，或許得用點心才能發現它們的存在關係。跨越西濱公路的豎琴橋上俯看，又遠又長的美麗海岸線，都一起收攏在登高望遠的腳步下。

路途中綠色隧道相迎，看海公園邊搭起難得一見的大葉欖仁綠隧道，而榕樹綠隧道則在十公里處的「伴橋」前方。穿越綠意，有種離開海邊的奇妙感受。其

◀◀溼地上遠來的嬌客，埃及聖䴉。
◀沿途海濱植物相伴，白水木欣欣向榮。

實海岸不只有沙灘與海堤，海味裡還有輕掠而過的樹林。香山溼地外的自行車道與西濱公路並行，大葉欖仁入冬後紅了枝頭，變葉景色為堤邊平添美意。

走進自己的海岸故事

新竹市十七公里海岸線，平坦美麗有大海的味道，路程長度騎單車剛好。適合一個人放空心緒，漫步海邊，也適合一家人把歡樂的笑聲，隨海風飛颺。騎上單車掠過堤防、跨過小橋，遠望海水湛藍、放眼紅樹林翠綠。潮間帶灘地上的落日金黃光芒，將會深深的映照著屬於自己的單車故事。

▲海山漁港常見漁鄉風情。

▲藍天橋輝映藍天，橋多是十七公里自行車道的特色。

▲豎琴橋跨越西濱公路，連結自行車道。

必騎・必玩・必賞

★ 新竹漁港：大片港區開闊草皮及當地漁船風光，漁市場內漁貨風情及海鮮美食區。
★ 海岸線：沿自行車道，可見綿長海岸景致、眺望大海。濱海動植物生態、水鳥季、紅樹林保護區。
★ 客雅溪出海口：大片紅樹林景色開闊壯觀。

路線指引：

▲新竹火車站前沿中華路二段往北，遇東大路橋時左轉橋下道路，接上東大路一段，續行東大路二段、三段、四段，抵達新竹漁港。

▲新竹漁港停車場外，由十七公里海岸線指標進入自行車道，沿車道指引越過樹林接近海邊，一路騎行至終點。

▲一個小上坡後遇見綠色圍幕焚化爐，前方為海天一線看海區，續行自行車道請依照地面標示及指引騎行。

▲繞過焚化爐後，走堤防外側下方道路，一旁為港南運河人工濕地，抵達金城湖後接堤防上方道路，可見彩虹橋跨過紅樹林客雅溪出海口。

▲越過四座彩虹橋，循自行車道經過伴橋，穿越榕樹綠隧道，右側有惠民宮可補給休息。續行為海山漁港，附近自行車道與一般道路同行，需小心騎行。

▲路過海山漁港接上自行車道，可見大片濕地景觀，一旁為台61線快速道路。

▲經過藍天橋、白雲橋及沙丘景觀後，抵達終點風車觀景台。

▲循原路回程，回到新竹漁港後，沿東大路往新竹市區，最後在東大路橋下右轉中華路二段，抵達新竹火車站。

▲少了落日光彩，潮間帶依然開闊深遠。

交通資訊

大眾運輸

▲台北轉運站搭乘往新竹國光號，於新竹車站下車。騎行站前中華路二段往竹北，至東大路橋下左轉，沿東大路即可抵達新竹漁港。

▲搭乘台鐵於新竹火車站下車。轉搭15路新竹市公車，在終點南寮漁港站下車，即可抵達。

開車

▲行駛台68線快速道路，至南寮端下交流道，左轉西濱公路再右轉東大路四段，抵達新竹漁港。

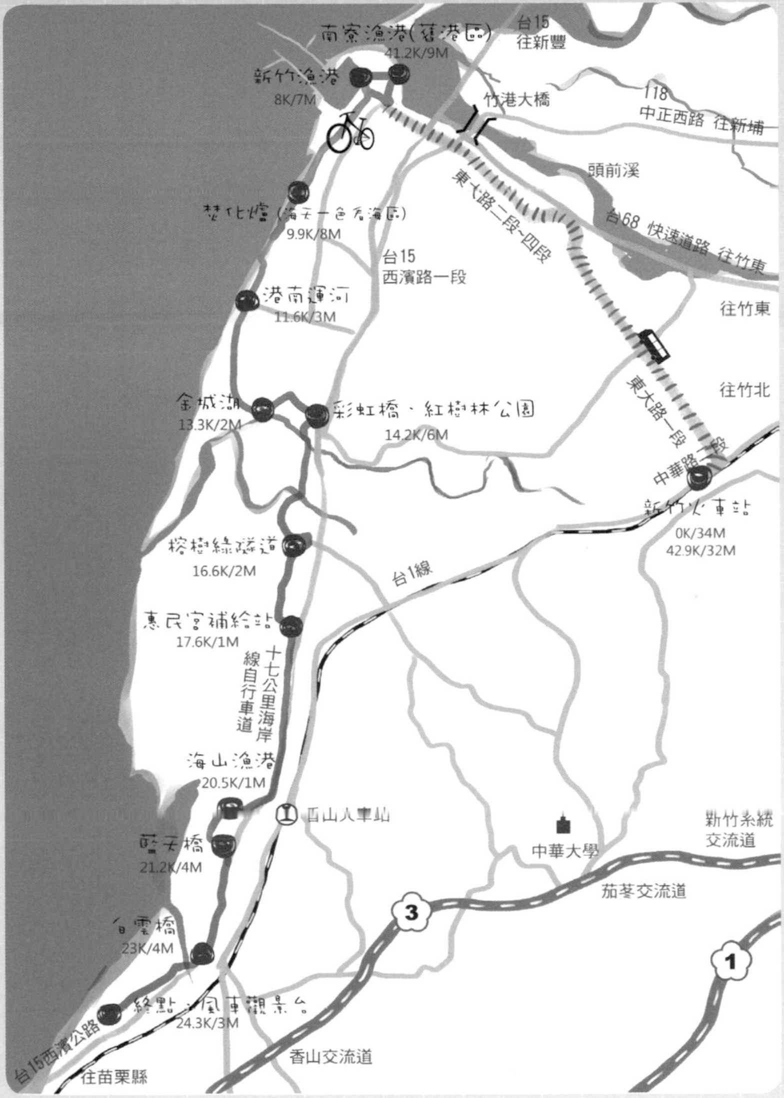

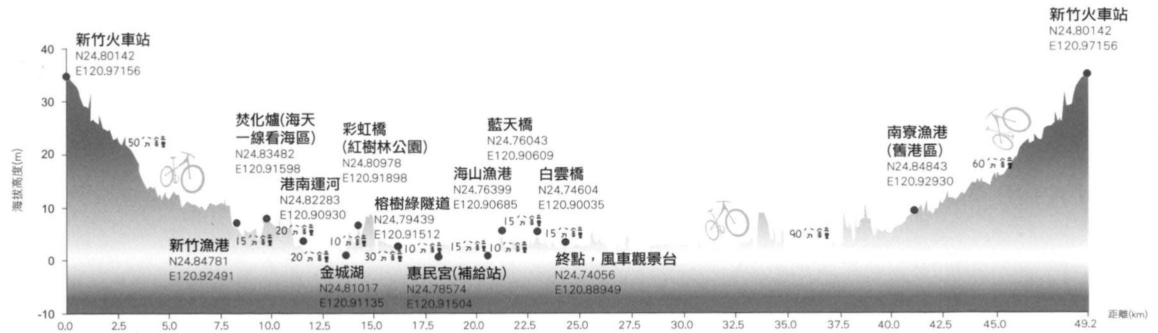

騎乘重點及行程資訊

▲路況：全程海岸自行車道，除少數因地形及堤防關係略有小短坡，大多平坦且鋪面良好。

▲補給：新竹漁港附近有單車出租及商店。假日期間，海岸線沿途零星攤販可補給。

22 銅鑼自行車道

茶田與杭菊的故鄉

◀每年十一月孟冬時分，是銅鑼杭菊盛開的季節。

▲秋末冬初，濃濃的杭菊氛圍瀰漫九湖村。

秋末冬初，杭菊把季節的色彩往大地傾倒，這個季節最適合來銅鑼自行車道，踩單車拾起微涼季節裡的一份田園美景。

騎單車徜徉九湖村杭菊花海

台灣種植杭菊的地方不多，近年來銅鑼九湖村產量最為豐盛，栽培面積最大。剛過立冬，苗栗銅鑼九湖村的杭菊盡情綻放。每年十一月左右，沿著產業道路兩側，鋪上菊田花色，濃郁而淡雅，清香而脫俗。有人說杭菊是秋雪，深秋一到，便降下大自然的色彩。親近自然，當然以最接近自然法則的方式欣賞美景。騎上腳踏車，悠遊花田間，用踩踏的動力揚起田間的微風，是一件多麼風雅的旅行韻事。

「圓潭庄」是銅鑼九湖村的舊名，屬於苗栗丘陵台地一部分。客家村裡大多以務農為主，多年來以杭菊為主要產物。菊田從九湖大橋到樟九大橋間塊狀分布，像披了白雪的濃郁花海染遍大地。近年來國外及中國大陸的杭菊價位低，賣相好、品質較佳的銅鑼杭菊，漸失市場競爭力。走在略為起伏的菊田產業道路上，美麗風景外，卻有著淡淡的哀愁。

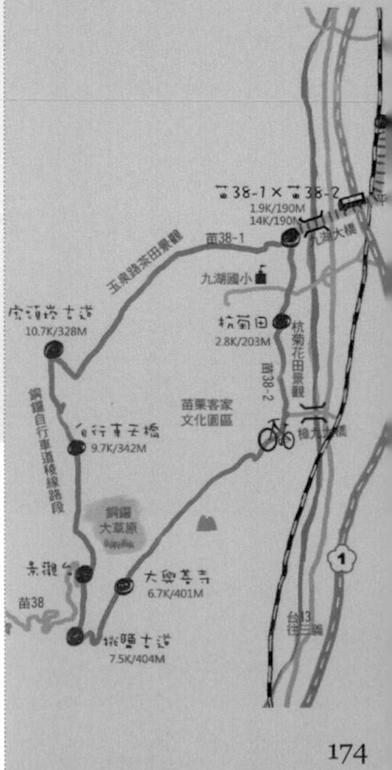

路線難度：★★★☆☆輕度挑戰

行程：銅鑼火車站→中正路（往三義）→平交道→九湖大橋→苗38-2產業道路→杭菊花田區域→九華山大興善寺→銅鑼自行車道（山稜線）→挑鹽古道→觀景台→銅鑼大草原→自行車天橋→自行車吊橋→虎頭崁古道→玉泉路→九湖大橋→平交道→中正路→銅鑼火車站

總里程：15.8公里

騎乘時間：1小時30分；平均時速：10.5KM/H

旅行時間：4.5小時

▶大部分時間，單車都在茶隴裡漫遊。

全國最高的茶田自行車道

苗38—1與苗38—2產業道路玉泉大橋前交會，這個美麗的交岔，激盪出花與茶兩種不同的農業風情。沿著玉泉路往九華山上走，翠綠色茶田填滿山坡，一層又一層往上堆疊，整齊的茶樹、劃一的顏色，簡約的茶鄉況味，沁入心底，茶山風情一年四季不減。

銅鑼自行車道掠過杭菊和茶田，環繞著九湖村，串起鄉間兩樣風情。往九華山大興善寺指標踩踏，登上全台灣最高的自行車道。九華山的茶田，是被遊人忽略的鄉間角落，因為多數人不知銅鑼產茶，種植面積比杭菊更具規模，而且種的茶是得過獎的東方美人茶。

◀◀自行車道邊的油茶花，幾分嬌美。
◀茶樹上，透著夕陽的美意。

走進大興善寺邊的山林小路，自行車道在山稜線的茶田間蜿蜒，大草原、平整的茶樹，熨貼著山勢起伏。騎著腳踏車，有種在綠海中航行的感覺，偶爾從林隙間眺望遠方海岸，一直到自行車專用天橋，跨過山谷，視野豁然開朗，放眼望去，山巒重重往海岸傾瀉，通霄與苑裡一帶的西部濱海地區，盡收眼底。

▲沿著玉泉路下山，山路劃過茶香綠海。

▶特別的自行車天橋，跨越原有的山谷。
▶▶銅鑼自行車道，經過挑鹽古道及虎頭崁古道。

遇見山林裡的古道

挑鹽古道與虎頭崁古道佇立稜線南北端，沿著自行車道慢行，一定會經過這些歷史的遺跡。翻越山嶺，銅鑼與通霄只隔著望海的山頭。昔日沿海居民，踩著山徑翻山越嶺的光景彷彿歷歷在目。杭菊綻放時，東北季風特別強烈，稜線上少有遮避，海風掠過相思樹林，吹過自行車天橋，微微略帶大海味道。

由玉泉路下山，結束一段悠遊滿山茶田的單車探險，重新回到杭菊花田旁。當花季結束，那些被遺忘的茶田，依然翠綠。

▲玉泉路上的樟樹隧道，綠意遮天。

◀天橋上伸手可及白匏子秋冬花穗。

▲騎行在山稜線上，飽覽通霄苑里海岸線及海岸山脈。

▲銅鑼冬季花海漫遊，綠肥花田五彩繽紛。

▲九湖村內常見採收杭菊畫面。

必騎・必玩・必賞

★ 九湖村銅鑼杭菊：每年十一月初冬時分，為杭菊盛花期，花田鋪滿杭菊色彩，美不勝收。除花田景色，還可體驗採收過程及花季活動。

★ 銅鑼自行車道：遠眺通霄及苑裡海岸及海岸山脈，自行車天橋及吊橋、銅鑼大草原風情。

★ 茶田風情：山稜線上的自行車道，航行於茶田間，以玉泉路及虎頭崁附近特別濃郁。

★ 田園風光：沿台13線及苗38-2，可以欣賞到客家村落的農村風光。

★ 歷史及人文：九湖村歷史、挑鹽古道、虎頭崁古道。

路線指引：

▲銅鑼火車站前右轉中正路往三義，遇右側中油加油站後，下一路口右轉過平交道及台13線，至九湖大橋。

▲越過九湖大橋，見路標左轉苗38-2產業道路，即為杭菊花田集中區。

▲大約2公里後，開始爬坡往九華山，於大興善寺右側小道，連接銅鑼自行車道。

▲路過挑鹽古道入口後，於六百公尺外的觀景亭，取右線較窄小路，進入自行車道、銅鑼大草原及茶田區。

▲循山道前進，越過自行車天橋及吊橋，至玉泉路底之茶田景觀，續行遇見虎頭崁古道指標，此時右轉接上玉泉路，下滑回到苗38-2指標處，呈環狀路線。回程過九湖大橋，原路返回銅鑼火車站。

騎乘重點及行程資訊

▲路況：山間產業道路，上下起伏，有一定難度。主要上坡：杭菊區至九華山頂，2.7公里上升174M，平均斜率6%，略陡短坡。

▲補給：須於銅鑼市區進行補給，九湖村內少有補給，山上自行車道也沒有任何補給。大興善寺內有素食平安麵，分享信眾。

交通資訊

大眾運輸

▲搭乘台鐵或國光客運，於苗栗站下車。由苗栗市區，沿台13線往南騎行，抵達銅鑼市區或九湖大橋。

▲搭乘台鐵電聯車，銅鑼火車站下車，沿中正路及九湖大橋，進入九湖村。

●苗栗車站騎單車至銅鑼，距離12公里左右，為緩坡路況。

開車

▲中山高銅鑼下交流道，行駛台13線往苗栗方向，左轉九湖大橋抵達九湖村。

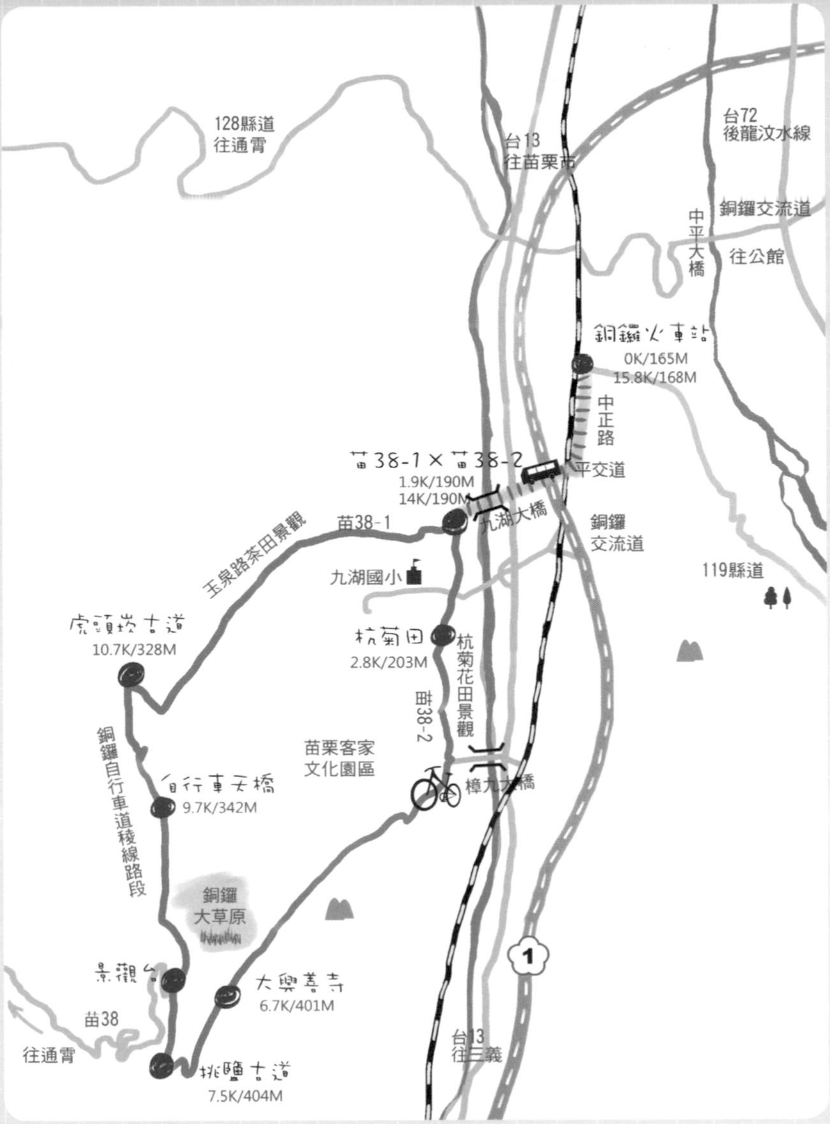
128縣道
往通霄
台13
往苗栗市
台72
後龍汶水線
銅鑼交流道
中平大橋
往公館
銅鑼火車站
0K/165M
15.8K/168M
中正路
苗38-1×苗38-2
1.9K/190M
14K/190M
平交道
九湖大橋
苗38-1
銅鑼
交流道
玉泉路茶田景觀
九湖國小
119縣道
虎頭崁古道
10.7K/328M
杭菊田
2.8K/203M
杭菊花田景觀
苗38-2
銅鑼自行車道稜線路段
苗栗客家
文化園區
自行車天橋
9.7K/342M
樟九大橋
銅鑼
大草原
1
景觀台
大興善寺
6.7K/401M
苗38
往通霄
台13
往三義
挑鹽古道
7.5K/404M

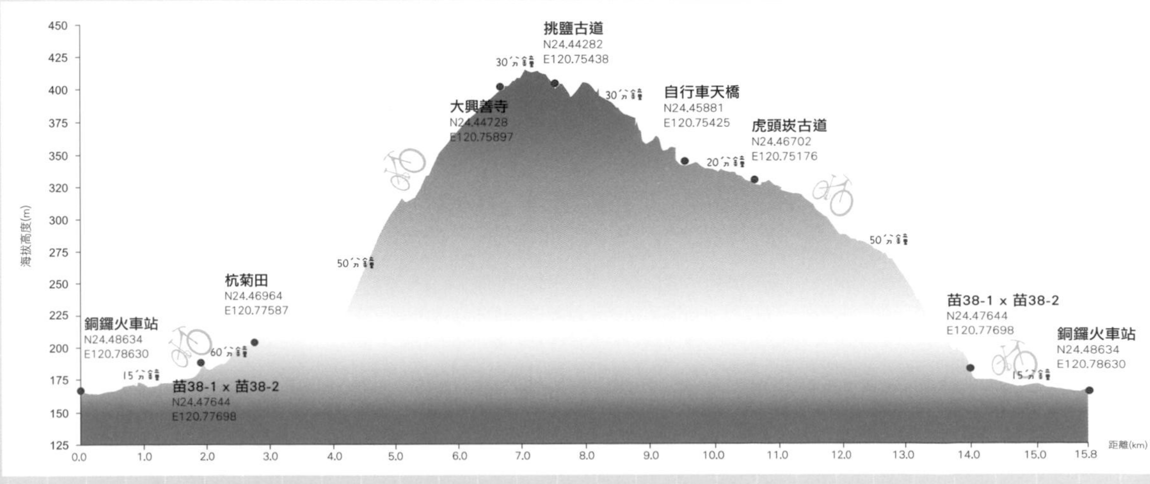
海拔高度(m)
450
425
400
375
350
325
300
275
250
225
200
175
150
125
挑鹽古道
N24.44282
E120.75438
30分鐘
30分鐘
大興善寺
N24.44728
E120.75897
自行車天橋
N24.45881
E120.75425
虎頭崁古道
N24.46702
E120.75176
20分鐘
50分鐘
50分鐘
杭菊田
N24.46964
E120.77587
銅鑼火車站
N24.48634
E120.78630
60分鐘
15分鐘
苗38-1 x 苗38-2
N24.47644
E120.77698
苗38-1 x 苗38-2
N24.47644
E120.77698
銅鑼火車站
N24.48634
E120.78630
15分鐘
0.0
1.0
2.0
3.0
4.0
5.0
6.0
7.0
8.0
9.0
10.0
11.0
12.0
13.0
14.0
15.0
15.8
距離(km)

23 通霄濱海漫遊

好望角登高望遠

◀走進通霄濱海地區，隱藏著老聚落，小巷充滿舊日光景。
▼秋冬時分，白千層開著白色瓶刷狀花朵。

秋天，東北季風開始往南旅行，濱海小鎮更添幾許蕭索。依著大海生活的小村落散居在海風中，騎單車掠過薄薄的鹽味，也走過了淡淡的寂靜氛圍。

迷路的通霄海岸線

搭海線火車在通霄下車，走出車站，米店、菜市場……不怎麼繁華的濱海小鎮況味迎面而來，離開前閒步市街，一陣舊日風情吹過了離別的思緒。沿著那條往外的中山路，路邊景色荒蕪的速度，比想像中還快。接上台1線前，找個路口左轉，海邊的鄉間小路像蜘蛛網交錯，讓單車迷路。

由中山路溜進鄉野小道，往海邊望去，海堤在不遠處。沿著鐵路朝北行進，充滿秋意寂寥，海線火車難得敲響寧靜的空氣。路邊的白千層正在開花，白色瓶刷狀花朵風中搖曳，鐵路邊工字鐵柵欄上爬滿葛藤，甜甜的香味慢慢的飄散。通霄灣的景色，顯得有點孤單。

路線難度：★★★☆☆輕度挑戰
行程：通霄火車站→中山路→通霄連絡道高架橋下方→左轉平交道→右轉鄉間小路→通灣社區→通霄灣海堤→秋茂園→新埔車站→新埔國小→海堤自行車道→石蓮園民宿→白沙屯漁港→白沙屯市街→拱天宮→沿海堤鄉野小道→過港貝化石層→上坡→好望角→台61（西濱公路）→台6線→苗栗市區→苗栗火車站
總里程：37.8公里
騎乘時間：2小時50分；平均時速：13.4KM/H
旅行時間：5小時10分

▶風車、白沙、馬鞍藤，白沙屯海邊的特色。

海線鐵路的秋冬風情

若是騎回台1線，肯定脫離小村子的恬靜，索性不理會是否迷路，反正往海邊走、往北邊移動，終究會到好望角。腳踏車機動性強，回頭找路也算輕鬆愜意。

往海岸靠近一點，頭窩、二窩、四窩已經接近海堤，太陽痲花占據田野，亮黃的顏色很適合秋天。秋冬海風大，逆風騎行令雙腳發痠，偏離海邊，風小一點，人氣也多一點，經過秋茂園，新埔里就不遠了。

▲通霄海堤上可以貼近大海騎車。

◀古老的木造日式新埔火車站，於1922年誕生，原汁原味，舊意濃郁。

西部幹線上離海最近的新埔火車站，日式木造建築，於一九二二年誕生，濃濃的舊日風情佇立岸邊，從站內往外看，大海就在推開窗門的方向。揮別斑駁的車站，貼著海堤騎，白沙屯漁港停滿膠筏，下午的北風肆無忌憚狂吹。風浪裡，白沙屯拱天宮庇護這小而美的濱海村落！

通霄海岸線與鐵路間的狹長地帶，藏著靜謐小村，清冷的曠野容易迷路，但只要逆著東北季風騎行，經過新埔、白沙屯，山頭上的好望角，一點也不難找。

過港貝化石層尋歷史遺跡

通霄里到後龍西湖溪，是白沙屯最早開發、人口最為聚集之地，歷史文化豐富。再往北，幾乎杳無人煙，只有海堤與偶爾奔馳而過的海線火車。純白色風力發電機佇立荒野，風中轉動，風切聲迴盪在秋芒花開的田畦間。

鄉野道路少有人車，自行車踩踏除了海風阻攔，只剩自由自在的心情乘風飛翔。過港貝化石層在白沙屯北方，一路過海線舊隧道涵洞，不一會兒便來到化石

▶順應氣候環境，後龍盛產地瓜、花生，美麗的田畦讓人停車駐足。

層，土坡斷面鑲嵌著大海生物及貝類化石。一九三五年（昭和十年）指定保存，一九五五年苗栗縣文獻委員會立碑，而且公告為古蹟。岩層中夾藏貝類化石，琳琅滿目，涵蓋雙殼貝類、卷貝類、翼足類、珊瑚類、介形蟲等。依著山牆仰頭而望，歲月的痕跡，竟是如此豐富。

▲海相及地形氣候關係，白沙屯漁港以膠筏為主。

▲過港貝化石層，看見大海的豐富生命。

▲港內的漁人風情。

好望角海景，遠眺後龍通霄

好望角位於後龍西湖溪南方，屬中和里行政區域。丘陵台地上設有觀景台，步道通往舊砲塔、舊山線及貝殼化石層前的鄉野。近年來，因景色優美，假日總是吸引人潮駐足。

貝殼化石層的後方其實就是好望角，過了涵洞往高處走，蒼茫草原跟著風的方向傾斜。深怕錯過高處美景，手寫路標早已在路口指引陌生遊人猶豫的腳步。兩公里上坡，換來一場眺望大海的身心舒暢。接近一百公尺的好望角山頭上，視野遼闊少有遮攔，台灣海峽無盡的湛藍深入穹蒼。

展望後龍、通霄美麗的海岸線，大風車、火車路、遼遠而開闊的土地與海洋，畫出大自然的傑作。駐足山頭，才恍然明白，西海岸被忽略的渾然天成之美，一點也不比花東海岸來得遜色。

受盡日月洗練的白色風力發電機景觀，從通霄一路陪伴來到好望角山頭。撐起藍天、放眼大海，濱海的歲月彷彿跟著海風不斷轉動。

▲偶爾綠田裡出現金黃色太陽麻花。

▲路過白沙屯後的荒涼，卻有著古老的貝塚傳說。

▲好望角可以登高望遠。

必騎．必玩．必賞

★ 通霄濱海：海岸自行車道，沿海堤上方，可瞭望大海風情。由通霄到好望角，海邊聚落風情，如通灣社區、新埔、白沙屯。海邊的風力發電機，自成特別的景觀。海線鐵路與鄉間小路並行，有不少鐵道風情。部分農田的秋冬綠肥花田及濱海生態。

★ 好望角：飽覽台灣海峽四季及晨昏美景，可眺望後龍及通霄方向海岸線。山上風力發電機的近距離景觀。

★ 秋冬時節：東北季風強勁，更顯西部濱海蕭瑟風情。滿山遍野開滿芒花，迎著海風搖曳。

★ 主要景點：通霄精鹽廠、新埔漁港、白沙屯漁港、新埔車站日式建築、白沙屯車站、拱天宮、過港貝化石層、好望角半天寮。

路線指引：

▲通霄火車站前沿中山路往台1線，過通霄連絡道高架橋下方後左轉過平交道，右轉鐵路邊小路前進。

▲路底為涵洞，請在涵洞前200M左轉小路再接上通灣社區道路，往北行進，此時為頭窩、二窩、四窩。

▲遇見通霄彎海堤，離開海堤往秋茂園指標騎行，緊接著來到新埔火車站。

▲於新埔里聚落，左轉往海邊再右轉沿海堤往北，見白沙屯漁港後可右轉進入白沙屯市街漫遊。

▲由拱天宮右側小路（白西里5鄰）接上海濱自行車道，過自行車橋，右轉後與鐵路平行，可到達過港貝化石層。

▲續行往北，路過鐵路下涵洞後右轉，上坡可見好望角指標，依指標方向抵達好望角。

▲回程可由台61線西濱公路，往苗栗接台6線、至公路，進入苗栗市區後接民族路遇府東路左轉再右轉建功地下道，出地下道後左轉中正路直行，見為公路左轉，抵達苗栗車站。於苗栗搭車，車班多，較為方便。

交通資訊

大眾運輸

▲搭乘台鐵電聯車，通霄火車站下車，沿中山路往北左轉濱海地區，一路漫遊至好望角。

▲搭乘台鐵或國光客運，於苗栗站下車。由苗栗市區，沿至公路、台6線、西濱公路（台61），於後龍上坡高點中和里右轉，到達好望角。

●苗栗車站騎單車至好望角，距離18公里左右，為上下起伏的緩坡路況。

開車

▲西濱快速道路往南方向，後龍赤塗崎、中和里出口右轉進入好望角山頭。

▲國道3號下通霄交流道，行駛烏眉路（128縣道）、中正路往通霄市區，直達通霄車站。

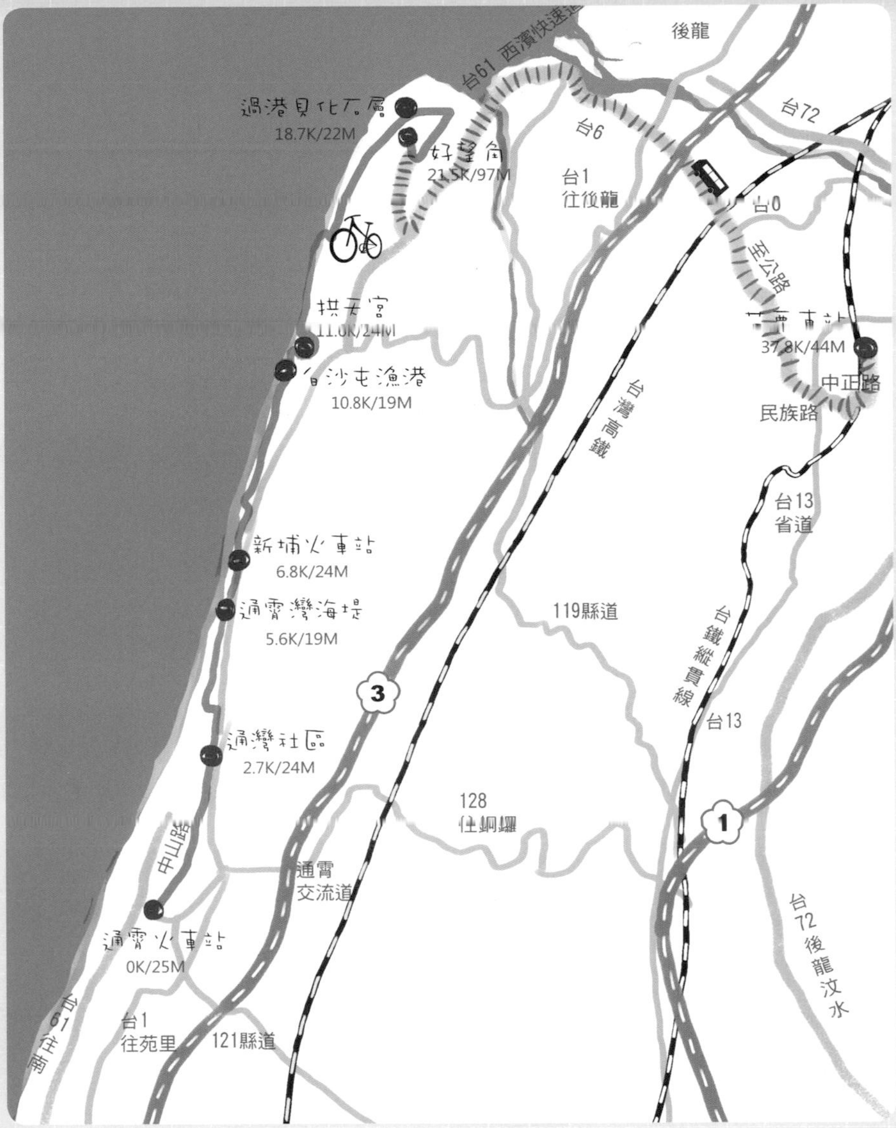

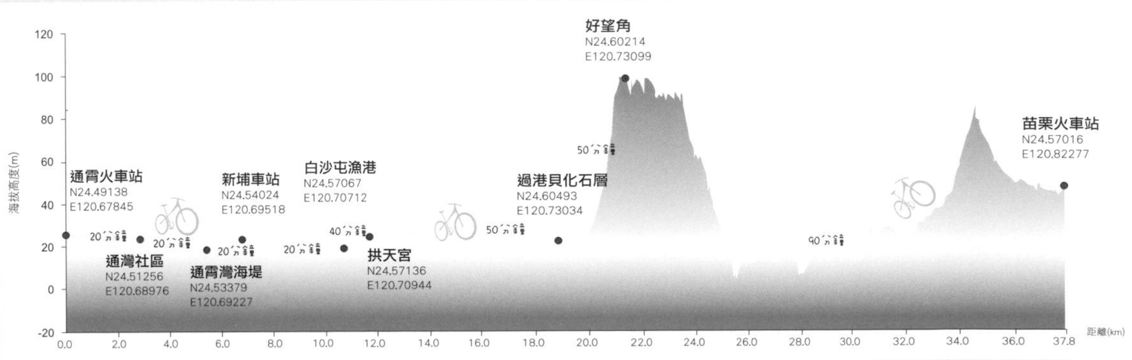

騎乘重點及行程資訊

▲路況：大多為平坦的鄉野柏油小道，但秋冬經常會遇上東北季風，易耗費體力。好望角前上坡，1.5公里上升80M，斜率5%的短坡。

▲補給：通霄市區及白沙屯為主要補給區，假日期間好望角上有攤販可以補給，其他區域少有補給。

單車一日小旅行

【冬遊篇】

◀掠過竹林搭起的晨光綠意，舒暢無比。

24 娘子坑農路

飽覽田村溪河風情

▲娘子坑農路上的串鼻龍，迎著朝陽。

季節入冬以後，廣闊的花海開遍田野，自然生長不畏風寒，加上春耕前的綠肥花田風情，沿著大漢溪畔區塊分布。一路上僻靜田野整齊劃分，河床溪地景觀一點一滴隨著深冬開放的花朵慢慢釋放，寒風中恍若春光乍現。

鳶山堰　沿著城市角落而行

前往大溪的傳統單車路線，除了台3線與近年開通的大鶯自行車道，另外還有一條鮮為人知的娘子坑農路，其入口位於北二高三鶯交流道下方的角落。若非識途老馬，常會錯過這條與山水並行的產業道路，所以，此地幸運的保有一份清幽。

穿越二高下方涵洞，三峽茅埔路沿著大漢溪畫出明媚風光，路況貼著水岸行進，鳶山堰所攔積的大片廣闊水域，近在咫尺；清早騎著單車拜訪，遇上晨光微藍天際、攔水壩跨河而過，清冷美感與上游平靜水面相互輝映；黃昏時分，落日染得水彩金黃，更是美麗動人。

路線難度：★★★☆☆輕度挑戰

行程：永寧捷運站→台3線→三峽→三峽橋→市街（中山路）→二高下方聯絡道（中山路459巷）→過二高涵洞→茅埔路→鳶山堰→茅埔→大溪→烏塗窟→娘子坑農路→娘子坑→台3線→月眉→月眉古道→大溪和平老街→市街漫遊→武嶺橋→大溪河濱公園→大鶯自行車道→鶯歌車站

總里程：38.4公里

騎乘時數：2小時20分；平均時速：16.5KM/H

旅行時間：4小時25分

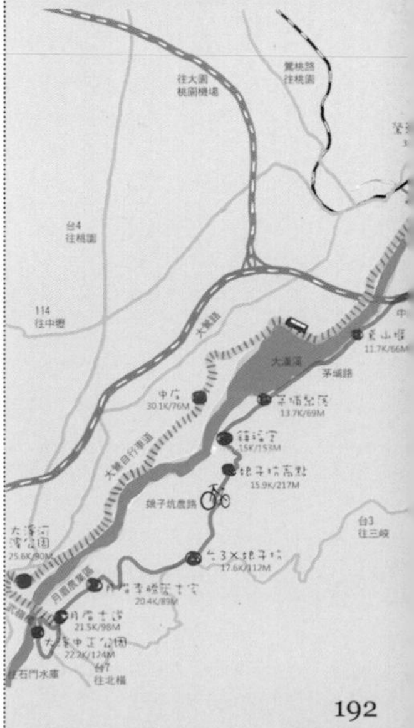

▶騎車來到茅埔，別忘了停下腳步，吸收田綠的味道。

▲不論晨昏，鳶山堰的大片廣闊水域，染得水彩金黃，美麗動人。

◀◀微觀花海，有美麗的生態（六條瓢蟲）。
◀茅埔聚落荒地開滿薺菜。

娘子坑農路　田村聚落入心扉

順著茅埔路而行，經過河岸並行區段後，景色轉為另一種鄉村風格，此時進入茅埔聚落。田野、竹林、小路與稀疏而居的農家，形成一種美妙組合。春冬氣溫低，略為開闊的田間野地上，開滿濃密的白色咸豐草花及白花霍香薊，自然形成花海，一點也不比人為刻意營造的花田遜色。道路兩側腹地範圍雖然不大，卻充滿寧靜的鄉野氛圍，放眼望去，盡收田村景觀，心會跟著很平靜很清澈。

烏塗窟位於娘子坑農路途中，大約有兩公里長路程，屬於上坡的山間公路。乘山勢略為迂迴而上，高點前的鎮福宮，展望奇佳。對岸中溪州、中庄下崁等大溪地，像一張綠色拼布。鳥瞰遠處盡收阡陌，大漢溪景色綻露芒角。

▲茅埔路上，濃密的白花霍香薊，自然形成花海。

▲李騰芳古厝，為桃園縣二級古蹟，具歷史與古建築之美。

月眉冬賞花田，夏遊綠海

走出娘子坑的同時，也接上了大溪台3線，很快的經過一小段下坡，便可以進入月眉里觀光園區。冬天的月眉里正散發著許多不同風情，除了經濟農作外，更有大片花田引人會心一笑。以貫穿整個月眉中心的道路為主，路況呈魚骨狀向二側伸展，所以只要沿著這條主要道路，便可輕鬆遊覽整個月眉地區。而且月眉的範圍不大，正好是單車徜徉的好地方。

適逢韭菜採收期間，可以看見田裡成熟待採的韭菜，朝陽下生命力旺盛。比鄰而居，盡是一片片花海，其中有幾塊區域，在隆冬低溫下，還能花開成海，瞬間印入眼簾，頗能引人驚呼！另外，有許多春夏殘留的豔麗花景，稀落分散在休耕田中，冬風吹過之時，與一旁花海壯容，對比非常強烈。寒冬催黃的枯萎草原，清冷蕭索。冬天踏進月眉景色多變，處處展現花季外風情。

人文小旅行

李騰芳古宅位於月眉的田野中心，由台3線下滑月眉小坡，隱約可見其古色古香的傳統屋頂。目前為桃園縣唯一的二級古蹟，並且開放參觀。建築方面保存良好，經多年整修，留住了歷史，更留住遊人的腳步。走進月眉，體驗農村之美，同時也拜訪了古早的傳說。

▲茅埔聚落常見韭菜耕作，冬天適逢採收期，韭菜田一片翠綠。

◀豔紫荊開花時，散了早春一地豔麗。

談到李騰芳家族，就得說說月眉古道。古道目前在月眉西南側，以石板鋪設並設有階梯及涵洞可穿越台3線下方，連接大溪和平老街。由此穿越到大溪市街，顯得方便許多。相傳當時李騰芳家族，在市街商業經營所開闢的方便之路。

到大溪市區，騎乘單車閒逛是最好的方式。慢騎過大溪公園、長老教會、蔣公行館，坐在巴洛克風的老街上，看古往今來，腦海中有淡淡的滄海桑田。

▲大溪老街充滿巴洛克風。

▲月眉古道，貫穿台3線，也貫穿了兩個世紀。

▲來到鎮福宮，可眺望大溪中庄下崁與桃園台地。

必騎·必玩·必賞

★ 大漢溪：鳶山堰水域及河岸風光盡收眼底。

★ 娘子坑及茅埔路：村莊聚落，寧靜鄉村氛圍，小而美；田野生態豐富，春冬賞櫻花、豔紫荊及各種野花。田間作物，如韭菜花等。

★ 鎮福宮：於娘子坑農路途中，視野開闊，眺望對岸中庄下崁及桃園台地。

★ 月眉農業區：入冬後轉作綠肥花田，形成花海景觀；人文歷史李騰芳古宅及月眉古道，時光停駐在美麗如畫的風景中。

★ 月眉古道旁，有一石頭公，據說這是大溪最後一座石頭公。早期居民在七夕前會以油飯祭拜，或以紅線串銅錢祭拜後，繫於孩童身上保平安。每年換新，直到小孩長大，祈求孩童像石頭一樣強壯。

★ 大溪老街：和平路老街巴洛克建築、大溪中正公園……

★ 大鶯自行車道：順遊中庄下崁田園風光。

路線指引

▲捷運永寧站前騎行台3線，經中央路三段～四段往三峽介壽路一段。遇中華路左轉再右轉愛國路，抵達三峽舊橋。

▲經三峽舊橋，沿文化路騎行右轉中山路直行，直到遇見北二高下方道路時左轉，經涵洞後左轉往大漢溪方向。在堤防前左轉穿越二高橋下，進入茅埔路。

▲茅埔路沿大漢溪右岸而行，於茅埔聚落附近開始爬坡。上坡1.5公里左右，抵達鎮福宮前眺望大溪中庄下崁聚落，此時位於大溪烏塗窟，娘子坑農路。

▲越過烏塗窟山高點，下滑2公里，接台3線右轉往大溪。約2公里後，右手邊小路口為月眉入口，不甚明顯，須注意，以免錯過。下滑進入月眉農業區及李騰芳古宅。沿月眉路前行，遇見月眉古道指標，左轉進入月眉古道，沿石板步道及石階可達大溪和平路老街。

▲抵達和平老街，可繞行大溪市街，再由和平路底之渡頭遺址，沿階梯往下至台3線左轉過武嶺橋，右轉大鶯路150M後，小路口右轉抵達大溪河濱公園，沿大鶯自行車道，往鶯歌騎行。

▲在三鶯大橋下騎出大鶯自行車道，過南靖橋及新鶯堤外便道，左轉文化路，抵達鶯歌車站。

交通資訊

大眾運輸

▲搭乘台北捷運板南線，在土城永寧站下車。沿站前中央路三段往三峽方向騎乘。

▲自行車怎麼接駁：

●搭乘台鐵，台北車站內不開放單車轉乘捷運，請由板橋車站下車，換搭板南線往土城方向。

開車

▲國道3號，土城下交流道，右轉中央路三段即看見捷運永寧站。附近有捷運站停車場，可停放汽車。

▲國道3號，下三鶯交流道，往三峽方向過二高涵洞後馬上右轉大智路再右轉中山路，經涵洞後左轉中山路459巷往大漢溪方向。在堤防前左轉穿越二高橋下，抵達茅埔路入口停車場。

自行車道

▲騎行大漢溪自行車道於城林橋引道騎出河岸，往土城方向接城林路再右轉中華路、中央路三段，抵達永寧捷運站。

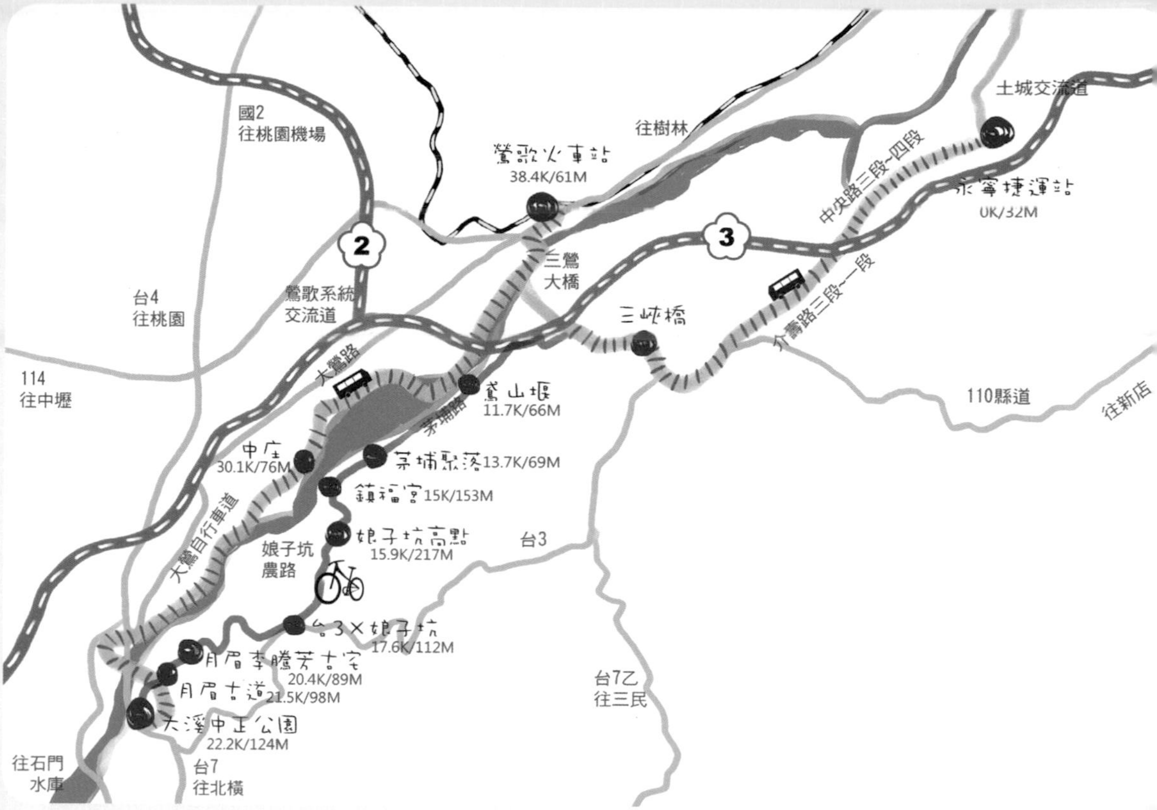

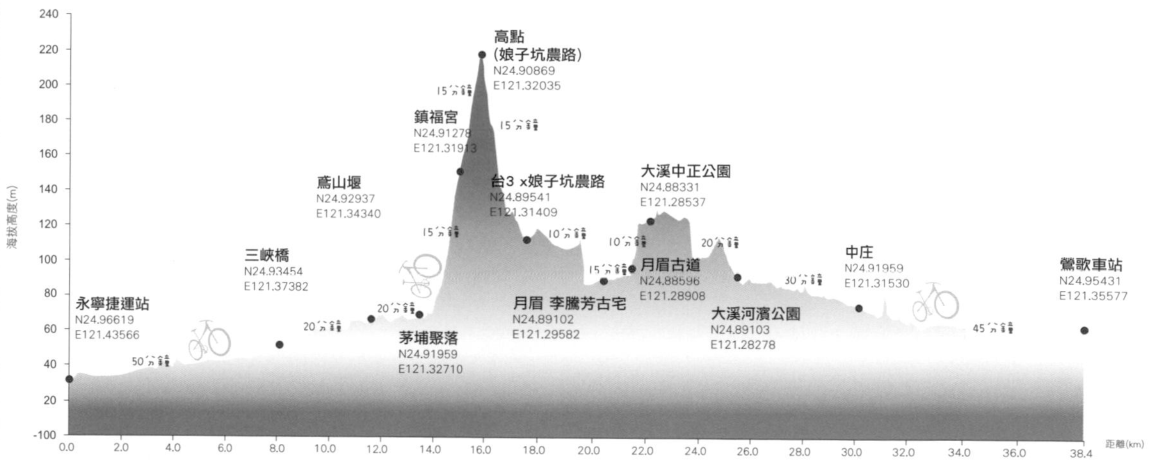

騎乘重點及行程資訊

▲路況為一般道路、山區產業道路及自行車道。上坡：娘子坑農路上坡2.1公里上升148公尺，斜率7%。

▲補給：三峽市區及大溪市區。二地距離14公里，中途少有補給點。

▲台3線路段部分，汽機車速度快，須特別注意交通安全。

沿著新潭路上山，楓紅鋪滿季節況味。

25 新店獅仔頭山

冬雨輕濯雲水楓情

清早，去新店獅仔頭山單車小旅行，山下雨停，可是山上才剛下了一場大雨，來到比雲還高的山巔，放眼望去，雲成海、溪成瀑，而楓成冬天落下的寂寞。

獅仔頭山單車賞楓路線

冬天到了最深處，台灣的楓樹總是在寒意最濃時染紅季節。這是一條少有人知的單車賞楓路線。所以，我拋棄了世界，一個人踩著孤獨的踏板，在寒風中遊走冬末新店獅頭山。

新店有兩座獅頭山，一座在中興路附近，又稱小獅山，海拔一六二公尺，是老少咸宜的市郊登山路線。另一座在新店與三峽交接處的山區，標高八七五公尺，由某個角度眺望，山形很像獅頭，因而獲得這雄壯威武的名字。比較高的獅頭山，是礦窟溪源頭，大台北南側一等三角點基石所在，真正的名字叫獅仔頭山。

騎腳踏車上獅仔頭山有兩條路線，沿著碧潭左岸的永業路接上新潭路，經過直潭壩前，沒多久，便漸漸的走進獅仔頭山下，被青山綠樹包圍。還有一條路

路線難度：★★★★☆中度挑戰（山間產業道路）

行程：碧潭左岸（新店捷運站）→永業路→新潭路→沿新潭路一、二、三段→獅頭山公路高點觀景台→平廣產業道路→遇平廣溪→平廣路→廣興→小坑一路→小坑二路→新潭路→沿新潭路二段、一段→碧潭左岸（新店捷運站）

里程約：31.9KM

騎乘時間：1小時30分；平均時速：21KM/H

旅行時間：3小時

▶▶ 新潭路上，山勢未濃，卻有美麗的楓情。
▶菁芳草，最新鮮的翠綠。

線，由廣興國小前湖光山色美景中，慢慢的深入平廣溪，再右轉人車稀少、風光原始的平廣產業道路，也可以直達獅仔頭山道路高點，觀景平台登山口附近。

離開城市，清早的獅仔頭山最美

清早六點多，冬雨暫歇，單車在漸亮、微暗的路上奔馳，一種久違的騎車熱忱，又稍稍回到腳下不斷轉動的踏板上。

路燈未熄，但趕早的車輛卻出奇頻繁，一早的悠閒氛圍，已被城市的生活重擔吞噬了，或許大家忙著為自己的未來努力。

市區沒有下雨，好久不見的乾燥地面，讓人懷念起陽光普照的日子。越過碧潭橋，走永業路接上新潭路，愈往山區走地面愈是鋪滿濕意。離開城市水泥高樓，山裡的雲霧開始飄渺，山嵐在谷間慢移，山林充滿雨後詩意，昨夜的大雨才剛從天空傾落。地很滑，野花小草清新亮麗。

野溪、變葉木、雲海風情伴行

出乎意料之外，獅仔頭山前晚的大雨，填滿小溪流的空虛。礦窟溪水量豐沛，潺潺水聲沿著山路奏出冬雨後的交響曲，繞過彎彎的小坡道，又是另一個動人的溪流樂音。每每聽見森林裡的淙淙水聲，探頭望去，清澈豐沛的溪水，穿越森林而來，在石縫間纏繞、在樹腳下跳躍，落成白色瀑布，躍入我的心裡。雨後，獅仔頭山的小溪澗，像一首動人的樂曲。

冬末上獅仔頭山有幾個觀賞重點，野溪、變葉木、雲海。雖然已近冬季尾

雲海在台北盆地飄移，難得一見。

▲前夜大雨，山上的野溪流水潺潺。

▲路過碧潭橋，看見這一幕溫馨。

聲，變葉木的風采依然不減。

楓紅落盡繽紛，遠眺台北市雲海

楓紅過了盛壯期，遺留的殘紅更添幾許憂愁，掛在樹梢的浪漫，落在冬天的腳下，織成毯、化做紅，舊了，是今天的淡褐色彩。一路上都是楓樹落葉，有的鋪成碎葉花色、有的堆成軟厚毯子。我不時停駐腳步，蹲下城市奔波的雙腿，拾起一份被雨水洗濯後的楓情。抬頭，不再豐富的樹梢，紅、綠、黃、褐相間，失去繁華茂盛，卻更能清楚看見美麗的顏色；兩、三片楓葉高掛，誰說寂寞不好！

雨後陽光若隱若現，單車已掠過海拔四百公尺等高線。不經意望向山下，遠方有一層雲霧，１０１大樓雲間飄渺。台北盆地上有片帶狀雲，雲下的城市，總是有份不明究理的混亂，唯有站得高、踩得遠，心如山林空氣的明晰，自然就豁然開朗；頭頂的雲雨是一片遼闊的雲海吧！登上獅仔頭山公路高點眺望，遠山、雲海、冬陽，交織成美麗景色。

入冬後的冷雨連綿月餘，濕漉漉的世界成了季節的憂愁。本來以為陽光不會來了，下山時，它剛巧篩過林隙，像撫在臉上的手，笑了笑，溫暖的雙手陪著渡冬，沒離開過我。陽光乍現的日子，耀著幾分喜悅。早安，獅仔頭山！

▲獅頭山公路觀景台，遠眺台北城市雲霧飄渺。

必騎．必玩．必賞

- ★ 變葉木風情：以楓樹為主，秋冬時分是絕佳的賞楓路線。
- ★ 山間溪流風情：雨後水量豐沛時，野溪景色優美。
- ★ 雲海風情、山嵐風情：山林濕氣重，雨後山嵐輕飄，觀景台上眺望大台北盆地，常有雲海形成。
- ★ 野花：四季野花，春冬：小花米菊、菁芳草、非洲鳳仙花等。
- ★ 平廣路沿平廣溪而行：設置平廣溪生態步道，賞魚、賞溪、賞鳥、賞螢火蟲。

路線指引

▲新店捷運站後方，由新店路牽行單車上碧潭吊橋，經過碧潭吊橋至左岸，直行永業路進入山區。

▲遇新潭路後，右轉沿新潭路一、二、三段（北105公路），可直上獅頭山。

▲新潭路與小坑二路口請注意路況（容易錯過），取右線上山。

▲到達獅頭山公路觀景台，沿著平廣產業道路下山，8公里後左轉平廣路至廣興，遇小坑一路左轉後接小坑二路，回到新潭路口右轉，沿新潭路回程，抵達碧潭左岸。

騎乘重點及行程資訊

▲主要上坡：集中於新潭路小坑二路岔點以後，約7.7K上升592M，平均斜率8%。有些路段非常陡峭，請小心騎行。

▲主要下坡：平廣產業道路，約8K，部分路段路況不佳，有坑洞及泥砂，請小心通過。

▲補給：碧潭商圈可補給，沿途除了少數土雞城外，平廣路及平廣產業道路交叉點有雜貨店，但不一定會開門營業。

交通資訊

大衆運輸

▲搭乘台北捷運新店線，於新店站下車。

開車

▲行駛國道3號北二高，新店下交流道，右轉中興路二段至北宜路一段口，即抵達新店捷運站。捷運站後方碧潭風景區有停車場，可停放汽車。

自行車道

▲新店溪自行車道位於新店捷運站後方，可由大台北河畔自行車道騎行至新店溪右岸，於碧潭引道騎出，抵達新店捷運站。

接駁公車上山

▲國定例假日期間，新店區公所有接駁車，可直達獅頭山公路高點觀景台前。除此之外，並無大衆運輸交通工具。

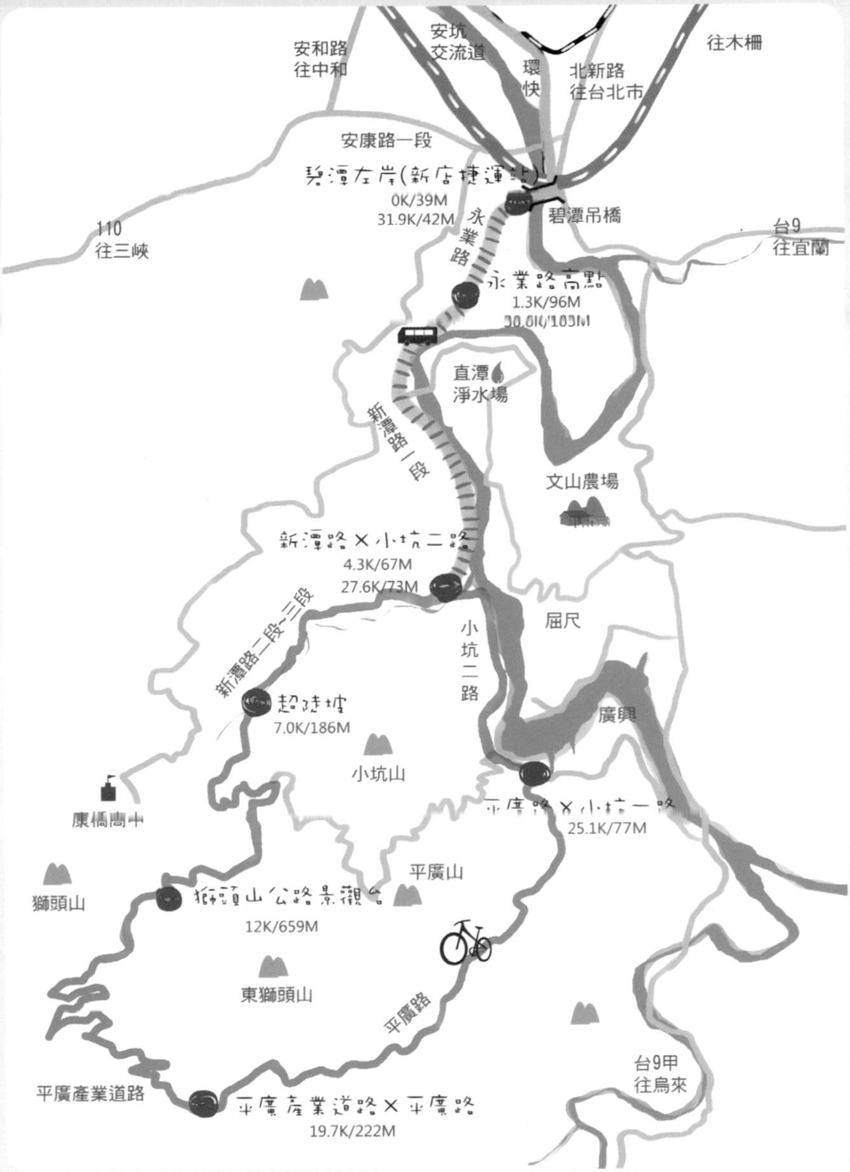
安和路
往中和
安坑
交流道
環
快
北新路
往台北市
往木柵
安康路一段
碧潭左岸(新店捷運站)
0K/39M
31.9K/42M
碧潭吊橋
永
業
路
110
往三峽
台9
往宜蘭
永業路高點
1.3K/96M
直潭
淨水場
新
潭
路
一
段
文山農場
新潭路X小坑二路
4.3K/67M
27.6K/73M
新潭路二段~三段
屈尺
小
坑
二
路
超陡坡
7.0K/186M
廣興
小坑山
康橋高中
25.1K/77M
平廣山
獅頭山
獅頭山公路景觀台
12K/659M
東獅頭山
平廣路
台9甲
往烏來
平廣產業道路
平廣產業道路X平廣路
19.7K/222M

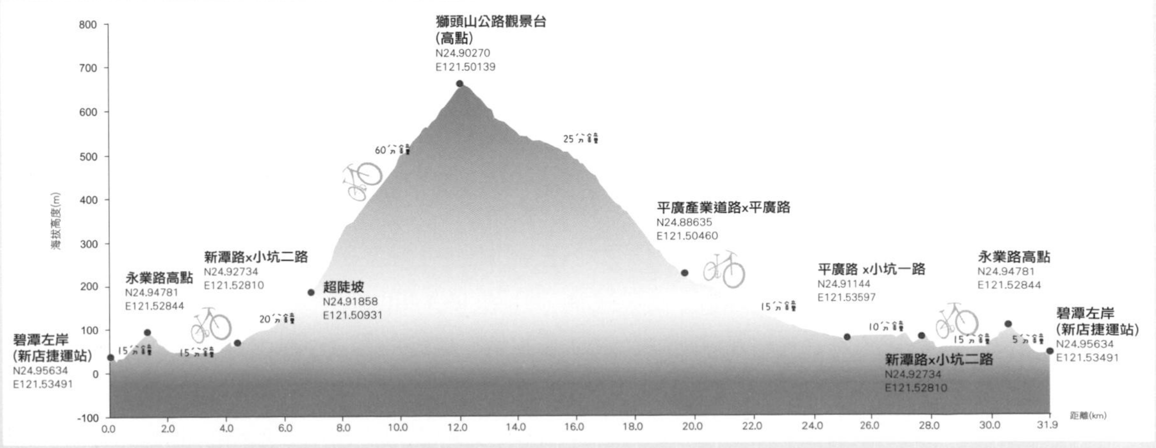
800
700
600
500
400
300
200
100
0
-100
海拔高度(m)
獅頭山公路觀景台
(高點)
N24.90270
E121.50139
60分鐘
25分鐘
平廣產業道路x平廣路
N24.88635
E121.50460
新潭路x小坑二路
N24.92734
E121.52810
永業路高點
N24.94781
E121.52844
超陡坡
N24.91858
E121.50931
20分鐘
15分鐘
15分鐘
碧潭左岸
(新店捷運站)
N24.95634
E121.53491
平廣路 x小坑一路
N24.91144
E121.53597
15分鐘
10分鐘
15分鐘
5分鐘
永業路高點
N24.94781
E121.52844
碧潭左岸
(新店捷運站)
N24.95634
E121.53491
新潭路x小坑二路
N24.92734
E121.52810
0.0
2.0
4.0
6.0
8.0
10.0
12.0
14.0
16.0
18.0
20.0
22.0
24.0
26.0
28.0
30.0
31.9
距離(km)

◀沿著山路而上，楓樹伴行。
▲新山佳車站落成後，新舊時光並列。

26 石灰坑山

綠意中遠眺壯闊山水

石灰坑山在新北市與桃園縣交界處，沿著樹林市區往鶯歌方向前進，經過了舊意盎然的山佳車站後，順著民和街產業道路，慢慢往山上騎，可看見農北樹003產業道路指標。這裡多了一分寧靜，少了一分人為主張的休閒設施，所以，人稱這裡是樹林的後山。

有個小聚落在山坡起點處，古老的紅磚厝和破舊的工廠散居其間。小山路樹蔭濃密、蜿蜒而上，越過石灰坑山後，可由桃園龜山兔子坑下山，或經由東和街回到樹林，也可以順道登上知名景點大棟山青龍嶺。

台北也有懷舊火車站

騎經樹林，一定不可錯過山佳車站。在大台北地區的鐵路西部幹線上，難得有火車站能保留原始風貌。

灰黑的日式建築風格，加上古老的木窗、票閘門、月台，許多細節讓人掉進時光隧道裡。縱然樹林大部分地區，都已經淪陷在城市浪潮中，紊亂意象與車站比鄰而居，可是，很幸運地，山佳車站依然健在。

民和街距離山佳車站不到一公里，騎經與火車軌道平行的中山路，右轉民和

路線難度：★★★☆☆輕度挑戰（山間產業道路）
行程：山佳車站→樹林中山路三段（114號道路）→民和街（農北樹003）→大榕樹（270度眺望）→產業道路高點→岔路取右線→東和街→樹林東佳路→中山路二段→山佳車站
總里程：13.1公里
騎乘時間：1小時9分；平均時速：15.5km/h
旅行時間：2小時25分

街，便一路登上石灰坑山道路高點。

生態、綠意伴行

民和街編號為農北樹003號產業道路，坡度大多和緩，偶爾有些略陡短坡。掠過幾間依山而建的紅磚厝與鐵皮工廠；樹林蓊鬱、人煙稀少、森林覆蓋完整，抬頭回眸，鬱鬱蔥蔥充滿視野間。隨著山路蜿蜒而上，彷彿穿越無盡的綠色隧道。山路兩側遍植楓樹及山櫻，在冬去春來時節，呈現不同風情。

季節變換，醞釀著豐富生態。夏秋欣賞芒草及象草迎風搖曳，入冬後，楓樹被冷風催紅，落了一地浪漫彩葉。春天，更有山櫻花沿途綻放。加上草木間的動植物生態，蝴蝶翩翩起舞、冇骨消開花結果、倒地蜈蚣、野牽牛讓石灰坑山更豐富動人。

石灰坑山的開闊風情

經過石灰坑山登山口指標後，可以偏離主線，循路面大榕樹指標，一點五公里後路盡於

◀◀冇骨消的開花季節是夏末。
◀冬天時，冇骨消結滿紅色果實。
▶秋冬時節芒花盛開，枕木鋪成的鶯歌步道深入林間。

鶯歌步道入口處。此處位於石灰坑山下方，標高約三六二公尺，為附近產業道路制高點。因為地形關係風勢較大，南面形成一大片芒草原，秋日時分，金黃色芒花飄揚在陣陣東北季風下，有如金黃波瀾起伏。

此處視野遼闊，可以近二百七十度的方式，遠眺大台北地區大漢溪沿岸，台北市到鶯歌、桃園、龜山、八德及大園、觀音等沿海地區，盡收眼底，景色美麗極了，心情也跟著山風讚嘆連連！

除了芒草風情與遠眺景色外，沿著右邊登山小徑稍微轉個彎，風勢立刻靜止。二、三十公尺前有棵三百五十年老榕樹，樹幹呈大面積擴散狀，並且長滿青苔，樹型、景觀少見，為當地私房景點。若非在地登山客指引，容易錯過這棵特殊的老榕樹。

樹林後山環狀線

越過石灰坑山後，接下來的路段有幾個小陡坡，但隨即下坡。往龜山方向，翻越樹林龜山之間的大湖坑，接上兔子坑產業道路。兔子坑有些農家種植油茶花，若逢開花時節，可順道欣賞油茶花。經過龜山大丘田往鶯歌，搭乘台鐵或由大漢溪自行車道回程。

若是右切東和街往樹林方向下山，可以不同角度遙望大漢溪風情。山路略有起伏，陽光與舒徐的腳步都停留在濃濃的綠蔭裡，下山後離山佳車站不遠，想念歲月光景，不妨轉個彎，在山佳車站淡淡的舊意中踏上歸程。

▼大榕樹旁有270度景觀，遠眺山與城的開闊美景。

▲當地私房景點，三百五十年老榕樹。

▲秋冬時節芒花盛開，在陽光下閃著金光。

必騎．必玩．必賞

★ 山佳車站日式建築古蹟：山佳車站舊站體整建，新站已經啓用，可體驗鐵道文化。

★ 民和街及產業道路風情：夏日山風清涼，秋冬賞楓，春天賞櫻，動植物生態豐富。

★ 大榕樹270度眺望：大榕樹為保留神木，附近標高360米左右，270度眺望大台北及桃園地區，形成獨特景觀。

路線指引：

▲山佳車站前往鶯歌方向，過鐵路橋後，右轉民和街上山。

▲沿農北樹003號產業道路，至大榕樹岔路口，取左線往大榕樹270度觀景台。

▲大榕樹景點，須原路回到產業道路，左轉越過高點。

▲高點後遇岔路口（路上有標明目的地方向），取右線往樹林東和街下山，取左線往桃園龜山兔子坑下山。

▲東和街下山後，右轉東佳路再右轉中山路二段，即可抵達山佳車站。

交通資訊

大眾運輸

▲搭乘台鐵電聯車，山佳車站下車。

開車

▲國道3號北二高，三鶯下交流道，往鶯歌方向過三鶯大橋，沿文化路遇中正一路（114縣道）右轉行駛至樹林中山路三段，即抵達山佳車站。

自行車道

▲騎行大漢溪左岸自行車道，經柑園橋下方引道跨越堤防，沿佳園路一段即可抵達中山路三段山佳車站前。

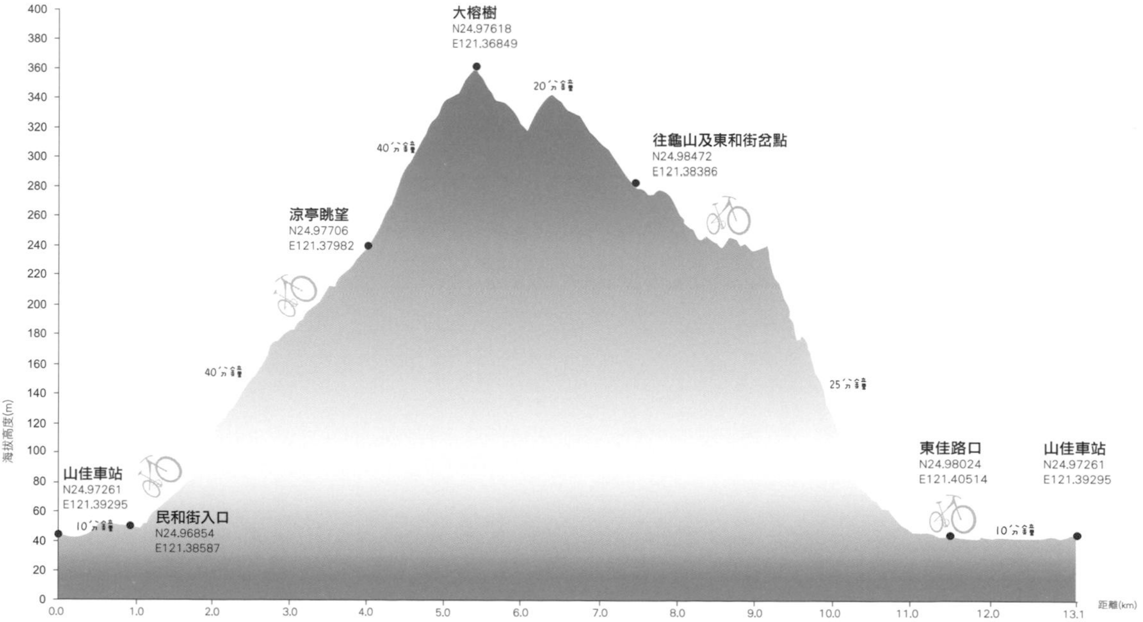

騎乘重點及行程資訊

▲民和街爬坡，長4.7公里爬升310M，平均斜率7%，略陡的山間產業道路。

▲石灰坑山上小路多，請注意行進方向以免迷路。

▲補給點在樹林中山路上，山路沒有補給，請考量情況，盡量帶足補給品。

入冬後水稻田將換上花海新妝。

27 龍潭大池自行車道

暢遊稻香花海

近市區小而美的自行車道

桃園龍潭規劃了多條自行車道，其中龍潭大池自行車道離市區最近，行程最短，也最輕鬆休閒。自行車道沿著龍潭池支流往上游劃設，長度約三點五公里，經過低密度開發的鄉間聚落，景色優美，全程平坦沒有上坡，適合全家大小一起暢遊。

秋末冬初盡賞綠色稻田

秋冬是龍潭大池自行車道最美的季節，二期稻作正在結穗階段。從大池邊的小巷子出發，騎在上游支流的田間小路及單車木棧道，可說是盡覽田園風光。一大片安靜的綠色田野，可以放肆呼吸，盡情踩踏。像是走進恬靜的國度，看著小路在田疇沃野的平面上縱橫交錯，一個轉彎、一次停駐，都會任君滿意。

秋末並沒有什麼炫彩的花田，一方方秋綠的水稻田，快要結穗了，濃濃的綠葉在秋風中起伏，一波波綠浪揚起浪潮的聲音，拍打著單車的輪跡、旅人的腳步。

路線難度：★☆☆☆☆輕鬆

行程：國光客運龍潭站→龍潭大池→龍潭大池自行車道→千頃堂→圓潭→樟樹林→石拱橋→六分陂→民生路出口→原路回程（可沿大池上游野溪另岸）→龍潭大池環潭步道光→國光客運龍潭站

總里程：9.3公里

騎乘時間：40分；平均時速：15KM/H

旅行時間：2小時

▲龍潭大池自行車道，標線清楚，路況平坦。

冬遊綠肥花海

龍潭大池自行車道與野溪並行，大多為水田風光，入冬二期稻作收割後，接著灑下綠肥，等待花開。沿途人車稀少，星期六、日也充滿安靜而悠遠的氛圍。在一片靜得令人平淡空白的綠海中航行，心清澈、意明晰。當地和藹可親的大叔用略帶客家的口音表示：「過年前一個月是花田最好看的時候。到時候，記得來看花！」每年十二月到隔年一月左右，是這條自行車道最美麗的季節。屆時，稻香綠海將煥然一新，成為繽紛亮眼的彩色花田。

尋找人文歷史足跡

三公里多的自行車道，值得輕踩慢遊。二〇〇四年完工的自行車道又短又簡單，沿途卻有幾處歷史與人文景點，圓潭、石拱橋，還有個很特別的六分陂聚落。據龍潭鄉所立石碑記載，六分陂位於龍潭大池上游野溪，以供應附近六戶農家灌溉用水，故名六分陂。日治時期沿用至今，一彎平靜的池水，映著往水面傾倒的老樹，走進六分陂鄉間，別有寧靜祥和的況味。騎行至此，記得停下單車，讓風掠過滿心的懷想。

冬初，紅花野牽牛和細葉水丁香涼風中綻放，稍等農忙後的花田，現在就停下腳步，慢慢的蹲下身來，用期待的心情，拾起一份田間野地自然的美麗！

▲遠望或腳下，都是彩色的百日草。

▲石拱橋，承載著歲月風霜，至今依然張開有力的臂膀。

◀◀細葉水丁香，秋末冬初盛開。
◀紅花野牽牛，為綠野添上一抹紅。

▲單車有若在綠色的大海上航行。

▲龍潭大池秋日野薑花盛開。

必騎・必玩・必賞

★ 龍潭大池：天南宮、曲橋、龍潭觀光吊橋、水岸風光。

★ 田園風光：自行車道3公里，多為水田景觀，二期稻作收割後，大約在十二月至隔年一月，大片綠肥花海形成美麗景致。

★ 歷史及人文：石拱橋、圓潭、六分陂。

路線指引：

▲國光客運龍潭站左前方，由北龍路口進入後左轉東龍路，再右轉南龍路至路底為龍潭大池旁神龍路。

▲左轉神龍路經南天宮入口前，由金龍路20弄8巷進入自行車道，經過涵洞後進入鄉野地帶。

▲沿龍潭池上游野溪旁自行車道標線騎行，自行車道分布於野溪左岸及右岸。

▲至民生路出口，請由原路回程。

▲回程遇見二高高架橋時，可取左線，由大池另岸環繞大池一圈後，回到南龍路口，左轉進入南龍路，依照原路回到國光客運龍潭站。

騎乘重點及行程資訊

▲路況：平坦的田園自行車道，適合各年齡層單車騎遊。

▲補給：龍潭大池周邊不乏商家可以進行補給，進入自行車道後為田間野地，沒有任何補給。自行車道入口有單車租借，營業時間較晚，建議自行攜帶單車。

交通資訊

大眾運輸

▲請搭乘台北轉運站開往竹東國光客運，桃園龍潭站下車。沿途可在板橋轉運站、中和中正路上車。

▲台中往板橋國光客運，於桃園龍潭站下車。

▲亞聯客運，台北往新竹路線，於龍潭站下車。

●長途客運龍潭站，多集中於中正路桃園客運總站對面，下車後由中豐路或北龍路，騎單車至龍潭大池約5分鐘。

開車

▲北二高龍潭下交流道，行駛大昌路往石門水庫方向，接著右轉龍華路後左轉神龍路，即可到達龍潭大池。

自行車道

▲騎行大漢溪自行車道，經鶯歌、大溪、三坑子聚落，再經由台3乙中正路三坑段、三林段，進入龍潭市區，經龍華路、神龍路，抵達龍潭大池。

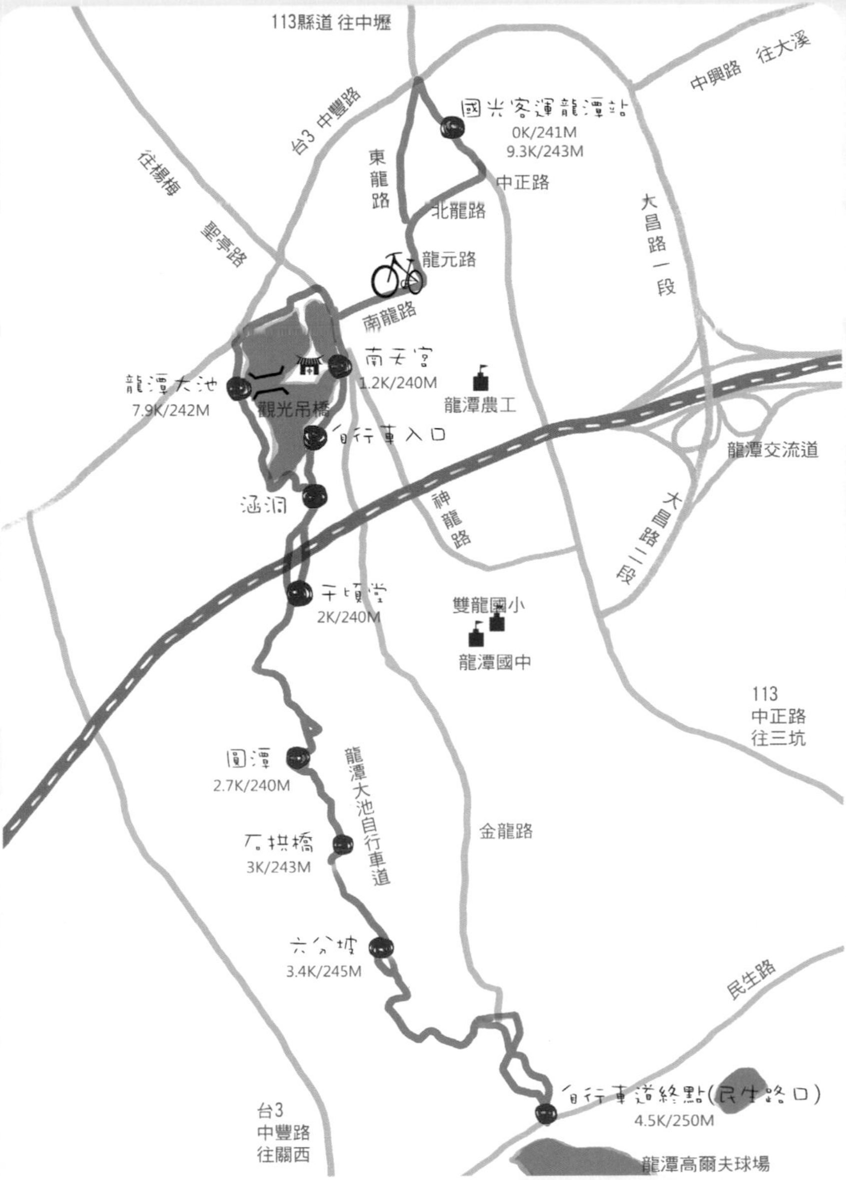
113縣道 往中壢
中興路 往大溪
台3 中豐路
往楊梅
聖亭路
國光客運龍潭站
0K/241M
9.3K/243M
東龍路
中正路
北龍路
大昌路一段
龍元路
南龍路
南天宮
1.2K/240M
龍潭大池
7.9K/242M
觀光吊橋
龍潭農工
自行車入口
龍潭交流道
涵洞
神龍路
大昌路二段
千頃堂
2K/240M
雙龍國小
龍潭國中
113
中正路
往三坑
圓潭
2.7K/240M
龍潭大池自行車道
石拱橋
3K/243M
金龍路
六分坡
3.4K/245M
民生路
自行車道終點(民生路口)
4.5K/250M
台3
中豐路
往關西
龍潭高爾夫球場

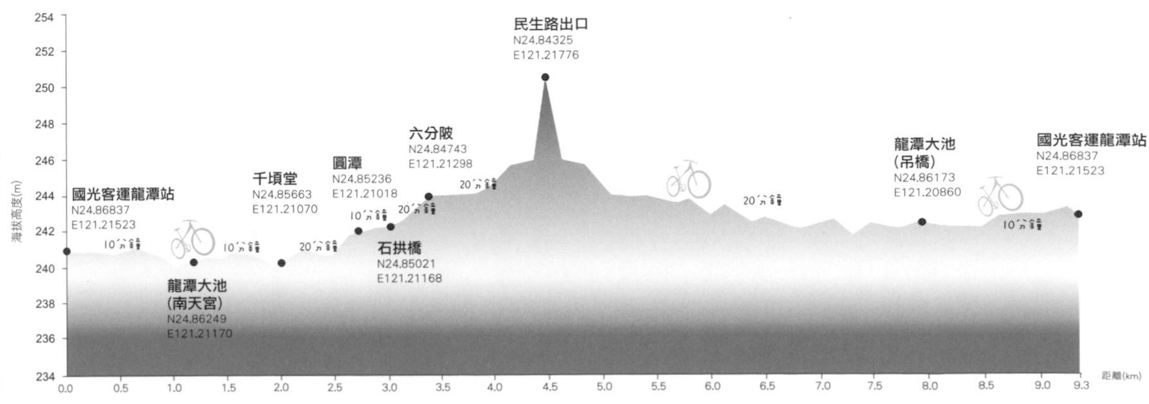
海拔高度(m)
254
252
250
248
246
244
242
240
238
236
234
距離(km)
0.0
0.5
1.0
1.5
2.0
2.5
3.0
3.5
4.0
4.5
5.0
5.5
6.0
6.5
7.0
7.5
8.0
8.5
9.0
9.3
國光客運龍潭站
N24.86837
E121.21523
龍潭大池
(南天宮)
N24.86249
E121.21170
千頃堂
N24.85663
E121.21070
圓潭
N24.85236
E121.21018
石拱橋
N24.85021
E121.21168
六分陂
N24.84743
E121.21298
民生路出口
N24.84325
E121.21776
龍潭大池
(吊橋)
N24.86173
E121.20860
國光客運龍潭站
N24.86837
E121.21523
10分鐘
10分鐘
20分鐘
10分鐘
20分鐘
20分鐘
20分鐘
10分鐘

楓樹村的精神指標，百年楓樹佇立風尾坑田邊。

冬季 桃園縣龜山 向日葵、波斯菊、百日草花田、水田、百年楓樹

28 楓樹村

孟冬農閒暢遊花海

遠離塵囂的世外桃源

冬天到了，冷涼季風吹起，蒼綠的山頭換上新裝，芒草抽出黃色花序，屬於冬天的顏色鋪滿大地。騎單車走在桃園龜山台1線旁，輕輕抬頭，不遠處的山頭冬風飛颺、芒花翻浪，美麗的顏色在山坡上起伏。那山的另一頭，隱藏著遠離塵囂的世外桃源。只差幾步路，拐幾個彎，楓樹村的空氣中充滿靜謐與花香。

楓樹村早期名稱為楓樹坑，因為遍植楓樹成景，所以擁有如此美麗的名字。村落位於林口台地東南邊，行走在車水馬龍的台1線往南方向，經過一個不太顯眼的光峰路口，往村裡走，便是村內市街。

目前村子裡人口不多，略為冷清的街道上，可以感受到相對於城市那種若即若離的氛圍。村內生活範圍多集中於台1線旁的光峰路、光榮路與楓樹國小附近，再往內深入，過了此地最大的宏洲化學工廠，則是人煙杳然。

美麗動人的山村風情

沿著工廠的紅磚牆，轉個小彎，清新恬靜的鄉村風光，伴著微風吹過眼前。

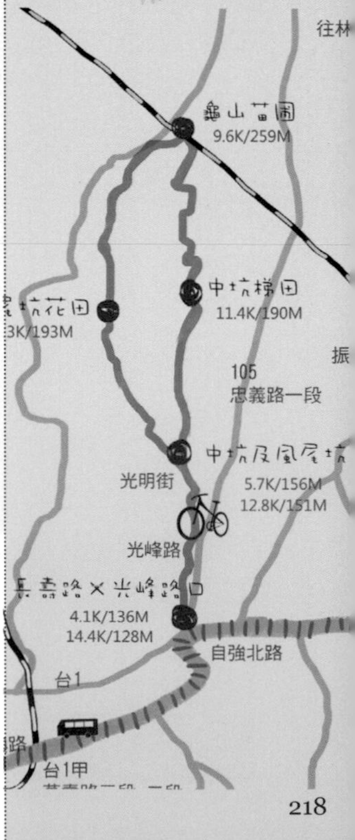

路線難度：★★☆☆☆進階

行程：桃園火車站→台1甲線→長壽路光峰路口→楓樹國小→宏洲化學工廠→風尾街→老楓樹→風尾坑→龜山苗圃→產業道路→中坑街→中坑→宏洲化學工廠→光明街→楓樹國小→長壽路光峰路口→台1線→中正路（116線道）→樹林火車站

總里程：26.4公里

騎乘時間：1小時30分；平均時速：17.6KM/H

旅行時間：3小時30分

▲梯田狀的花海，錯落在鄉間小路上，美麗極了。

好美呀！看見山與田交錯出靜謐冬景，一顆剛從城市風塵僕僕而來的心，不自覺的平靜了！

楓樹坑山矗立於楓樹村內，是風尾坑溪與中坑溪的分水嶺，西側為風尾坑，東側為中坑，分居楓樹坑山兩側，形成美麗動人的山間田村風情。村內農作大多以水稻為主，春天準時耕作，秋天收成後未進行續耕的農田，改植綠肥轉作，花田風光大約在冬季為盛花期。

水田休耕後灑下的綠肥花籽，每年十一月左右陸續綻放。沿著風尾坑溪邊的田庄小路，四處鋪滿繽紛色彩，風尾坑清新的翠綠，全變了樣，處處繁華似錦。一畝畝田地，被季節的大筆一揮，落得一方方彩色地衣，動人極了。

孟冬花海色彩繽紛

似海般的花景塊狀分布，百日草及波斯菊開出天然美景。走進風尾坑門口，一大片百日草迎面而來，色彩交錯蔚成花海，田

◀冬末早春的中坑聚落，水稻田滿是農忙。

埂小路隨意刻畫出身在其中的意象。

遠觀似碎花毯子，近賞則來得真實，朵朵鮮豔的百日草花，亭亭玉立。山路緩緩往林口台地爬升，水稻田轉植花肥風景散布在風尾坑溪的山谷間，平坦處花色熨成平原，斜坡處花彩順著山勢往上爬，一層一層把花田疊高。梯田式的花海，像大海揚起的浪花，駐足、深呼吸，陣陣山風在耳際輕唱。又落了幾滴冬雨，盛開的波斯菊包圍著農家小路，「幾分詩意等晚風，幾縷炊煙待飄渺。」孟冬微雨的楓樹坑，讓人流連忘返！

再往風尾坑深入，大多是橙色的波斯菊花，範圍廣闊、深度豐厚，踩著田埂走在花海中，如神遊夕陽雲間。山路緩坡上升，與林口台地連成一氣，高度兩百多公尺的台地樹林裡，隱藏著紅磚厝及茶田風光。楓樹坑農家散居谷間，沒有特別的地標、沒有著名的景點，清清淡淡、恬恬靜靜，秋去冬來農閒時分，適合帶著空白心情，慢步賞花。

▲那些秧苗捲著春天的希望。

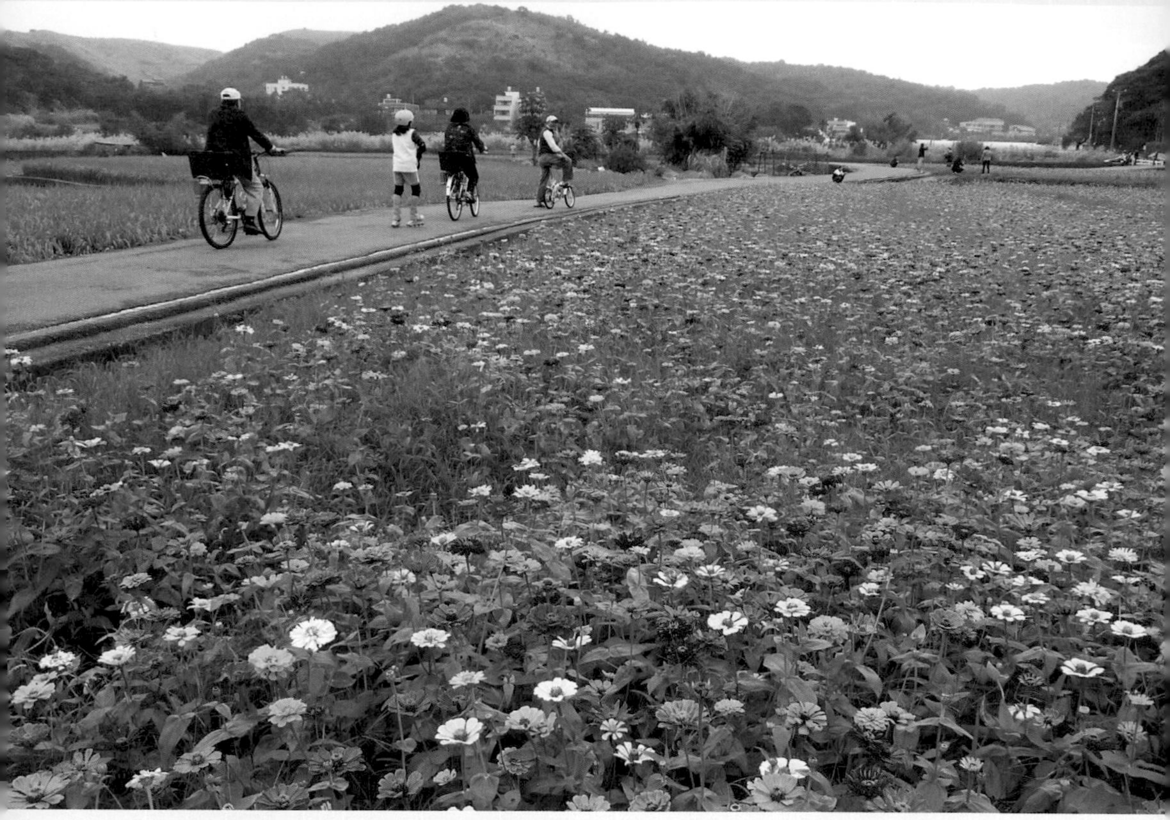

▲花田集中在楓樹村的風尾坑聚落，單車賞花最方便。

必騎．必玩．必賞

★ 春夏：稻田耕作風情及水田風光，沿途大多為山間鄉村景致。

★ 秋冬：稻田收割後，綠肥多種植百日草、波斯菊及向日葵，沿著山路兩側形成花海景觀。

★ 歷史及人文：風尾坑水田邊，矗立著一顆百年楓樹，四季水田景色相映，為楓樹村目前的精神象徵。

路線指引：

▲桃園火車站前中正路直行，遇復興路右轉接萬壽路（台1甲線），往台北方向在自強北街口左轉，即可連接光峰路。

▲長壽路口沿光峰路進入，即是楓樹村。經過楓樹國小大門前續行光榮路，遇光明街右轉，沿宏洲化學工廠牆邊進入山村地帶。

▲遇田間岔路，右側通往中坑，左側通往風尾坑。綠肥轉作，大多集中在風尾坑聚落，賞花請由左側風尾街進入。

▲沿風尾坑溪緩坡向上，大約有二三公里花田景觀可以欣賞。高點丁字路口右轉至龜山苗圃，再取右線沿水泥牆邊下滑至中坑，此路段較為荒涼，需小心騎行。

▲至中坑後由中坑街下滑，回到中坑街及風尾街岔路口。

▲由原路回程，至光峰路及長壽路口左轉往台北方向，沿台1線下滑，右轉中正路（116縣道）往樹林市區，過高鐵橋下後右轉大安路再左轉保安街一段，過地下道後右轉鎮前街，抵達樹林火車站。

騎乘重點及行程資訊

▲路況：風尾街上坡，4.3公里上升107M，斜率2%的山間道路，大多為緩坡，適合進階騎乘。

▲補給：進入風尾坑後8公里山路及鄉間地區，沒有補給。請在楓樹村市街先行補給。

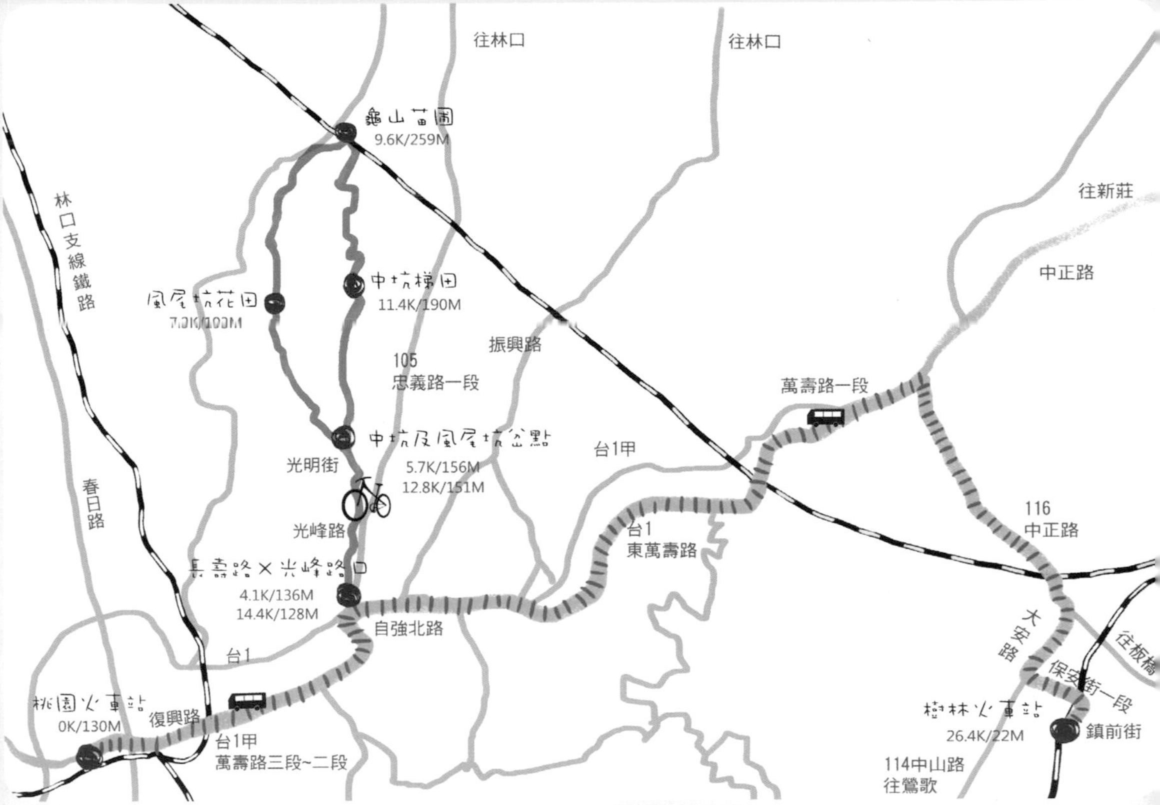

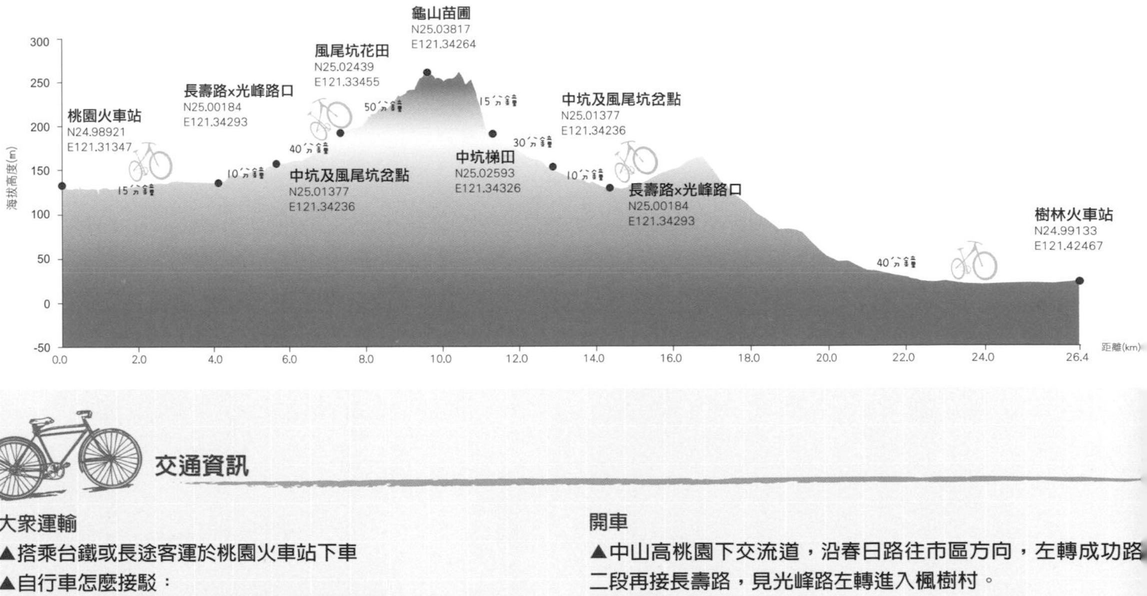

交通資訊

大眾運輸

▲搭乘台鐵或長途客運於桃園火車站下車

▲自行車怎麼接駁：

●站前中正路直行，遇復興路右轉接萬壽路（台1甲線），往台北方向在自強東街口左轉，即可連接光峰路進入楓樹村。

開車

▲中山高桃園下交流道，沿春日路往市區方向，左轉成功路二段再接長壽路，見光峰路左轉進入楓樹村。

自行車道

▲騎行大漢溪左岸自行車道，請於浮洲橋騎出堤防，沿樹林中正路至萬壽路（台1甲線）左轉往桃園方向再接龜山鄉長壽路上坡，遇光峰路口右轉進入楓樹村。

越過鐵橋，也越過舊山線轟隆隆的響聲。

冬季 台中市豐原、后里 鐵道、花田、水田

29 后豐鐵馬道

穿越舊山線往日時光

后豐自行車道，從后里馬場出發，經過台鐵舊山線曾經飛奔而過的舊時風景，停駐在豐原國道4號附近。短短四公里路程，讓單車再次緬懷火車穿越山洞跨過鐵橋，開窗迎風的往日時光。

后里起點漫遊鄉間聚落

后里馬場附近是個小聚落，因為自行車道通車以後人潮逐漸聚集。一九九七年馬場關閉以後，紅土堆積的后里鐵道旁更顯落寞。二〇〇五年台鐵舊山線變身自行車道，失去火車的日子，鐵馬迎風起飛的聲響顯得瘦弱無力，而那些踏板上的歡樂，沿著舊鐵路呼喊。

馬場外的草原常綠，只是少看見馬兒奔跑的身影。巷弄在寬闊草地邊的低矮平房村落迂迴，似乎單車才能把這些小巷子逛得透徹。

悠遊后豐自行車道前，請由后里火車站到馬場的鄉間道路，拾得一份久遠年代的況味。老麵店、雜貨店、軍用品店、圍起紅磚牆的瓦房，城市拋棄的舊日光景，一點一滴散布在后豐自行車道起點附近。

路線難度：★☆☆☆☆輕鬆

行程：豐原火車站→后豐大橋→后里馬場→后豐自行車道入口→九號隧道→花樑鋼橋→后豐鐵馬道，豐原端→沿原路回程→花樑鋼橋→九號隧道→后里馬場→后豐大橋→豐原火車站

總里程：21.2公里

騎乘時間：1小時20分；平均時速：16KM/H

旅行時間：3小時20分

▶豐原秋日稻田，波斯菊風中綻放。

四季賞花與田間的景色

從后里馬場前的入口騎行自行車道，山線鐵路邊開始單車之旅。數百公尺的苦楝樹夾道而過，若在春天，紫色的苦楝花將漫著清香，一路陪伴走過鐵路下方涵洞。一個轉彎，冬天的火焰木紅花高掛枝頭，落了一地冷風中的火紅，屬於季節的美麗，都能在這裡遇見。

接近豐原終點處充滿田園風光，稻田夏天暢綠，隨風搖曳等侍秋天到來。收割後偶遇綠肥花田，大波斯菊繁花點點。以前火車掠過的窗景，在身邊緩緩移動，此時可以停車駐足，離開單車踏板，走進車窗外不斷向後移動的風景，自己也成了那年往後奔馳的景物。

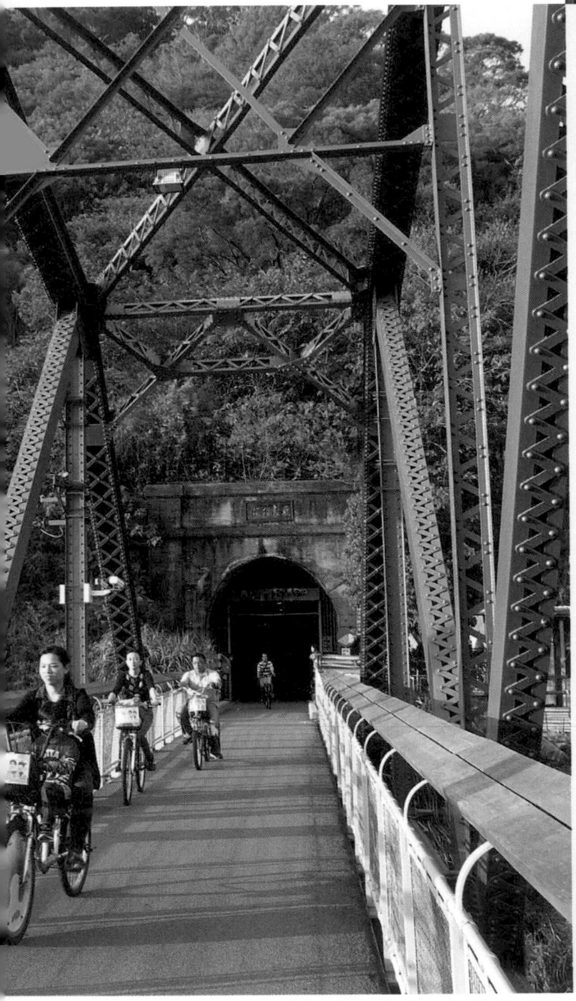

▲九號隧道及花樑鋼橋，連成美麗的單車風景線。

◀◀火焰木是后豐冬日最美的顏色。
◀后里馬場外的草原常綠，美麗舒暢。

九號隧道及花樑鋼橋，騎遊舊鐵道風光

走在舊山線上，必定會經過從前火車移動的記憶。穿越九號隧道，體驗前所未有的清涼快意，山洞裡的構造清清楚楚。避車洞一個個往山牆內陷，不必擔心火車倏的經過身旁，只有一輛輛用力踩踏的單車，有時停下來看看避車洞內的歷史簡介。幾年來的整頓，隧道內燈火明亮，路面鋪著平整的柏油。

一出隧道，花樑鋼橋迎面而來，灰色鋼樑劃過天際，大甲溪水橋下奔流。火車過橋的聲響彷彿迴盪耳際，轟隆轟隆聲中，夾雜著那年藍色慢車廂裡，小孩的驚嘆聲！那些聲音，隨著不能開窗的現代車廂，日漸稀少。

延伸東豐鐵馬道，遠近皆宜

東豐鐵馬道在豐原與后豐鐵馬道交會，體驗過舊山線歷史遺跡，若覺得意猶未盡，可以改走右線紅色鋪面車道，往東勢尋找支線鐵路的往日光彩。或是沿著原路回程，再一次用不同角度欣賞九號隧道、花樑鋼橋，把那些曾經風光移動的影子，存放心中。

▲穿越隧道，體驗火車奔馳的舊日時光。

▲大甲溪河床，柑橘園。

必騎・必玩・必賞

★ 冬天賞花：火焰木大紅花，在九號隧道口迎冬綻放。豐原境內，農田秋收後，多會撒下花籽，綠肥花田可欣賞。

★ 春天賞花：櫻花及苦楝花於自行車道后里入口處漫著清香，清新怡人。

★ 鐵道文化：九號隧道及花樑鋼橋，保留了舊日風情，以單車遊歷其間，充滿特殊景觀與懷舊味。花樑鋼橋上，眺望大甲溪風情。

路線指引：

▲豐原火車站前，沿台13線（豐中路、三豐路）往后里方向騎行，過后豐大橋後遇馬場路右轉，沿馬場路抵達后里馬場。

▲后豐自行車道入口位於后里馬場左前方，進入後沿自行車道騎行至山線鐵路橋下方，過鐵路橋下後左轉，開始略有下坡。

▲下坡時注意車速，於低點左轉再次穿越鐵路橋下，緩上坡達九號隧道口。

▲進入隧道後為緩下坡，請小心騎車，勿過快。

▲騎出九號隧道，馬上連接花樑鋼橋。

▲越過花樑鋼橋後，遇見東豐自行車道交叉點，續行300公尺為后豐自行車道的豐原起點。

▲回程請特別注意，右線為東豐自行車道，因路況關係易走岔往東勢。

▲取左線往回走，經花樑鋼橋及九號隧道回到后里馬場，左轉馬場路遇三豐路（台13線）再左轉往豐原市區，過后豐大橋接上豐中路，抵達豐原車站。

騎乘重點及行程資訊

▲路況：全程大致平坦且路程短，有幾百公尺上坡，但屬於輕鬆路線。

▲補給：后里馬場及豐原端有租車店家及一般商家，均可補給。但非假日期間，開店情況較少。

交通資訊

大眾運輸

▲台北轉運站搭乘豐原客運，台北豐原班車，於豐原站下車。

▲台北轉運站搭乘統聯客運，於豐原站下車。

▲搭乘台鐵於豐原火車站下車。

▲自行車怎麼接駁：

●沿站前台13線，往后里騎行，過后豐大橋1.5公里，右轉馬場路可抵達后里馬場。

開車

▲開車請行駛國道4號，下后豐交流道左轉三豐路，過后豐大橋1.5公里後，右轉馬場路可抵達后里馬場。

自行車道

▲騎行東豐自行車道於國道4號下方，與后豐自行車道交叉，可相互連結。

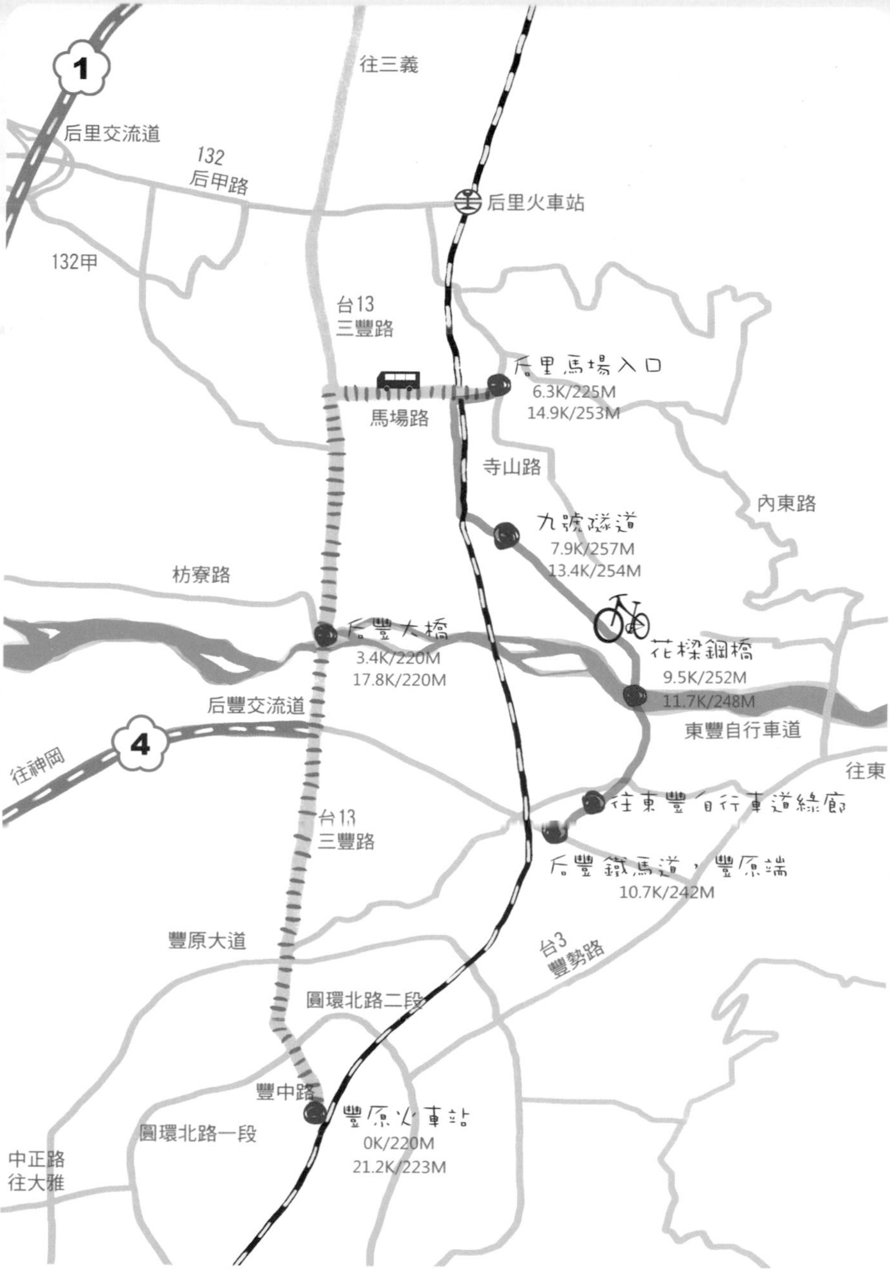

1
往三義
后里交流道
132
后甲路
后里火車站
132甲
台13
三豐路
后里馬場入口
6.3K/225M
14.9K/253M
馬場路
寺山路
內東路
九號隧道
7.9K/257M
13.4K/254M
杬寮路
后豐大橋
3.4K/220M
17.8K/220M
花樑鋼橋
9.5K/252M
11.7K/248M
東豐自行車道
后豐交流道
4
往神岡
往東
往東豐自行車道綠廊
台13
三豐路
后豐鐵馬道，豐原端
10.7K/242M
豐原大道
台3
豐勢路
圓環北路二段
豐中路
豐原火車站
0K/220M
21.2K/223M
圓環北路一段
中正路
往大雅

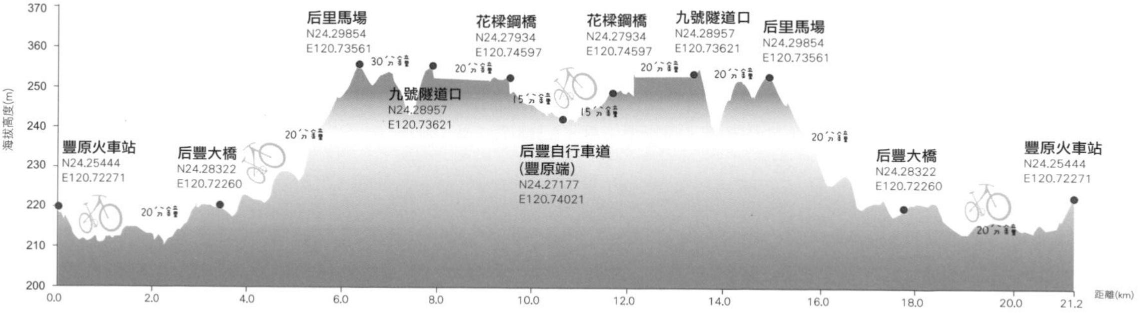

海拔高度(m)
370
360
250
240
230
220
210
200
后里馬場
N24.29854
E120.73561
30分鐘
20分鐘
花樑鋼橋
N24.27934
E120.74597
花樑鋼橋
N24.27934
E120.74597
九號隧道口
N24.28957
E120.73621
后里馬場
N24.29854
E120.73561
九號隧道口
N24.28957
E120.73621
15分鐘
15分鐘
20分鐘
20分鐘
20分鐘
20分鐘
豐原火車站
N24.25444
E120.72271
后豐大橋
N24.28322
E120.72260
后豐自行車道
(豐原端)
N24.27177
E120.74021
后豐大橋
N24.28322
E120.72260
豐原火車站
N24.25444
E120.72271
20分鐘
20分鐘
0.0
2.0
4.0
6.0
8.0
10.0
12.0
14.0
16.0
18.0
20.0
21.2
距離(km)

◀黃蓮木搭成隧道，漫著清香。

▲接枝兩星期後梨花漸開。

冬季 台中市豐原、石岡、東勢 梨花、鐵道、野花、綠隧道

30 東豐自行車道

穿越支線鐵路田園風

一次又一次遮天的綠色隧道，淡淡的樹香跟著腳步移動，東豐自行車綠廊從豐原到東勢，在一片綠色為主的鐵路田園風光中前進。

東勢鐵路改建而成

一九五八年，東勢支線鐵路為搬運大雪山製材廠的木頭而興建，因為大雪山森林砍伐殆盡，一九九一年停駛廢線。人類對大自然的需索，怎是這短短的三十三年就會結束！

二〇〇〇年十一月十五日，東勢鐵路變身為自行車道，路程大約十二公里，由豐原到東勢，經過朴子口、石岡、梅子各站，沿著鋪設完善的車道騎單車，綠蔭搭起清爽氣息。剛走到朴子口，黃蓮木滲著微微香氣，瀰漫在沒有火車經過的月台周圍，停下腳步，神清氣爽的味道充滿空氣中。

走過自行車道，看見沿途保留著以往鐵路的遺跡，青草在鐵軌間探頭，訴說時光荏苒。

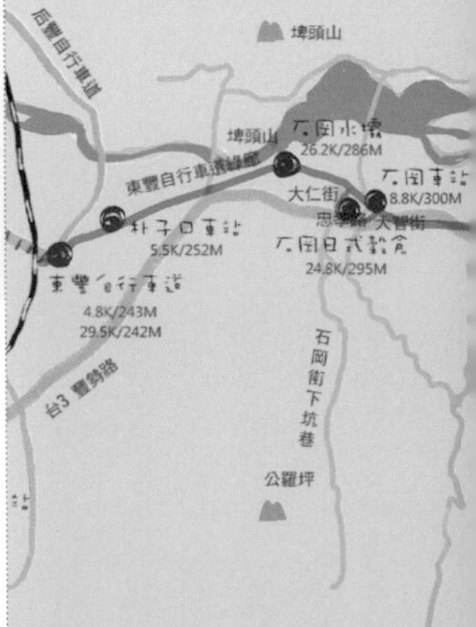

路線難度：★★☆☆☆進階

行程：豐原火車站→東豐自行車道，豐原端→朴子口車站→石岡車站（○蛋月台）→梅子車站→東豐鐵橋→6號涵洞→東勢客家文化園區（終點）→原路回程→梅子社區懷舊公園→石岡日式穀倉→石岡水壩→東豐自行車道，豐原端→豐原火車站

總里程：34.3公里

騎乘時間：2小時30分；平均時速：14.8KM/H

旅行時間：5小時30分

化妝室
源豐宸
E087

▲自行車道沿線，鐵道遺跡見證往日。

冬至賞高接梨花

那年夏天，只能揮汗如雨的季節。農家阿伯在車道邊賣水梨，當地的高接梨，汁多甜份高，嚐過以後，連買兩盒，讓味道在舌間多停留些時間；阿伯的梨園在自行車道十公里附近的小路旁。從此以後，每次騎車經過石岡，會特別注意滿園的高接梨花況。事隔兩三年的十二月隆冬，再度經過同一個地方，又遇見阿伯，改賣椪柑，三斤一百元，水份多體積大，六、七顆就可以湊成三斤。這次多聊了幾句，阿伯除了梨園，還有橘子園、桃子園，三月桃花盛開時，是阿伯最引以為傲的田間風光。

阿伯說：「石岡的梨樹大約在冬至前後接枝，嫁接兩個星期就會開花，梨子大約隔年五月陸續成熟。不過因為農作時間不盡相同，農家在時間控制上略有差異。」

◀◀雙花蟛蜞菊，自行車道邊綻放。
◀黑眼鄧伯花，綠叢中的鮮黃。

單車來到石岡境內，沿途大多是高接梨園，雖然未到冬至，早一步搶先嫁接的梨花成群綻放。白色的小花，一簇簇掛在方便採收、剛好一個人高度的梨樹上。為控制數量品質，不若自然生長的梨花密度高，一根樹枝上三五成群開著潔白清麗的小花。低頭思語、仰天長嘯，不怎麼茂盛的梨樹上，梨花姿態清楚呈現。人生若像高接梨花，沒有太多旁枝雜葉，心無旁騖的生活，自然能清明又香甜可口。

▲高接梨園是東豐自行車道沿線的最大特色。

▲地震在石岡車站旁展現大自然的力量。

走過支線鐵路的過往歲月

東豐自行車道與后豐自行車道相連，由豐原端往東勢騎車，略為上坡，沿著舊有火車路線踩踏。

石岡水壩位於自行車道三公里處，穿越攤販來到大甲溪邊，便可以眺望水壩佇立在大甲溪上。四公里左右為舊有石岡車站，目前以「〇蛋月台」著名，舊名

◀零擔月台（○蛋月台），懷想當年生活勤苦。

「零擔月台」，形容當地農家的辛勤日子，繁華過後，總是會因歲月而改變。稍微繞出自行車道，石岡鎮上有座木造日式穀倉，已經是爺爺的等級，經歷九二一大地震，它依然完好健在。梅子社區大約在七公里處，梅子車站外的寧靜聚落，陳列的柴油機車頭讓人懷念。

越過東豐鐵橋、六號涵洞，直達終點東勢車站遺跡，也就是東勢客家文化園區。停下腳步歇息，雖然找不到舊日光彩，但我們走過了支線鐵路的過往歲月。

▲石岡水壩離自行車道不遠，容易親近。

▲騎進石岡市街，拜訪日式穀倉的往日時光。

▲東豐鐵橋（梅子鐵橋），連結石岡、東勢兩地。

必騎．必玩．必賞

★ 冬天賞梨花：冬至前後為當地高接梨嫁接期間，白色梨花陸續開花，沿自行車道可欣賞冬日梨花，梨園由豐原一路延伸到東勢。

★ 綠廊樹木及野花：黃蓮木綠色隧道、台灣欒樹隧道、黑眼鄧伯花、雙花蟛蜞菊……

★ 鐵道文化：東勢支線鐵路遺跡、石岡車站921斷層及地震景觀紀念區。

★ 重要景點：石岡水壩、日式穀倉、〇蛋月台、東豐鐵橋、梅子社區懷舊公園、東勢客家文化園區。沿途景點甚多，請依指標進入。

路線指引：

▲由豐原火車站前，沿台13線（豐中路、三豐路），至國道4號高速公路下方（國豐路）右轉，約二公里後依指標左轉抵達東豐自行車道入口。

▲東豐自行車道豐原端出發，左線為后豐自行車道，取右線往東勢騎行。

▲往東勢為緩上坡，途中有些小下坡。途經朴子口月台、石岡車站（〇蛋月台）、梅子車站、東豐鐵橋，一路只要沿著自行車道騎行，便可抵達東勢客家文化園區。

▲至東勢後可往市街漫遊。回程為下坡，請小心，由客家文化園區後方，沿原路騎行。

▲遇梅子車站後左轉往梅子社區，依指標進入梅子社區懷舊公園。

▲由梅子社區回車道，續往回程，在石岡車站月台旁小路左轉豐勢路緊接著右轉大智街再右轉忠孝街，日式穀倉出現眼前。

▲續行自行車道回程，遇石岡水壩指標，右轉騎出自行車道達石岡水壩旁。

▲石岡水壩到豐原起點約3.3公里，由起點外右轉國豐路再左轉進入豐原市區接上三豐路及豐中路，抵達豐原火車站前。

交通資訊

大眾運輸

▲台北轉運站搭乘豐原客運，台北豐原班車，於豐原站下車。

▲台北轉運站搭乘統聯客運，往東勢班車，於豐原站或東勢站下車。

▲搭乘台鐵於豐原火車站下車。

▲自行車怎麼接駁：

●沿站前台13線，往后里騎行，國道4號下方右轉2公里後抵達東豐起點。

開車

▲開車請行駛國道4號，下后豐交流道，續行國豐路2公里後左轉可抵達。

自行車

▲騎行后豐自行車道，於豐原交岔點，可連結東豐自行車道。

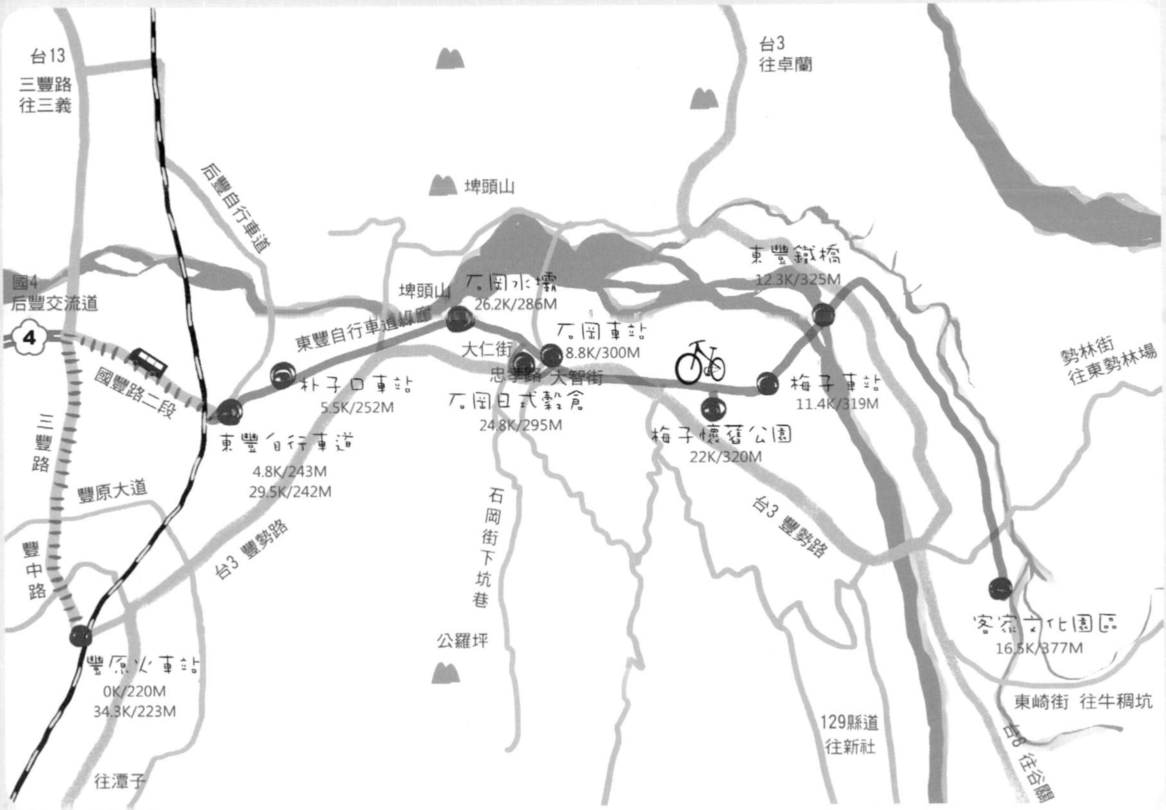

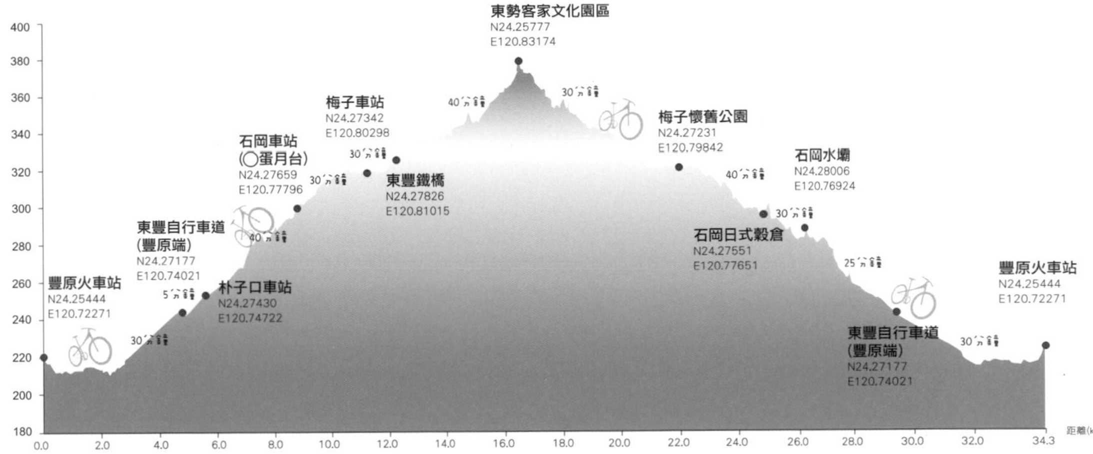

騎乘重點及行程資訊

▲路況：由豐原往東勢為緩上坡，12公里上升120M，比平路略有阻力，有些上下起伏。回程由東勢往豐原，大多為下坡情況，須注意安全，車速勿過快而發生危險。

▲補給：東勢及豐原端有租車店家及一般商家，沿途可見不少商店及攤販，均可補給。但非假日期間，開店情況較少。

單車一日小旅行【四季遊篇】

31【新竹縣竹東、寶山】寶山水庫 慢騎沙湖壢之美

32【高雄市岡山、橋頭、燕巢】阿公店水庫自行車道 環湖騎車看夕陽

33【高雄市】愛河自行車道 通往海洋的城市騎跡

34【新北市】二重環狀自行車道 騎遇河岸幸福晨昏

35【新北市】大漢溪左岸自行車道 探訪鹿角溪濕地

◀碧湖吊橋石砌橋柱，復古感十足，彷彿走進時光隧道。

▲春天在寶二水庫環湖公路上遇見櫻紅。

31 寶山水庫
慢騎沙湖壢之美

竹東下車，沿著山路往上騎，來到一片寂靜水域。一處少有人知的單車祕境，湖岸騎車，山與水短暫相逢，有若一場美麗的邂逅。

優美的自行車路線

山湖村舊名字叫沙湖壢，新竹寶山鄉客家村落，以務農為主。寶山水庫興建於此，距離新竹市區不遠，附近大多是水庫淹沒區遷居的在地農家。沒有觀光景點響亮名號，靜靜的坐臥山林之中，以水源管制區外衣保護，維持著原始自然的山林韻致。

寶山水庫一九八三到一九八五年間興建，有點年紀了，走在它綠色為主的山水景色中，總是被它小而美的靜謐氛圍所深深吸引，很想在水畔待上一整天，無所事事望著湖景發呆，放空心緒。不遠處還有個寶二水庫，二〇〇六年六月完工，面積較大，景色也開闊許多。兩座水庫聯合運作，為新竹地區供水而努力。而上下起伏的山間道路伴水而行，無意間成了優美的自行車路線。

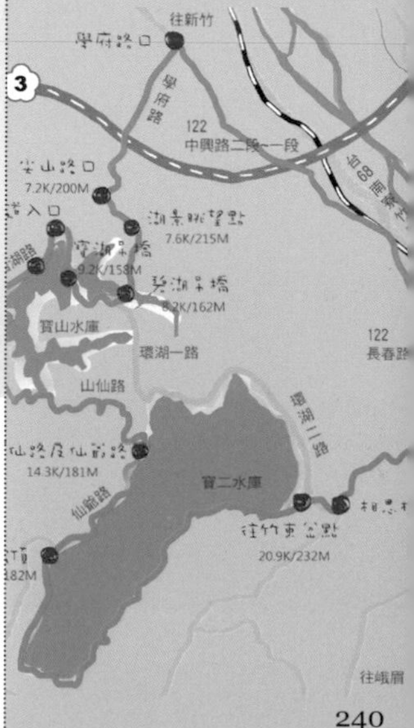

路線難度：★★★☆☆輕度挑戰

行程：竹東火車站→北興路二段、興農街→長春路三段（122線道，往新竹）→中興路一段～三段→學府路（上山）→尖山路→寶山水庫（水域）→碧湖吊橋→環湖步道→寶湖吊橋→山湖路步道出口→山湖路→寶山國小山湖分校→新湖路一段→山仙路→寶二水庫→仙爺路→寶二水庫大壩→環湖公路→環湖二路→相思樹綠隧道→竹東→竹東火車站

總里程：24.2公里

騎乘時間：1小時52分；平均時速：13.7KM/H

旅行時間：4小時

▶如鏡的湖水上，寶湖吊橋跨越寂靜。

寶山水庫寂靜與愜意的沙湖壢

寶山水庫的集水區域岸邊呈不規則狀，由山湖村尖山路的產業道路進入，山居農家散居其間。在抵達水域前，冬熟柑橘園占據山坡，豐收的喜悅在山裡微笑。有些秋柿，把果園染得處處橙紅，秋熟的顏色樹上成長。剛進入尖山路，山勢較高，眺望水庫水域往山林裡伸展，左掩右遮的水色，有種迷離的美意。

單車越過吊橋，體驗特別的騎車經歷。尖山路通往水邊接上碧湖吊橋，石砌外觀橋柱牽引著黑色鋼索，搭起湖岸的青山綠水。木板橋面稍有晃動，橋上望向湖心，蓊鬱森林輕映靜謐水面，美麗極了。走過吊橋，沿著湖畔步道踩踏，暢行水岸，收攬一路掠過的山湖綠意。

蜿蜒的湖岸讓行程充滿驚喜，徜徉水邊美景的時候，寶湖吊橋出現眼前。窄窄小小的橋面，只能容下一輛單車錯身而過，老樹、吊橋，格外具風雅詩意。「我打湖心過，輕輕的綠意灑滿身邊，漣漪水中躍動，那橋面徐徐的搖晃，是不是山風寂寞的呼喚。」走在只有靜與美的寶山水庫，心裡真的好平靜、好愜意。

◀◀寶山水庫附近的柿子熟了，為秋日添色彩。
◀柑橘產地山湖村，常見滿山橘樹風情。

寶二水庫騎遊環湖開闊風情

景色開闊、簡單清明是寶二水庫與寶山水庫的不同點，騎著單車走過少有人車的山間道路，沒多久寶二水庫就在眼前。繞行環湖公路，可以欣賞到遼遠而開闊、嶙峋而深沉的湖面風光。大壩上的視野少有遮攔，放眼望去碧水藍天被山林包圍，美麗十分。環湖公路大多行走於圍繞水域的稜線上，以單車繞行，隨時停車，往樹林間隙看出去，遠山近水相互交替著千變萬化的水庫景色。

廣大的水域上常見水鳥集體遷栘，貼著水面飛行，更為湖心添上幾許生命的感動。冬天芒花迎風，秋日山芙蓉綻放。春天到來，山櫻花的紅豔高掛枝頭。入了夏，油桐花灑下片片雪白。環湖公路之行，充滿季節豐富的生態。

駐足，往落日的方向眺望，大壩在遠方佇立。狹長的寶二水域東北端，距離竹東市區三公里左右。穿越相思樹林隧道，一路下滑，才恍然明白，原來這美麗的單車祕境，真的離我們不遠。

▲下滑到水域，碧湖吊橋跨越山水綠意。

▲用單車騎行吊橋上，掠過湖面，收攬滿心碧波。

必騎・必玩・必賞

★ 四季花況：春夏油桐花、櫻花，秋冬芒草及山芙蓉開花景色。附近為柑橘產地，入冬後可見豐收景象及農民採收風情。

★ 寶山水庫：寂靜氛圍的山林及水域，碧湖吊橋及寶湖吊橋跨水而過，湖心眺望水庫美景。

★ 寶二水庫：環湖公路沿水域欣賞開闊的山水風光及大壩風情。

路線指引

▲竹東火車站前，走北興路二段再左轉興農街，遇長春路三段右轉往新竹方向即122線道，至學府路口左轉上山。

▲不到兩公里，遇山湖社區前尖山路口左轉進入，直接下滑至碧湖吊橋。

▲過碧湖吊橋後右轉環湖步道，見寶湖吊橋，過橋沿山路可至山湖路出口。

▲左轉山湖路經過山湖分校前，接上新湖路一段，遇岔路取左線山仙路，即可到達寶二水庫。

▲由寶二水庫前右轉仙爺路往壩頂，經寶二水庫管理處前左轉連接環湖公路，當遇見往竹東的路標，取右線，即為往竹東公園路下山。

▲公園路下滑進入市區後，右轉康寧街接上學前路直行，遇仁愛路左轉再右轉長安路，左轉杞林路抵達市區圓環。最後沿東林路，抵達竹東火車站。

▲秋天山芙蓉盛開在環湖公路上。

交通資訊

大眾運輸

▲台北轉運站或板橋客運站，搭乘台北竹東國光號，於竹東總站下車。沿東寧路往市區騎行，經中正路、東林路，抵達竹東火車站。

▲搭乘台鐵於新竹車站轉搭內灣支線鐵路，竹東車站下車。

開車

▲北二高下竹林交流道，沿富林路轉竹林大橋進入竹東市區，經北興路到達竹東火車站。

▲北二高下寶山交流道，沿大雅路二段、大坪路、寶山路二段、一段，抵達寶二水庫。

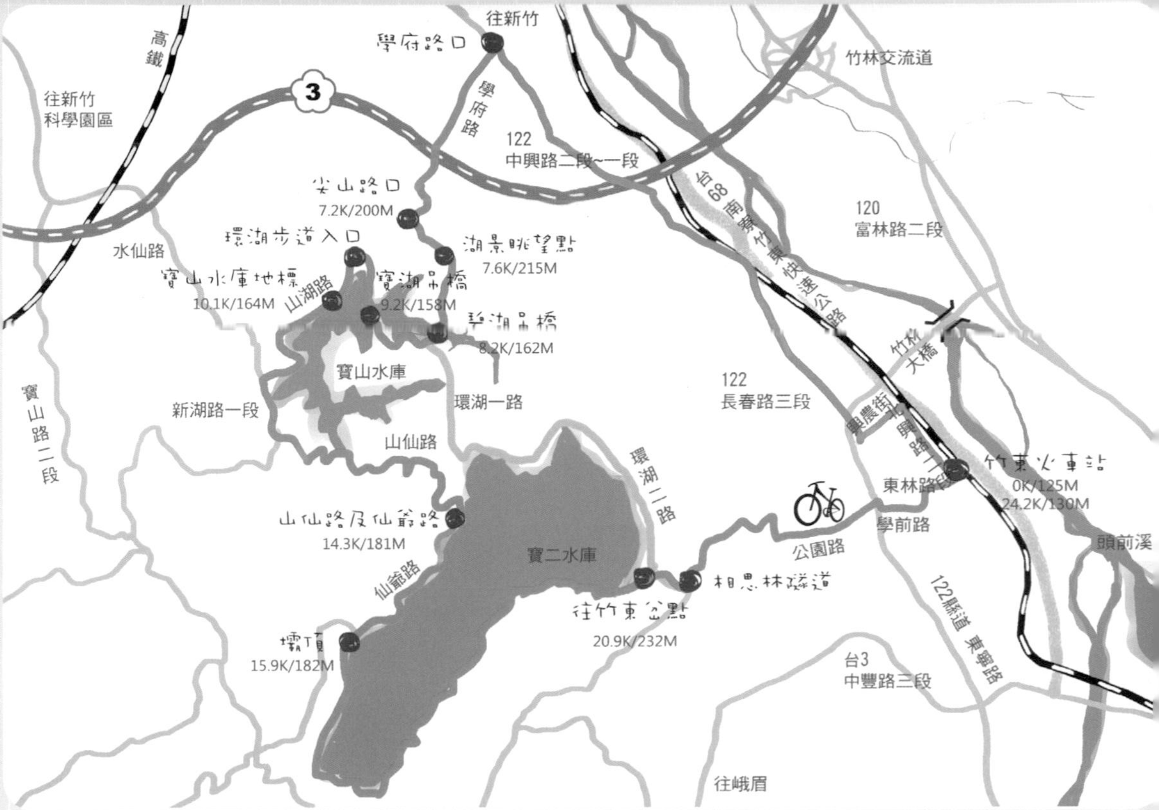

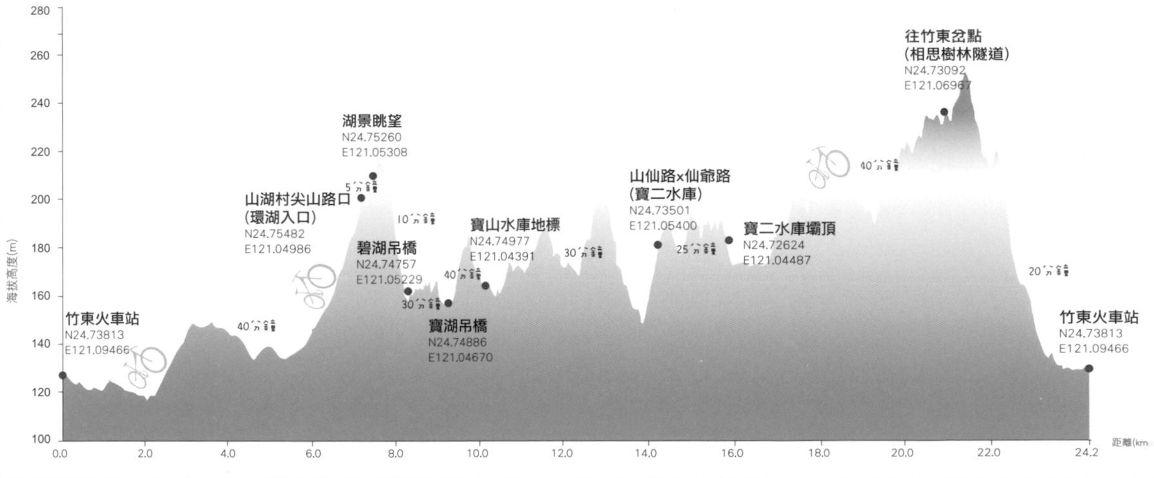

騎乘重點及行程資訊

▲路況：以山路為主，學府路上坡，1.7公里上升62M，4%緩坡。進入水庫及山區後，道路上下起伏，須注意體力調配。寶山水庫環湖步道，路況略為濕滑，宜放慢速度小心騎行。

▲補給：竹東市區為主要補給區，進入學府路後除寶山水庫旁有幾間餐廳，山間道路沒有補給點。

◀落日是自行車道上的重頭戲。

▲自行車道入口位於水資源局大門旁。

32 阿公店水庫自行車道

環湖騎車看夕陽

全國第一條環湖自行車道

二〇一〇年一月十七日全國第一條環湖自行車道，在阿公店湖畔正式啟用。克服多年來水質與淤積的問題，現在的阿公店水庫的景色顯得格外生動。水庫位於高雄燕巢與田寮、岡山交接處。經過田寮二仁溪及大崗山風景區來到阿公店，山路下望，水域幾乎是沉浸在一望無際的竹林中，特殊的地區性生態景觀，也成為單車路程中最佳的賞玩重點。

七公里步道連貫環湖十景

自行車道環繞水庫主要區域，由不同角度欣賞水域清風明月、夕陽樹影。相關單位特地精心規劃環湖十景：崗山倒影、長堤夕照、龍口吞泉、水漾釣月、煙波虹橋、竹林泮騎、樹影果香、晨鐘暮鼓、日昇蓬萊、荷塘曉風。全程大約七公里左右，是一條有山有水，小而美的單車路線。

只要沿著自行車道一路騎行，這些景點都會一一呈現眼前，或許美景過於頻繁，無意間經過，卻忘了比對景點名字。爬坡、轉彎、凝眸，突然出現在視野間

路線難度：★★☆☆☆進階
行程：橋頭火車站→糖北路→橋燕路→通燕路→滾水路→安新路→中安路→燕巢市區→中興路→中興北路→工程路→阿公店水庫→水資源局自行車道入口→阿公店水庫環湖自行車道→日昇蓬萊吊橋→竹林步道→煙波橋→壩頂→水資源局→菜寮路→中竹路→瓊林路→岡燕路→岡山火車站
總里程：23.3公里
騎乘時間：1小時25分；**平均時速**：18.4KM/H
旅行時間：2小時30分

▲廣闊水域有一輪紅橙相伴。

的水庫風情，常帶著忘懷世事的成分。

夕陽暮色與山水的對話

路況略為起伏，環湖自行車道行進在小山丘的樹林裡。其中最美麗也最吸引人的大自然景色，要屬漣漪輕濯、水波微動的黃昏夕陽。自行車道東邊大多是茂密的森林，竹林裡的步道蜿蜒而行，林隙間望見水面灑著亮麗金黃，綠葉婆娑起舞閃動著光影，輕風一吹，酣暢舒爽的溫度，足以卸下一身疲憊。

北邊及南邊各有一座吊橋，煙波橋佇立水之北，伸長美麗弧度的鋼索，牽引著一彎風景，湖水和山林景致因而被拉得好長好長。日昇蓬萊吊橋位於南方，從水資源局旁的大門口進入自行車步道，紅色橋柱矗立青山綠水中。跨過有點搖晃的橋面，是看夕陽的絕佳景點。一輪紅橙，往廣闊的湖水沉落，染得處處色彩濃郁。冷涼的冬季裡，也感覺心裡充滿溫暖。

▲阿公店水庫設有全台第一條環湖自行車道。

以火車接駁，順遊橋頭糖廠

阿公店水庫附近缺少大眾運輸工具，由橋頭車站或是岡山車站為出發點，除

煙波橋的日暮別有風情。

◀◀橋頭糖廠已轉型為觀光糖廠，廠內可見舊時五分車。
◀單車順遊橋頭糖廠，行程更豐富。

了可以利用鐵路運載單車，距離也不會太遠。可順遊橋頭糖廠，參觀台灣糖業的過往風華與歷史遺跡。

橋頭糖廠又名橋仔頭糖廠，舊稱橋仔頭製糖所，原隸屬於台灣製糖株式會社。第一工廠成立於一九○二年，為台灣第一座現代化機械式製糖工廠。第二工場成立於一九○八年，每日搾壓甘蔗一千公噸。二○○二年九月經高雄縣政府公告為縣定古蹟，糖廠內日式木屋、防空洞、紅磚水塔等舊建築保存良好。糖廠也轉型成為休閒觀光產業，目前廠區已整建為台灣糖業博物館。假日行駛觀光五分車，為糖廠添加一份懷舊況味。

逛完糖廠，沿著鄉道前往燕巢，來一趟公路單車旅行，讓鄉間的種種跟著踩踏腳步往後移動，輕撫南台灣的溫柔與粗獷。

▲剪影在湖畔訴說黃昏的美麗。

必騎・必玩・必賞

★ 自行車道：阿公店水庫環湖十景，美麗動人的山光水色。

★ 黃昏暮色：以水庫東南側，日昇蓬萊吊橋到東側山林地區的自行車道，為最佳賞日落地點。

★ 吊橋風情：阿公店水庫水域的兩座吊橋，日昇蓬萊吊橋及煙波橋，跨越水域，搭起水庫山水美意。

路線指引

▲橋頭火車站前左側，沿鐵路邊走糖北路，遇平交道時左轉過平交道。接上橋燕路往燕巢，經過通燕路、滾水路、安新路、中安路再左轉中興路及中與北路，依指標轉入工程路，抵達阿公店水庫。

▲由阿公店水庫前水資源局旁的入口，進入自行車環湖步道，越過日昇蓬萊吊橋後，即騎行在環湖路線中。

▲沿著自行車步道環湖，可循指標到達水庫十景，進入樹林上坡再下坡，見煙波橋佇立湖心，過橋後二公里左右，左轉水庫壩頂。

▲於壩頂騎行至末端，為入水資源局入口。此時右轉外側道路，經壩底的菜寮路，左轉中竹路、瓊林路，遇招安路右轉接岡燕路進入岡山市區，過地下道後右轉可抵達岡山車站。

騎乘重點及行程資訊

▲路況：阿公店水庫環湖自行車道，全長約7公里，有2公里左右是略為起伏的山路。路程中常有在地居民及遊客以步行方式環湖，須注意行人安全。

▲補給：壩頂附近有攤販，最好在燕巢、岡山或橋頭市區補給。

交通資訊

大衆運輸

▲搭乘台鐵PP自強號列車，單車置放於12車，於岡山站下車。一般電聯車，可於橋頭站下車。

開車

▲國道1號下岡山交流道，行駛安招路及岡燕路往岡山方向，過地下道後右轉，抵達岡山火車站；過地下道後左轉台1線，經中山南路、岡山南路、成功北路，抵達橋頭火車站及橋頭糖廠。

▲國道10號，下燕巢交流道，左轉鳳東路再右轉角宿路（186線道），經中興路及中興北路後左轉工程路，抵達阿公店水庫。

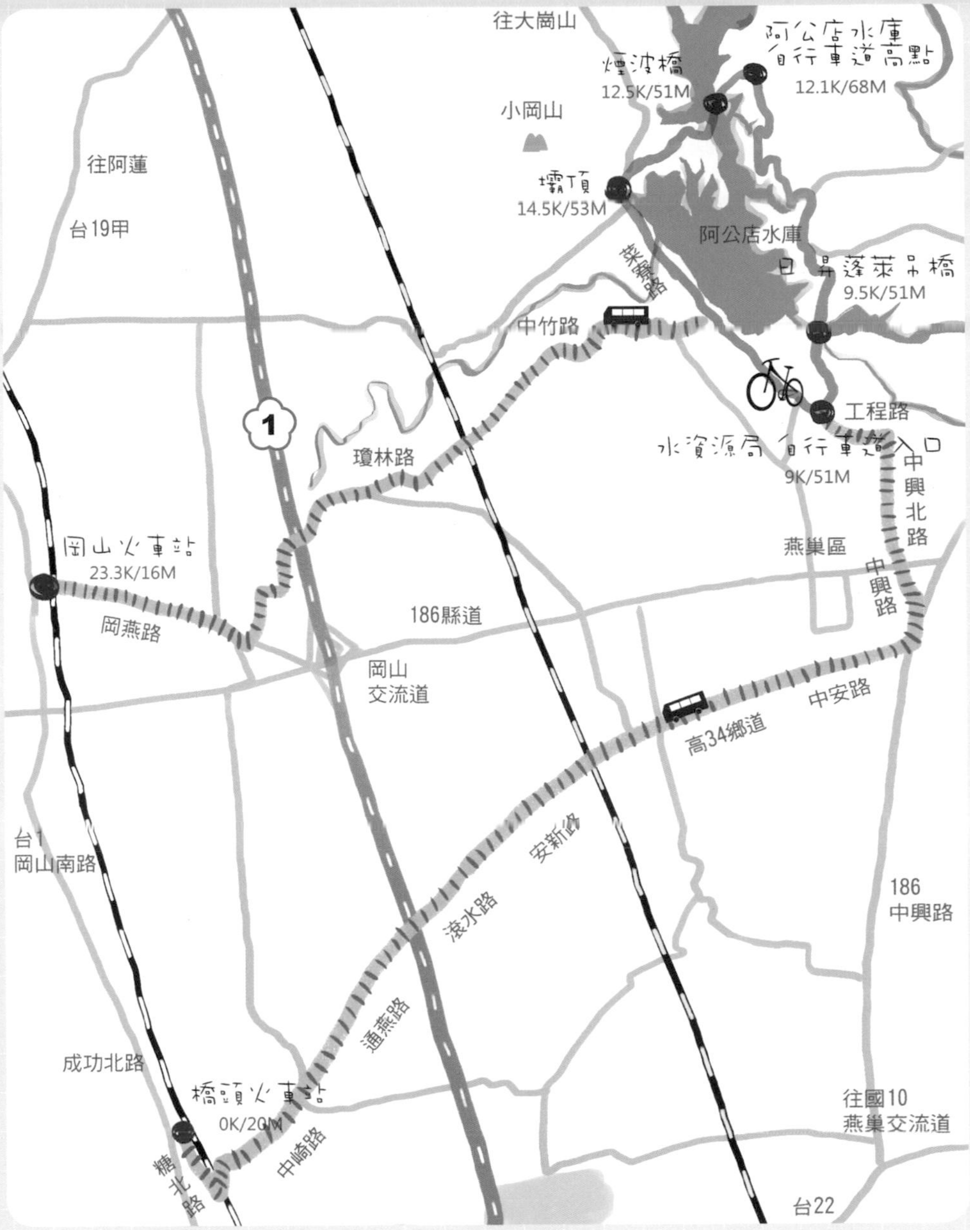
往大崗山
阿公店水庫
自行車道高點
12.1K/68M
煙波橋
12.5K/51M
小岡山
往阿蓮
壩頂
14.5K/53M
台19甲
阿公店水庫
日昇蓬萊吊橋
9.5K/51M
菜寮路
中竹路
工程路
1
水資源局自行車道入口
9K/51M
瓊林路
中興北路
岡山火車站
23.3K/16M
燕巢區
中興路
186縣道
岡燕路
岡山
交流道
中安路
高34鄉道
台1
岡山南路
安新路
186
中興路
滾水路
通燕路
成功北路
橋頭火車站
0K/20M
往國10
燕巢交流道
中崎路
糖北路
台22

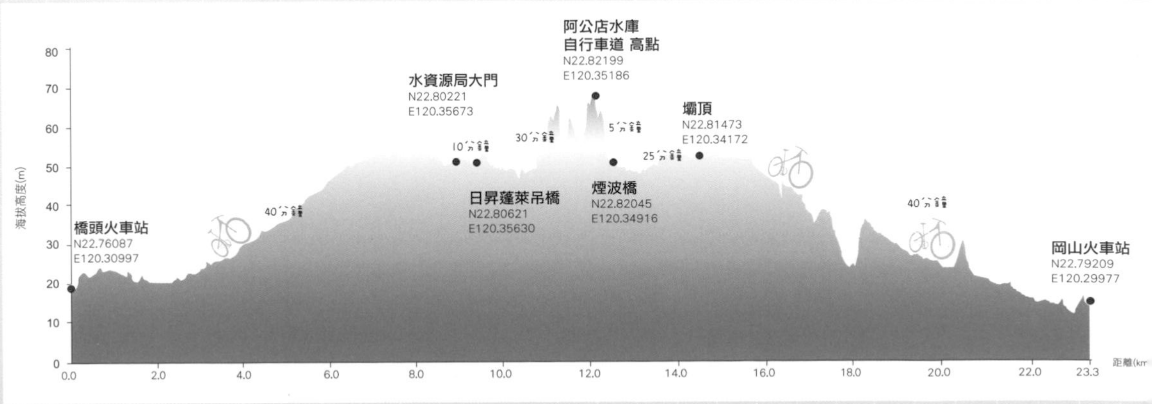
海拔高度(m)
80
70
60
50
40
30
20
10
0
阿公店水庫
自行車道 高點
N22.82199
E120.35186
水資源局大門
N22.80221
E120.35673
壩頂
N22.81473
E120.34172
10分鐘
30分鐘
5分鐘
25分鐘
40分鐘
日昇蓬萊吊橋
N22.80621
E120.35630
煙波橋
N22.82045
E120.34916
40分鐘
橋頭火車站
N22.76087
E120.30997
岡山火車站
N22.79209
E120.29977
0.0
2.0
4.0
6.0
8.0
10.0
12.0
14.0
16.0
18.0
20.0
22.0
23.3
距離(km)

高雄著名的風景，蓮潭夕照。

▲鼓山渡輪，人與單車可同時搭船渡海。

33 愛河自行車道

通往海洋的城市騎跡

陽光燦爛、風和日麗，高雄街頭總是充滿溫暖敦厚的城市意象，每次到高雄騎單車，伸出雙手，彷彿就能接住整個開闊好心情。許多城市裡隱約可見的景點，只消輕輕掠過、靜靜的遙望著，因為在愛河的婀娜線條上單車踩踏，就是一趟美好的小旅行。

愛河源於高雄仁武八卦寮，用微微擺動的曲線，從北往南在市區訴說著屬於她的故事。經過了豐富的歷史變遷，打狗川、高雄川……都是她的名字，但南台灣溫暖陽光下的在地人，還是喜歡用充滿暖意和甜味的名子來稱呼它。自一九四八年一場颱風吹壞「愛河遊船所」招牌以後，「愛河」這名字一叫就是六十幾年。

愛河之心出發，串連河畔景點

捷運通車後，博愛路上的捷運站下車，往市中心騎行，短短的幾分鐘，便到達愛河之心的曲線橋前。然後沿著河畔自行車道，往海邊前進，享受不疾不徐的南國驕陽。或者體驗單車方便又超強的機動性，由美麗的蓮池潭出發，串連旗津大海與內陸湖泊的水岸風情，湖、海、河，關於水的移動故事，也只有單車小旅

路線難度：★★☆☆☆進階

行程：新左營火車站→蓮池潭風景區→崇德路→原生植物園→博愛二路、博愛一路→愛河之心→愛河自行車道→光之塔→中都橋→陽光愛河藝文水岸→電影圖書館→真愛碼頭→西臨港自行車道→駁二藝術特區→鼓山濱海市街→鼓山渡輪站→搭渡輪→旗津渡輪站→旗後燈塔→登山小徑→旗後砲台→星空隧道→濱海步道→星空隧道→旗津渡輪站→搭渡輪→鼓山渡輪站→鼓山濱海市街→建國四路→建國橋→建國三路→高雄火車站

總里程：25.6公里

騎乘時間：2小時；平均時速：12.6KM/H

旅行時間：4小時

▶真愛碼頭充滿海洋城市風。

行，才可以寫得生動又感人。

博愛路上的人行道，行人與單車共用，穿越城市人群煩雜的腳步，是為了等待一場舒暢的單車旅行。博愛路與愛河交會在愛河之心的白色橋下，夜色漸濃燈火亮起，單車的速度揚起陣陣柔美晚風，夜，因為城市的光影而活潑浪漫。由愛河之心出發，往下游騎行，光之塔廣場、高雄客家文物館、中都磚窯場、中都濕地公園、陽光愛河藝文水岸、電影圖書館，一直到真愛碼頭。一台單車、兩個輪子和整顆浪跡高雄的心，跟著河水遊歷，連成愛河旅遊線。

騎行城市與河流的美麗風情

悄悄的望向不遠處的城市風景，城市與愛河互相依偎，而單車就走在二者之

◀◀台灣首座以勞工為主題的博物館，設立於駁二藝術特區。
◀西臨港鐵路改建為平坦的自行車道，在舊意中行進。

間。脫離愛河之心，經過中都磚窯場，越過中都橋，河岸景觀逐漸開闊。河畔天空湛藍，再添上幾朵白雲，一棟棟深映水面的大樓，盡是傍水而立的港都風情。如此貼近河流的城市，讓生活繽紛多彩。來到陽光愛河藝文水岸，音樂四處環繞、藝術與人文活動伴著南國陽光令人慵懶，只要跟著河邊小路踩踏，迎著微風前進，想放空心緒，真的很簡單。

愛河自行車道大約通到真愛碼頭結束，海港外微波盪漾，漫步港灣有一種說不出的美。輪船港區往返的舊日子，我們來不及參與，今天只好騎著單車，走過西臨港鐵路鋪成的自行車道。由港區舊倉庫進化而成的駁二藝術特區，為老去的

▲沿著愛河騎單車，體驗舒暢的高雄風情。

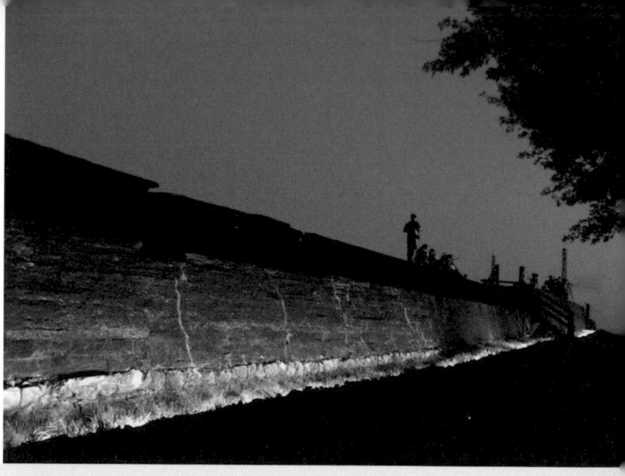

▶入夜後的旗後砲台，幾分美麗與滄桑。

日子注入新生命。

搭鼓山渡輪漫遊旗津夕陽

走著，經過濱海市街，來到西子灣前，搭上渡輪貼近大海。人和單車同時在海上遊移，旅行就不會因少了單車而失去完美。走出旗津渡船頭，往右邊的旗後山騎行，三級古蹟「旗後燈塔」和二級古蹟「旗後砲台」就在山巔上。

旗後山是附近的制高點，視野開闊、環顧高雄及海岸線。單車可以直接騎上山頭。由燈塔旁的登山小徑，推一小段路來到旗後砲台。砲台興建於一八七五年（光緒元年），一八七六年完工，緬懷歷史，總有說不盡的滄桑與悲涼。踩著腳下古老的磚牆，駐足砲台，覽盡遼闊大海、遠眺高雄城市風情。暮色西沉時，常是滿天霞光落入大海的懷抱。山上的風景充滿海洋的味道，只要在山頭輕輕轉身，台灣海峽、旗津、高雄市區，都清楚呈現眼前。

旗後山下還有一處海岸步道，穿越小巷弄，海濱小鎮況味像遠處街上的海鮮一樣甜美。想體驗遠離人群的街角文化，只要騎著單車隨意踩踏。拐過幾處小彎，經過星空隧道，大海的聲音突然在耳際響起。沿著木棧道往海邊走，西子灣就在海灣對面不遠處。往回走，夕陽西下的海岸步道特別清爽，沙灘上的馬鞍藤正迎接夕陽。在這裡騎單車，感覺輕鬆悠閒。

搭上渡輪，往市區移動的海平面上，再回頭，旗後山下的落日光彩漸漸暗淡了。再見！有機會來高雄，記得到旗後山看夕陽、聽海浪。

◀面向大海轉個身，眺望旗津風情。

▲旗後砲台上眺望廣闊大海晚霞，美麗極了。

▲穿越星空隧道後，便是旗後山下的沿海木棧道，適合漫步。

▲蓮池潭的黃昏暮色滿天揮灑。

必騎・必玩・必賞

★ 蓮池潭：4公里環潭自行車道，東岸落日風情，西岸廟宇人文。
★ 愛河自行車道：城市水岸風光、愛河燈光造景。
★ 旗津：旗津濱海風情、旗後山步道、旗後砲台賞大海夕陽晚霞，以及高雄城的日夜遠眺風景。
★ 古蹟與人文：三級古蹟旗後燈塔、雄鎮北門砲台，二級古蹟旗後砲台，鼓山渡輪。
★ 沿途景點：高雄市眷村文化館、左營舊城牆、中都磚窯場、中都濕地、高雄客家文化中心。

路線指引：

▲新左營火車站前，沿站前北路騎行，遇環山路左轉，至下一路口取右線明潭路，過翠華路以後左轉環潭路，抵達蓮池潭牌樓

▲蓮池潭風景區牌樓前，騎行崇德路經原生植物園旁，至博愛二路右轉後遇愛河之心白色拱橋，右轉進入愛河上游自行車道。

▲沿左岸自行車道，經光之塔後過中都橋，取道愛河右岸往下遊前進。此時河道較寬，景色較為開闊，路經陽光愛河藝文水岸各景點，抵達真愛碼頭。

▲由真愛碼頭前自行車道，接上西臨港線自行車道及駁二藝術特區，於鼓山一路騎出自行車道，經臨海一路及鼓山濱海舊市街，來到鼓山渡輪站前。

▲機車入口處排隊搭乘渡輪過海，至對岸旗津渡輪站，出站後右轉，沿海邊的海岸路、通山路、旗下巷，可至旗後山登山步道口。左右二邊步道均可上山，右轉上山，高點大約位於旗後燈塔，山上有登山步道可連接旗後砲台。

▲由旗後砲台邊的小徑，接下山步道，回到登山口外旗下巷，再右轉廟前路1巷82弄，進入星空隧道。

▲過星空隧道後為海岸步道，路底可對望西子灣海岸。

▲沿原路過星空隧道，騎行回旗津渡輪站，搭渡輪回鼓山，經由鼓山一路離開鼓山市街，遇五福四路右轉再左轉建國四路，越過建國橋後接上建國三路，抵達高雄火車站前。

騎乘重點及行程資訊

▲路況：大部分為自行車道及市區道路。旗津的旗後山為短程山路，600M上升54M，斜率達9%，可用牽行方式上山。旗後山有部分為登山小徑，須推車或抬車一、二十公尺左右。

▲補給：愛河沿線只須騎出自行車道，即可找到補給店家。

交通資訊

大眾運輸

▲搭乘高鐵左營站（台鐵新左營站）下車，沿站前北路、環山路及明潭路，抵達蓮池潭北岸，於孔廟前左轉環潭路，抵達蓮池潭牌樓。

開車

▲行駛國道10號高速公路，由翠華路下交流道，至環潭路或新庄仔路右轉可達蓮池潭牌樓。

渡輪

人與單車可同時搭乘鼓山渡輪，須自備零錢或使用高雄捷運一卡通。

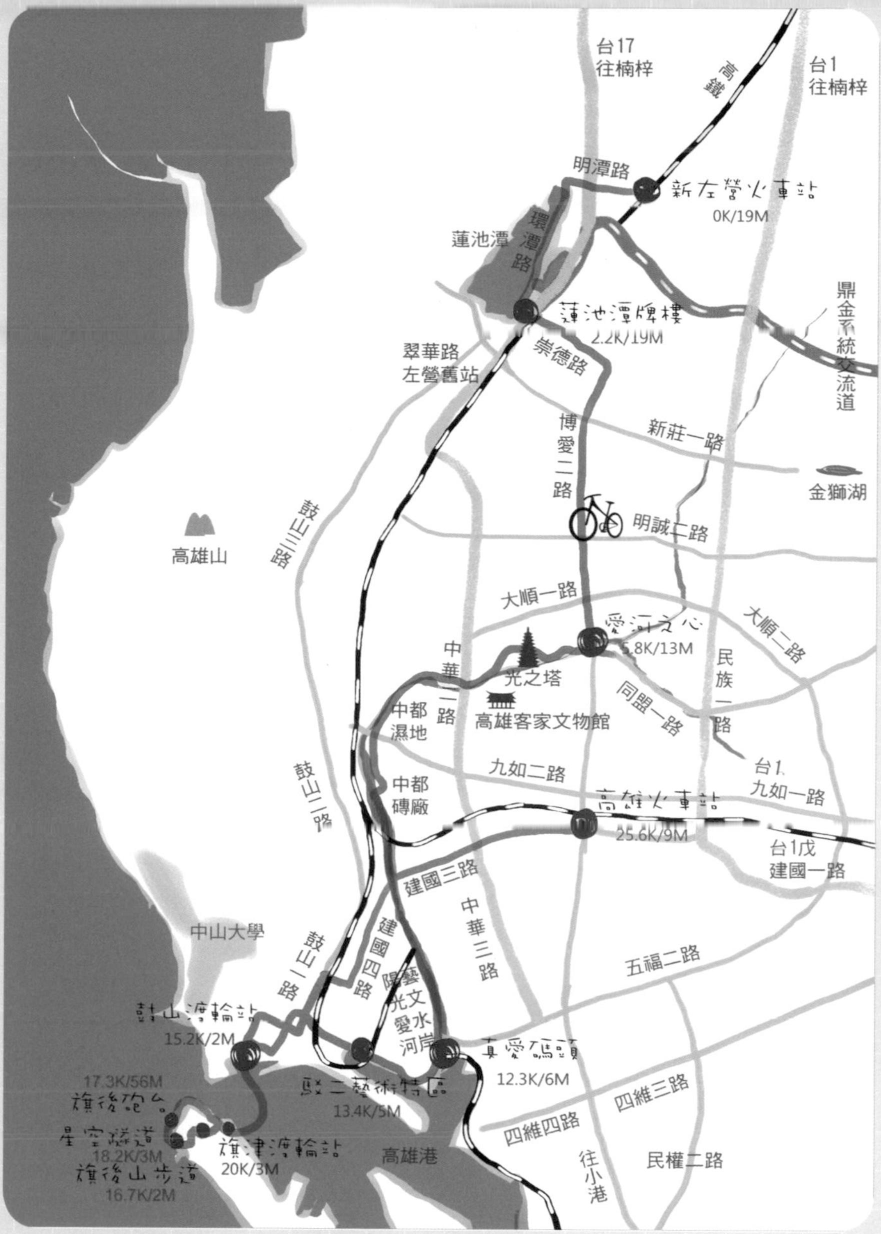
台17
往楠梓
台1
往楠梓
高鐵
明潭路
新左營火車站
0K/19M
蓮池潭
環潭路
鼎金系統交流道
蓮池潭牌樓
2.2K/19M
翠華路
左營舊站
崇德路
博愛二路
新莊一路
金獅湖
明誠二路
鼓山三路
高雄山
大順一路
大順二路
愛河之心
5.8K/13M
中華一路
光之塔
民族一路
同盟一路
中都濕地
高雄客家文物館
台1
九如一路
鼓山二路
九如二路
中都磚廠
高雄火車站
25.6K/9M
台1戊
建國一路
建國三路
中華三路
中山大學
鼓山一路
建國四路
五福二路
陽光愛河
藝文水岸
鼓山渡輪站
15.2K/2M
真愛碼頭
12.3K/6M
17.3K/56M
旗後砲台
駁二藝術特區
13.4K/5M
四維三路
星空隧道
18.2K/3M
旗津渡輪站
20K/3M
四維四路
高雄港
往小港
民權二路
旗後山步道
16.7K/2M

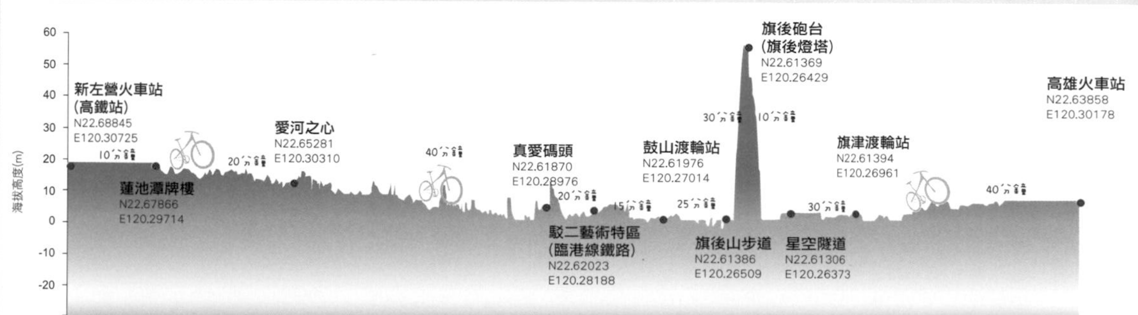
海拔高度(m)
60
50
40
30
20
10
0
-10
-20
0
新左營火車站
(高鐵站)
N22.68845
E120.30725
蓮池潭牌樓
N22.67866
E120.29714
愛河之心
N22.65281
E120.30310
真愛碼頭
N22.61870
E120.28976
駁二藝術特區
(臨港線鐵路)
N22.62023
E120.28188
鼓山渡輪站
N22.61976
E120.27014
旗後砲台
(旗後燈塔)
N22.61369
E120.26429
旗後山步道
N22.61386
E120.26509
星空隧道
N22.61306
E120.26373
旗津渡輪站
N22.61394
E120.26961
高雄火車站
N22.63858
E120.30178
10分鐘
20分鐘
40分鐘
20分鐘
15分鐘
25分鐘
30分鐘
10分鐘
30分鐘
40分鐘
0.0
2.0
4.0
6.0
8.0
10.0
12.0
14.0
16.0
18.0
20.0
25.6
距離(km)

黃皮鋪著淡香，落盡秋天河邊春夢。

▲登上蘆洲堤防，與木棉花一起俯看自行車道的春天。

四季・新北市・日出、賞花

34 二重環狀自行車道

騎遇河岸幸福晨昏

淡水河的二端，串起二重環狀

新店溪與大漢溪，兩條承載大台北悠悠歲月的河流，在板橋與三重岸邊交會。淡水河流域從廣闊的三角水域開始轉彎，輕輕畫了一個大弧，如下弦月深深地映在繁榮又擁擠的台北盆地上。美麗的月弧停駐在基隆河交會處，觀音坑溪口獅子頭抽水站附近。

從大漢溪、新店溪匯流處，沿著淡水河左岸而行，遇見斜張式的新北橋，晨光中，城市風景清幽美麗。掠過清早的河風，來到獅子頭抽水站，對岸基隆河匯入淡水河，關渡平原靜臥一旁。穿越成蘆大橋下自行車道，往堤防中心走，沒多久，遠眺新北橋矗立遠方。才恍然明白，四條河流兩個交會點，二重疏洪道像一根弦，緊緊地繫住淡水河兩端的城市發展、工作生活與平安幸福。

遇見河岸灑落季節晨昏

自從新北橋通車，對於大漢溪與新店溪匯流的故事，更清楚呈現了。重翠橋下的單車引道，帶領著單車走向河水川流歲月。橋下懸吊式單車道，左右視野毫

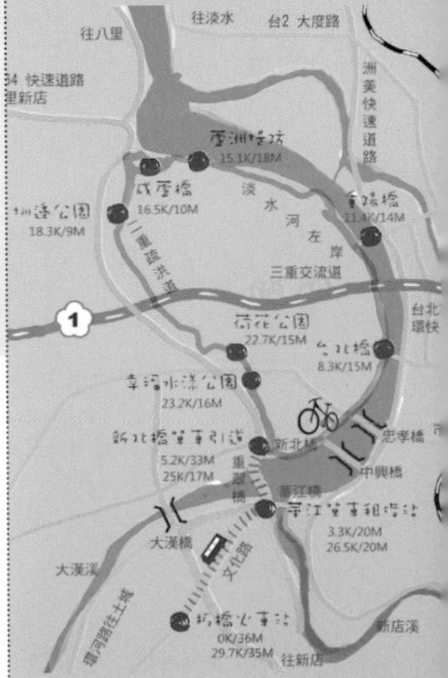

路線難度：★☆☆☆☆輕鬆

行程：板橋車站→華江橋下單車租借站→新北橋→淡水河左岸自行車道→蘆洲堤防→獅子頭抽水站→成蘆橋下→二重疏洪道自行車道→幸福水漾公園→新北橋→華江橋下單車租借站→板橋車站

總里程：29.7公里

騎乘時間：2小時2分；平均時速：14.7KM/H

旅行時間：3.5小時

無遮攔，感動著三條河流交叉、結合、成長、壯大，不禁讓人驚嘆河心風景波瀾壯闊。

早點起床，踩過重翠橋與新北橋跨越的溪水上，四季的溫暖與清冷，伴著日出光彩，燃燒出一場讓人亟待試探的晨間美景。春晨曙光抹上霧氣，暈染著城市天際線，橙色均勻塗敷在每寸疲憊的城市角落，這時站在新北橋觀日出，朝陽是鴨蛋黃般的紅潤。每個季節、每種大氣條件，會產生不一樣晨曦，但永遠都公平照亮每位早起的人。

新北橋到五股獅子頭抽水站的河岸弧線上，晨光日出精彩極了。灘地上的野花生態總是第一個迎向朝陽，河面波光粼粼，似訴說著野地與河道的故事；三重堤防上看見城市天際線，高高低低、稜稜角角，就是找不到一張圓滑剪影，好讓晨曦落得光彩奪目；蘆洲堤防眺望基隆河劃過關渡平原，匯流淡水河，視野直達河口。

想看暮色晚霞，在成蘆橋下轉彎，騎過二重疏洪道，新北橋上又是另種落日迷情。

二重疏洪道，城市裡的單車綠帶

孟夏清早，踩著單車走進疏洪道裡，陽光灑了一地開闊視野。騎腳踏車去八里淡水或西濱公路，經過大約八公里長的二重疏洪道，是一條最佳捷徑。

由大漢溪日出開始，嗅著疏洪運動公園草香出發，看棒球場揮出勝利全壘打；疏洪荷花公園美景中駐足，讓花顏感動城市冷漠的心靈；晨光下運河邊深呼吸，慢騎過親水公園、中央公園；一個不留神，圳邊公園旁的狗尾草迎風搖曳綻

◀新北橋早春，日出帶著暈黃躍出城市天際線。

◀◀繞行二重環狀線，走過淡水河悠悠歲月。
◀重陽橋河畔鋪上細葉仙丹花紅。
▶重翠橋下單車引道，眺望淡水河如鏡的美麗。

放微笑；蘆堤公園裡有好多蘆葦，鷺鷥和小鳥的家就住在裡面；轉個小彎，才發現生態公園的小橋下，有好多好多招潮蟹；最後坐在微風運河邊，啜一口開水，記得走過某個路邊，藏著幸福水漾公園的溫馨話語。

晨光微現，環狀自行車道，穿梭在一條繽紛城市綠帶中。望著堤防外的三重、新莊、五股、蘆洲，水泥房子把天際切得有稜有角。因為長長的綠帶，水泥叢林有空間呼吸，壓縮的視野有地方遠眺，蝸居巷弄的心有園地釋放。

幸福水漾公園與荷花公園

夏天荷花綻放，偌大的都會公園內，荷花池最清新動人。停下單車，找個陰涼樹下，坐在池畔，享受微風陣陣、花影扶疏，鼻息間不時飄過花香。不論是附近鄰居或是

▶青葙野花，也成為水漾公園主角。

訪客遠道而來，疏洪荷花公園，總是最引人注目，最多人停留。

冬末春初，野花公園花香飄逸。一望無際的油菜花田，引領心思，似奔放在花東的田間野地。有時候輪作大波斯菊，五顏六色花朵搖著微風，置身花田，最能放鬆緊繃的精神。冬寒微雨時，也莫忘特別繞路，來疏洪道裡探探，花是否開了。

大雨雲雲而落，雨中的公園綠地特別冷清，波斯菊黃澄澄地染亮整個園區，小橋跨過水道運河，花田靜靜躺在草皮中。置身其間，如走進某個歐洲花園一般；天晴時候，走進幸福水漾公園，幸福題目散落在各個角落。城市幸福，跟著水波盪漾。

從新北橋繞過淡水河左岸城市弧線，輕踩二重環狀線，回到水漾公園，新北橋不遠了，幸福的感覺，不時在心中開花結果。

▲單車飄浮在二重疏洪道瑰麗花海上。

▲仲春，杜鵑帶狀花海，綿延數百公尺。

◀幸福水漾公園，荒地景色煥然一新。

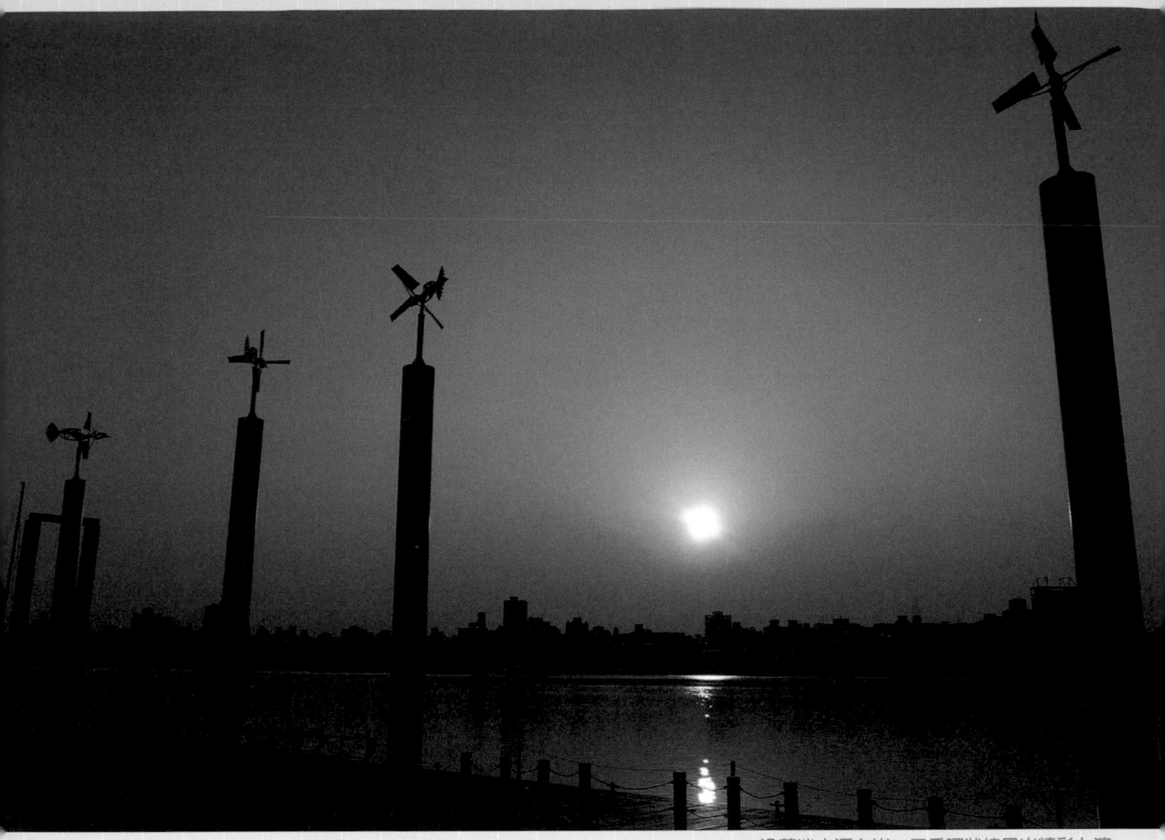

▲沿著淡水河左岸，二重環狀線日出精彩上演。

必騎・必玩・必賞

★ 四季野花：河道內隨季節更迭，綻放各類野花生態。

★ 晨光暮色：新北橋及重翠橋上的單車道，可欣賞大漢溪、新店溪匯入淡水河的壯闊風情。日出及日落景色相伴，刻劃出動人的淡水河風清；淡水河左岸適合看日出，由台北市方向冉冉上昇；獅子頭抽水站日出、二重疏洪道晨昏風情。

★ 二重疏洪道賞花及生態：荷花公園夏季賞荷，秋冬賞蘆葦、芒草，幸福水漾公園內人造花海景觀；沼澤及濕地生態。

路線指引：

▲板橋火車站前，騎行文化路往台北方向，至華江橋單車牽引道，牽行單車越過堤防，進入堤內河濱自行車道，華江橋單車租借站位於華江橋下方。

▲路經華江橋下，往土城方向續行200公尺，見右方重翠橋底單車引道，進入引道往新北橋。

▲引道特別設計懸吊於橋樑下方，依指標往三重方向，上橋後沿人行道騎行，越過新北大橋，於最後一處單車引道下達淡水河自行車道。

▲下橋後沿淡水河自行車道，往八里方向，經過忠孝橋、台北橋、重陽橋下，於蘆洲騎上蘆洲堤防單車道，越過蘆洲抽水站上小拱橋後，下滑至成蘆橋下右轉往八里方向，遇獅子頭抽水站時不過抽水站壩頂，續行回到成蘆橋下接上洲新路。

▲二重疏洪道自行車道入口，位於洲新路邊，由成蘆橋下沿自行車道騎出，路過洲新路紅綠燈，即可進入。

▲自行車道行進於二重疏洪道內，一路經過濕地景觀，來到疏洪五路口，見自行車道入口，進入幸福水漾公園。

▲幸福水漾公園內自行車道，往南（新北橋）方向騎行，於疏洪十六路出口，穿越重新橋下涵洞，連接疏洪運動公園自行車道，右轉往板橋方向，見新北橋單車引道，牽行上橋沿著人行道騎行。遇引道下滑重翠橋下懸吊式自行車道，回到華江橋下單車租借站。

▲由華江橋下引道，越過堤防，進入板橋市區，騎行文化路往板橋市中心，抵達板橋車站前。

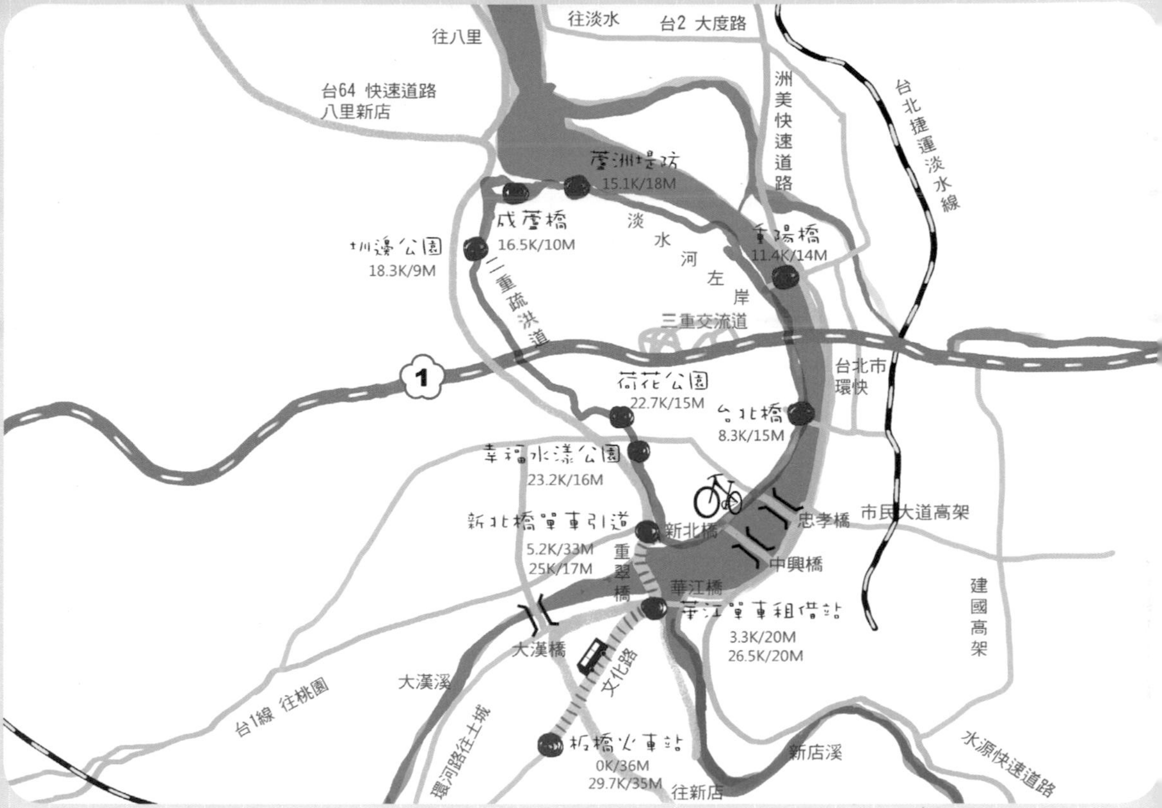

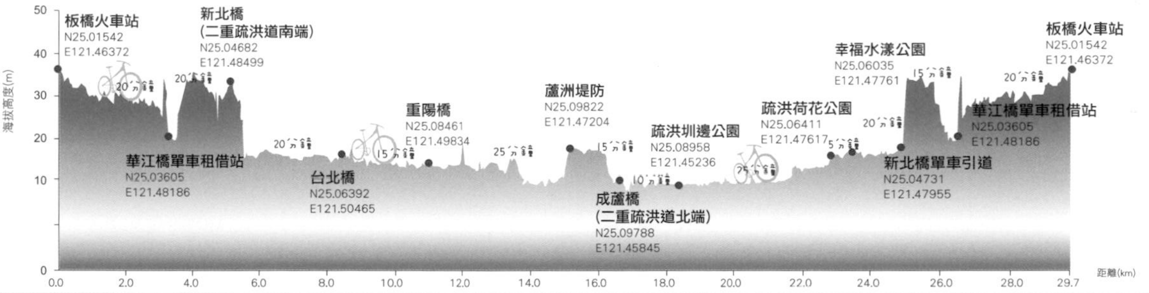

騎乘重點及行程資訊

▲路況：全程為自行車道，除幾座越橋引道外，大多平坦沒有陡坡。適合輕鬆休閒，吹風看景的單車路線。

▲補給：板橋市區進行補給。河道內路程較長，必須騎出河道，才有商家。

交通資訊

大眾運輸

▲搭乘台鐵在板橋車站下車。

▲往板橋長途客運在板橋轉運站下車。

▲台北捷運於板橋站下車。

▲自行車怎麼接駁：

●沿板橋站前文化路往台北市方向，至華江橋單車引道，牽引單車至河堤外自行車道。

開車

▲北二高中和下交流道，接上台64線往板橋，於板橋下交流道接民生路二段再右轉文化路，華江橋前走右側聯絡道，至環河道路單車引道處。再右轉環河道路，於左側江子翠水門可進入河堤外停車場。

自行車道

▲騎行大漢溪右岸自行車道或新店溪左岸自行車道，可抵達華江橋單車租借站。

城林橋的夜色，路過春霧光暈，往鶯歌出發。

▲水蠟燭（香浦）大量分布鹿角溪濕地。

四季 新北市 濕地、野花

35 大漢溪左岸自行車道

探訪鹿角溪濕地

左岸堤頂自行車道

雲淡風輕的早晨卻是個溫度濃重的盛夏，看看藍天，刷著流暢如畫家手法的白雲，那是風的傑作。當深邃的天藍色彩不再被迷濛的霧氣遮掩，城市的混濁顯得特別膚淺。

站在大漢溪左岸堤防上，綿長的堤頂自行車道，往遠方延伸，盡頭沒入山水交接處。開闊的河岸景觀，連著夏日藍天白雲，河風吹過溫暖舒適的鹿角溪濕地，幾隻白鷺掠過樹梢。經過人工造景的水澤、灘地，讓人回歸三、四十年前，台北盆地處處可見濕地的回憶。

城林橋的清早光景

城林橋連結大漢溪左右岸，趕著夜色乘著早風，越橋而過，一早騎單車至鶯歌休閒慢遊，半天時間綽綽有餘。橋上那些燈火光暈漸漸浮現。橋下有兩排平行堤防，路燈與大漢溪肩並著肩向遠處畫弧，從橋頭往外蜿蜒，掠過了土城、板橋，筆觸穩定流暢，好似沿著溪水往下游奔流。站在橋頂，幾乎看不到終點沒入何處。

路線難度：★☆☆☆☆輕鬆

行程：土城捷運站→城林橋→大漢溪左岸自行車道→鹿角溪濕地→柑園橋→三鶯陶花源→鶯歌火車站

總里程：12.4公里

騎乘時間：45分；平均時速：16.5KM/H

旅行時間：2小時45分

▲濕地裡坐上半晌，賞景、忘憂、心明晰。

人行道上鋪滿橫紋方磚，強而有力，牢牢地抓住橋燈在冬風中灑下泛黃橙光，一方方往樹林那頭邁進。黑與黃兩種色調蔓延，又是一種毫無盡頭的錯覺。踩著踏板前進，望見大漢溪水反映著遠方燈火璀璨，天空有點泛黃、溪水有點潺弱，輾過一早冷清的風、黃澄澄的燈，原來城林橋上的夜景，踏實走來，是這樣的動人。

鹿角溪濕地喚起舊時回憶

離開城林橋，沿大漢溪堤防上慢騎一小段路，視野遠拋，好多水與綠的交接，水澤區域遍布，植物相、景觀與一般河灘地大相逕庭。找到小路往下走，偏離自行車道後，進入一處如內心深處的濕地。淺水池、沼澤區，水生植物婀娜娉婷，消聲匿跡幾乎被遺忘的三斑與大肚魚成群在水底悠游。

莎草在水中挺立，野慈姑開著白色小花、水蠟燭、空心菜，水岸邊幾株枯樹占滿眼際。這裡彷彿走進早年台北郊區，荒野水澤遊戲的日子。那年，水圳埤塘撈浮萍拌家家酒，小孩結伴在山邊沼澤抓泥鰍的景象歷歷在目。誰想得到，當年玩得一身泥水，回家被媽媽痛打一頓的爛泥灘，今天卻需要人為方式建立保育，看著堤防內有稜有角的水泥大樓，不得不為城市無止盡的擴張而感到哀愁。在時間的河流裡，逝去的不止是水與綠的交接，而是無數的歡樂，如今卻只能回憶！

三十幾年前，鷺鷥站在牛背的影子，成了今天腳踏車邊的驚喜。上學途中的水澤花草記憶，灑在眼前的水塘淺灘裡。水面映著天空有些深沉，抬頭，那片藍感覺好遠！

◀◀馬鞭草，荒地野路上的美麗精靈。
◀單車用最簡單的方式進入濕地，遇見驚喜。

野花生態、溪河景觀，輕騎到鶯歌

大漢溪左岸自行車道，大多騎行在大漢溪堤防上，溪床景觀清清楚楚呈現眼前。樹林到鶯歌堤段，眺望對岸土城與三峽地區，河床大多是亂石灘，堤邊為土坡型態。看似空曠、清冷，邊坡腳下倒也生機盎然。秋天白茅迎風搖曳，晨光落在白色毛絨絨的花穗上，孟秋悄悄的來了。

野花生命力如冬風一樣強韌，長柄菊等待雨過天晴，連日不雨依然挺拔。紅毛草最瞭解陽光可貴，接住四季早光透著亮紅。白頂飛蓬幽雅淡白，路過小花身旁，停車細細觀賞，花蕊風中擺動身軀，舞動著自然節奏。每次走在左岸堤防上，總是有看不完的感動與奇幻冒險。

可以輕輕掠過，可以慢慢遊走，放寬了心，單車一路踩進三鶯陶花源。翠綠草皮鋪在北台灣占地最大，涵蓋治水、滯洪與沉沙等作用的多功能灘地建設，鶯歌小鎮就在眼前。

窯裡陶瓷的歲歲年年還在燃燒，不疾不徐。所以，鳶山、鶯歌石、碧龍宮的古老傳說，請用單車的速度，慢慢走過！

▲黃槿是秋天最美的落花。

▲從大漢溪堤防上，眺望鹿角溪濕地生態之美。

必騎．必玩．必賞

★ 鹿角溪濕地：生態池景色及各種濕地生態。水生植物相當豐富，鳥類生態更不惶多讓。
★ 河岸晨光及暮色：沿河堤可以欣賞對岸板橋及土城方向日出，城林橋上眺望樹林日落。
★ 河畔野花及大漢溪風情：河岸四季分布著不同的野花生態；此段溪流景觀較城林橋下游水域清新開闊。
★ 順遊：鶯歌老街及陶瓷文化。

路線指引：

▲台北捷運土城站前金城路轉進和平路直行，中正路口左轉，遇中央路左轉後，緊接著馬上右轉水源街，至中華路口左轉再右轉上城林橋。

▲騎行城林橋人行道，過大漢溪見左岸堤防道入口，右轉進入樹林堤防上。

▲下達堤防往前為下游三重方向，請馬上迴轉城林橋下通道，往上游鶯歌方向騎行。

▲沿大漢溪左岸堤防往鶯歌騎行，約800公尺後，見左側有一下滑坡道，進入鹿角溪濕地。依指標可左轉進入濕地範圍，水生態池、樹林、小道等。

▲漫遊濕地後回到堤防上自行車道，經過柑園橋下續行至鶯歌境內見小緩坡。

▲上坡後來到三鶯陶花源，經停車場，下達自行車道續行，注意右側有一行人穿越道通往堤外便道。按下紅綠燈控制器，過堤外便道後，單車往木棧道階梯牽行而上，穿越小巷抵達鶯歌火車站。

騎乘重點及行程資訊

▲路況：大致上為平坦自行車道，有一些因地形及抽水站的越堤小坡。
▲補給：土城市區及鶯歌市區補給，河岸地帶補給點較少。

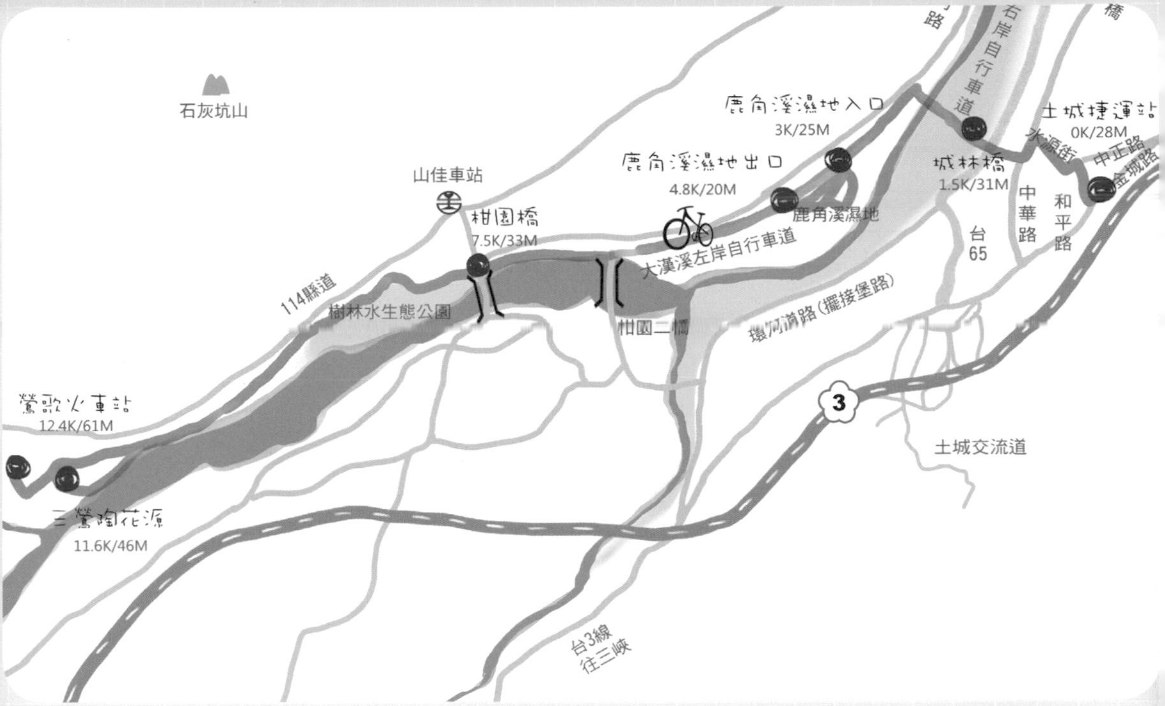

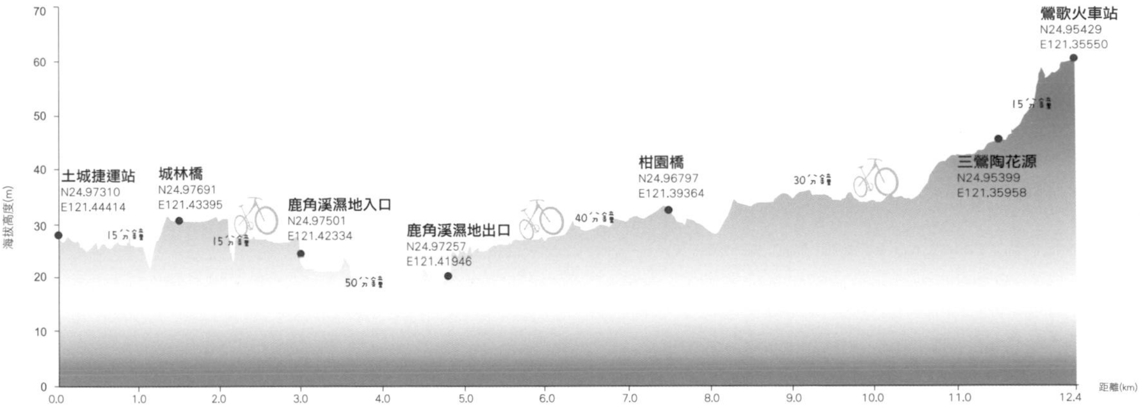

交通資訊

大眾運輸

▲搭乘台北捷運於土城站下車。

▲回程在鶯歌火車站搭乘台鐵。

▲自行車怎麼接駁：

●搭乘台鐵，台北車站內不開放單車轉乘捷運，請由板橋車站下車，轉搭捷運至土城站下車。

●台北捷運系統，星期例假日人與單車可同行上車。平日時段，需以攜車袋打包折疊式單車進入捷運。

開車

▲北二高土城下交流道，右轉中央路三段於永寧捷運站可停放汽車。續行金城路一段，抵達土城捷運站。

自行車道

▲騎行大漢溪右岸自行車道過新海橋單車引道左轉，接上左岸自行車道。

▲淡水河左岸自行車道，經二重疏洪道南端，接上大漢溪左岸自行車道。

【附錄一】單車旅行裝備及基本觀念

整條路線都是風景

以單車的方式旅行，有別於一般機動車輛以「點」的觀念造訪各個觀光勝地。因為單車這項交通工具的特殊性，可以在不同道路上迎風前進，以「線」的觀念串連景點。所以，在踩踏的移動過程中，反而能看見更多汽機車草率奔馳而遺忘的自然與角落之美。

運動旅行，由近而遠

據醫學報導，運動時會產生多巴胺（Dopamine）、血清素（Swrotonin）和正腎上腺素（Norepinephrine），這些神經傳導物質及多巴胺（Dopamine）具有正向情緒因子，能讓人愉悅。

所以，單車運動旅行，有快樂，更有健康的雙重好處；自行車道是近年來最夯的單車旅行路線，擔心體力不濟，可從各地規劃完善的自行車專用道開始旅行腳步。以循序漸近的方式，由近而遠，陪養單車肌肉群耐力，一方面建立信心。讓行程配合體能及心理狀態，體驗單車旅行的美好。

變化多端的延展性

以大眾運輸工具做為單車旅行的延伸，是一種很棒的方式，經濟又環保，而且省去開車得在同一地點卸載單車的麻煩，讓行程更有彈性。加上其他交通方式接駁，單車可以說是機動性最強、變化最多的旅行交通工具。不論是因為哪種原因外出旅行，單車總是能寫下與眾不同的旅行故事。

快樂的心與齊全的裝備

或許每次出遊的心情不盡相同，但期望經過單車的踩踏，終能回歸快樂的泉源！調適好心情，帶著適當裝備，一起踏上單車小旅行吧！

選擇旅行用單車

目前單車種類大略分為三類：公路車、登山車、小折，以此衍生出不同功能使用的各種單車。可依照自身旅行方式，選擇適合自己的單車。

具有以下特性的單車較適合旅行：

- 多段變速，適合不同路況。
- 加裝擋泥板，防止泥砂髒污身體及裝備。
- 加裝貨架，以載運更多裝備。
- 堅固的車架及多功能輪組，用以克服不同地形。

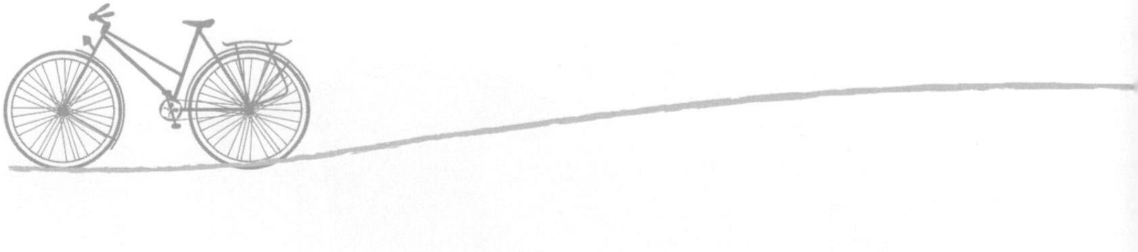

單車小旅行常用裝備如下：

安全帽及布帽、太陽眼鏡、車衣車褲或排汗衣褲、專用手套、旅行背包、運動鞋、雨衣、防寒風衣

人身部分

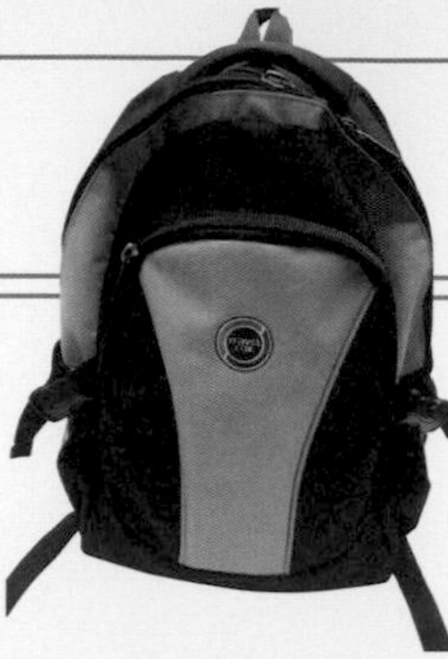

▲旅行背包，30公升左右的雙肩背包，以質輕、固定性好為首選，最好在前方有胸扣帶，以防止騎乘時晃動。

▲單車專用安全帽，質輕、散熱好、堅固、合乎頭型，發生意外時有保護頭部作用。

▲單車專用手套，手心部位加厚，可以吸收手把的震動，特別材質能牢固與手把結合。手背加上毛巾布料，用於擦去臉部汗水。不慎摔車時，更可以緩衝力道。

▲布帽，夏天可遮陽吸汗，冬天有防寒效果。考慮安全及舒適性，可與安全帽交互使用。

▲單車旅行的鞋子以運動鞋為佳，最好選擇鞋底較硬，沒有鞋帶的設計。若是有鞋帶，要注意固定，以免捲入鏈條發生危險。可參考目前市售的水陸兩用鞋。

▲太陽眼鏡，防紫外線及強光傷害眼睛，阻擋風砂吹入眼睛，維護旅途安全。運動型的太陽眼鏡較適合單車使用。

◀雨衣及防寒風衣，依季節及實際情況攜帶，可使用一般雨衣，但以單車專用較佳。

▲車衣及車褲，單車踩踏消耗體力較大，選擇自行車專用衣褲較為理想，除了吸濕排汗功能外，車褲內有襯墊防止臀部不適與疼痛感。一般的排汗衣褲也可以，但不建議棉質材料，因為吸汗材質汗水不易乾透，反而造成濕冷不適感。

單車部分

水壺、前後燈、馬錶、GPS、打氣筒、隨車工具、攜車袋、貨架、單車行李包

▲水壺，騎單車是消耗體力的運動，尤其夏天水份散失快，所以水壺是必要裝備。

▲馬錶，對於路程配速及時間、里程計算有很大的幫助，尤其長途旅行時非常重要。

◀前後車燈為標準配備，以維護夜間及昏暗時的安全。

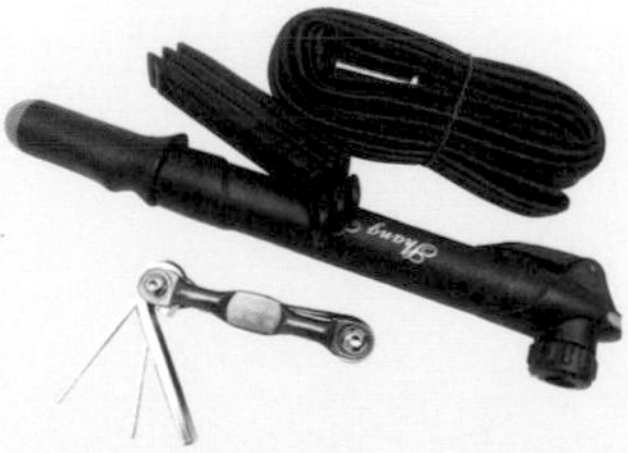

▲打氣筒及隨車工具，破胎及簡易維修使用，包括補胎工具及隨身扳手與起子工具。在荒野及偏僻之處經常求救無門，唯有自救才能化解危機。

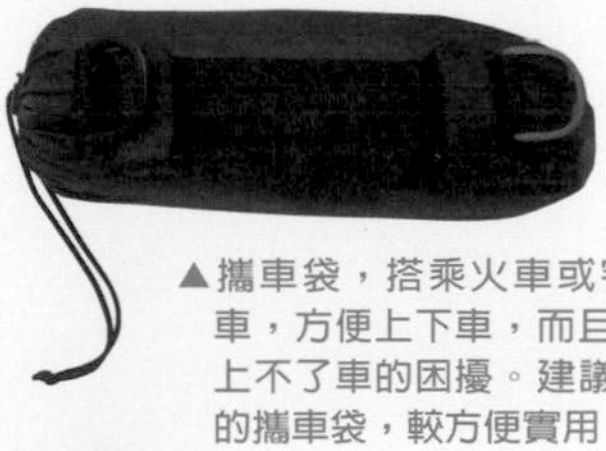

▲攜車袋，搭乘火車或客運，以攜車袋裝運單車，方便上下車，而且較符合相關規定，避免上不了車的困擾。建議採購可以收摺且體積小的攜車袋，較方便實用。

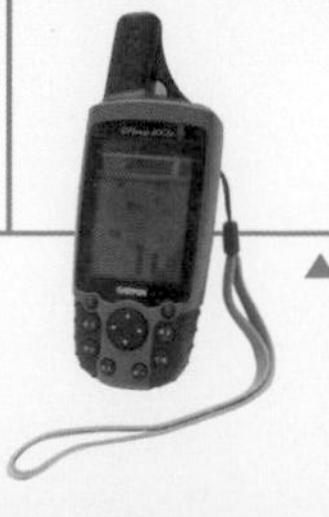

▲貨架、單車行李包、GPS，視個人需求安裝，有貨架裝置對於載運裝備較為輕鬆。GPS可指引路線及高度等相關資訊。

隨身用品

相機、手電筒、地圖、簡易急救包、防曬保養品、補給品、手錶、筆記本和筆、健保卡、錢

▲相機，記錄單車旅行過程，把回憶無限延伸。另外，在路況不熟的情況下，沿路拍下路程指示或地圖，需要時可由相機LCD調出參考。

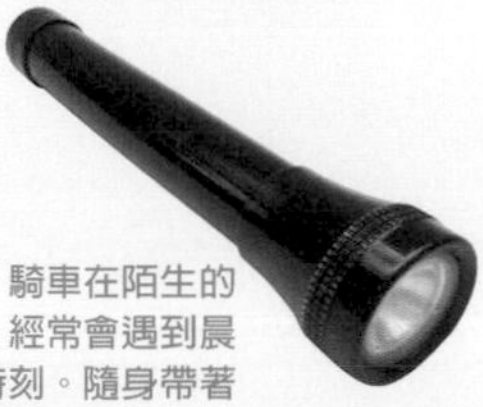

▲手電筒，騎車在陌生的路途上，經常會遇到晨昏天暗時刻。隨身帶著手電筒以備不時之需。

◀地圖，儘管有完整的事先準備，進入不熟悉地區，經常會發生迷路情況。準備地圖隨身攜帶，適時比對路況，以免走錯。

▲其他裝備，簡易急救包、防曬保養品、補給品、手錶、筆記本和筆、健保卡、錢等，請依照自身需求調整。

【附錄二】單車旅行簡易維修及保養

若能培養簡易保養及維修能力，出門前即可做好單車各部位的調整及保養工作，減少外出旅行故障機率。若是遇上一些小毛病，也能在旅途中簡單排除，讓旅行不中斷。如此一來，每次出門旅行，都能雲淡風清、一帆風順，抱回滿心收穫。

絕招一：在家簡易保養

●每次出門前檢查項目

一、胎壓：

輪胎上均有標示胎壓範圍，依照胎壓打氣。最好準備胎壓表測量胎壓，過飽或不足都會引起磨損或爆胎。

二、變速系統：

檢查變速順暢性，若有不順暢情況，建議到車行調校。平時應保持清潔及潤滑，使運轉順暢。

三、煞車：

試壓煞車，如間隙過大，可調整煞車把手上的調整鈕，或於V夾的夾器上，放鬆螺絲，拉緊煞車線，使間隙變小。煞車握把間隙約在1～

2公分之間，請依照自己的習慣調整。煞車夾器兩側，有左右間隙調整螺絲。

如果兩側的煞車皮間隙不均，造成單邊磨到輪框，把螺絲向內轉緊，間隙會向外擴大，達到兩側平衡。

●每月及雨後保養

一、鏈條及齒輪：

鏈條及齒輪清潔，先以刷子沾柴油清洗，再上一般車用潤滑油。運轉每一個檔位，使潤滑油均勻沾黏鏈條及齒輪。最後用乾淨的布抹去潤滑油，使鏈條及齒輪上形成少許油膜潤滑即可。過多油脂反而會沾染砂塵，有礙潤滑。

二、車身清潔：

以乾淨的布沾清水擦拭車身各部位，保持清潔或上些蠟即可，不要以水柱或清潔劑沖洗。因過強的水柱或清潔劑，有可能滲入軸承，使軸承內部腐蝕損壞，減低單車使用壽命。

絕招二：外出常用維修

換內胎方法說明：

外出多帶一條新內胎，破損的內胎帶回家補，較方便節省時間。

▲先放鬆煞車，以利取下輪組。

▲釋放快拆拉桿到一定程度即可，以防螺帽遺失。

▲取下輪組。（若是後輪，先把檔位放在前大後小最外側，方便拆卸）

▲釋放空氣體後，利用挖胎棒撬開外胎。

▲先挖出第一個縫隙固定在鋼絲上（注意勿挖破內胎）。

▲接著用第二支撬棒挖，擴大外胎與輪框分離，再以挖胎棒一前一後交替挖胎，直到外胎完全與輪框分離。

▲外胎與輪框分離後，取出內胎。

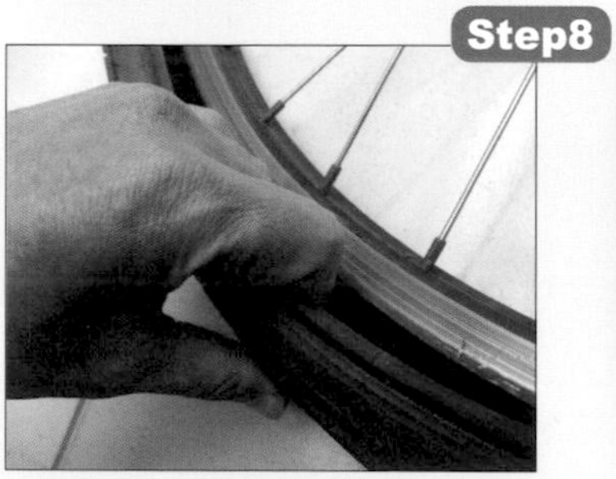

▲以手指伸入檢查是否有釘子或尖銳物在外胎內側，並予以清除。

● 補胎方法說明：

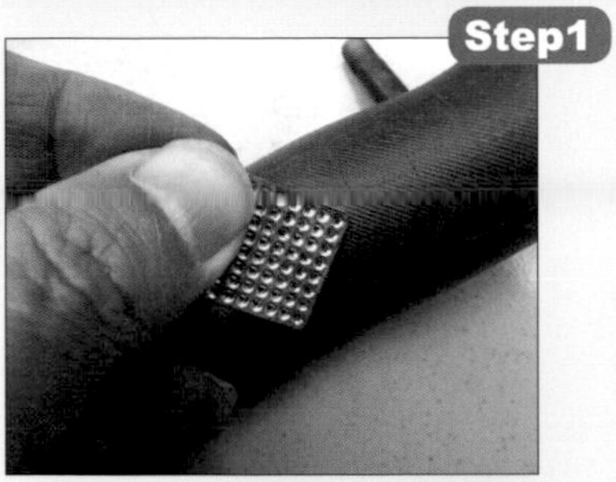

▲找到破胎處，以刮片清潔內胎表面。

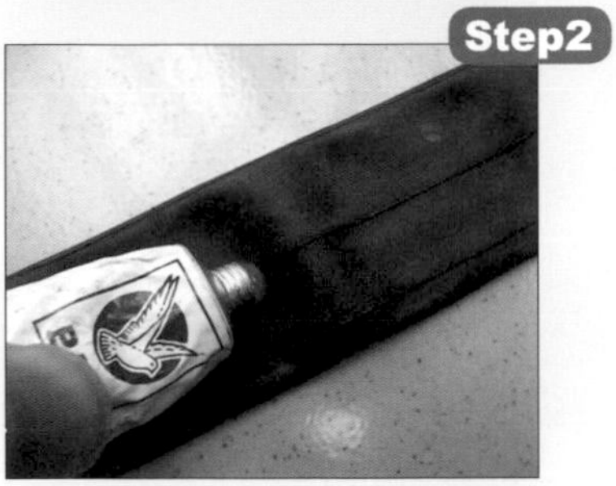

▲塗上專用膠水。

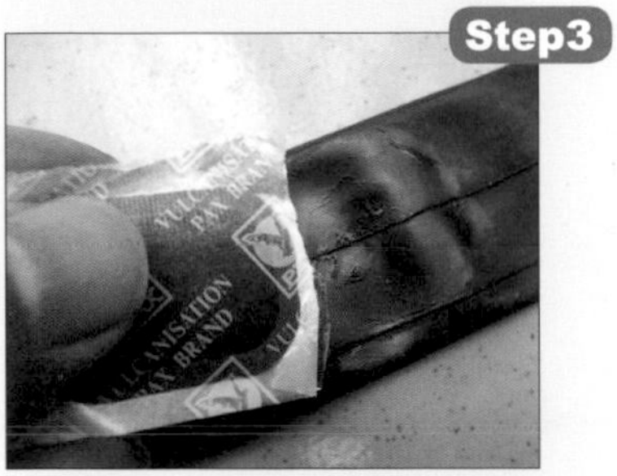

▲抹勻膠水後，立刻貼上補胎片。

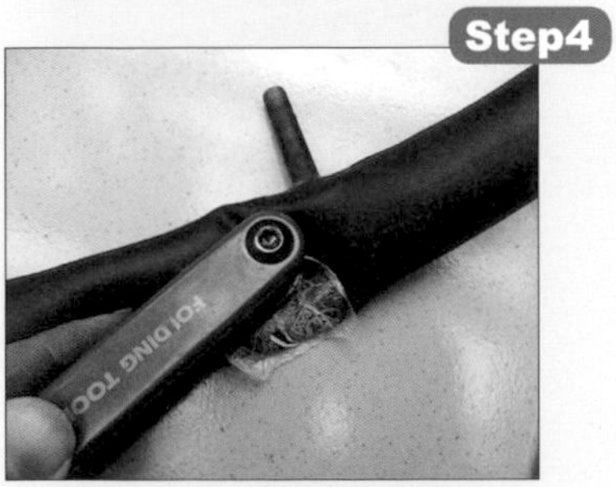

▲敲一敲貼片，以排除內部空氣，等個三分鐘，讓膠水乾燥後，即可再度使用。

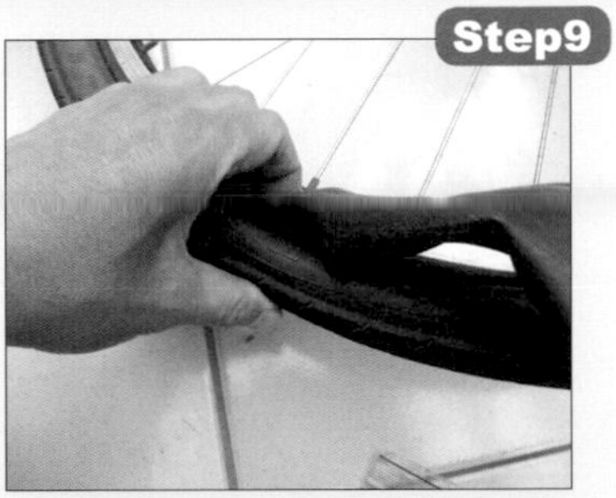

▲換上新內胎，循序完全裝入外胎。略為充氣使內胎在裡面暫時成形。

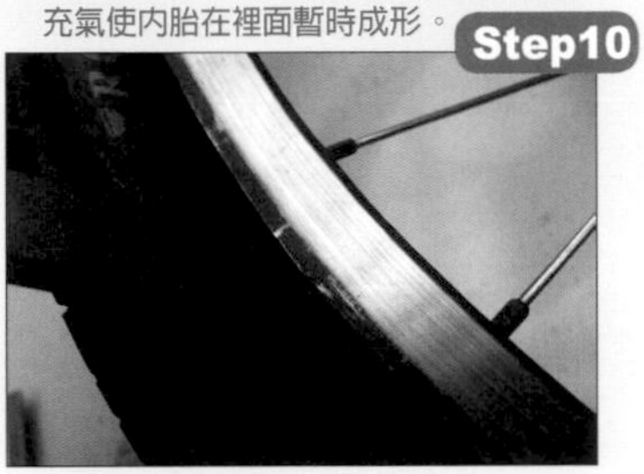

▲利用手推回外胎，若力道不足，用挖胎棒以反方向將外胎壓入輪框，此時須特別小心勿挖破內胎。

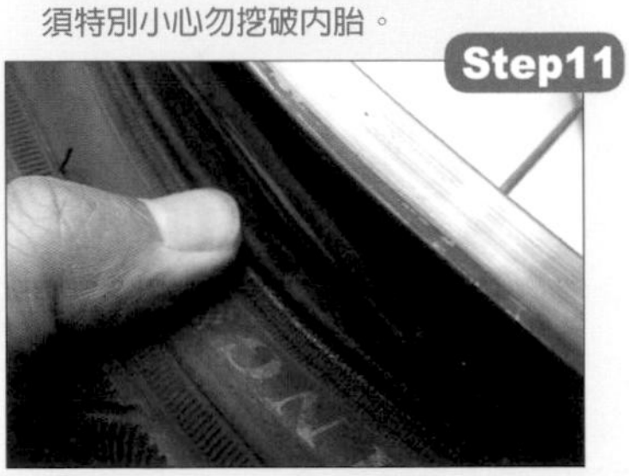

▲外胎全部壓入後，檢查是否裝妥，內胎須全部在外胎內，不可有外露情形，以免充氣後再次破胎。

▲打氣後，將輪組裝回車身。記得煞車要裝回，以免發生危險。

【附錄三】捷運、台鐵、客運，單車旅行攜車說明

背起裝著單車的行囊，是一種無限延伸的視野。省去4+2的局限，收攏經濟、方便、回味的因子，與單車一起走出車站，期待旅程的終點是美好的結束。利用大眾運輸交通工具，讓單車旅行這道菜，更香、更濃，深深的銘記於心！

絕招一：攜帶自行車搭乘台鐵

1 二鐵列車

旅客與自行車同時搭乘台鐵火車，大致上有環保二鐵列車與一般列車兩種方式。其中環保二鐵列車，單車可直接推進專用車廂，人車同行。但此種方式因各地運務段自訂班次，而且時間及相關規定限制，較少被單車旅行利用。

2 PP自強號及電聯車

●根據經驗，以攜車袋裝好單車，並且搭乘PP自強號為首選。PP自強號速度快，第12車設有自行車置放區。不論有無劃位，均能帶著打包好的單車進入車廂。

▲PP自強號第12車，設有單車置放區，免費載運打包好的單車。

▲台鐵縱貫台灣南北，適合接駁單車一日旅行。

●電聯車則彈性較大，只要以攜車袋裝好單車，幾乎每一班都能上車。（未裝袋之單車，須購買半票。）

3 一般常用台鐵單車攜帶方式：

請以台鐵訂票網站查詢；標示以下符號者，開放攜帶單車搭乘，但須攜車袋打包。每逢連續假期疏運期間，會另行公告暫停開放。

據經驗顯示，各車站對單車管制有些差異，未以攜車袋打包，可能發生被拒絕進入月台。所以，準備攜車袋打包單車，進出台鐵車站較不易被拒於門外。

●區間車、區間快、普快車：必須車不離身。

●PP自強號：單車置放於第12車自行車置放區，不可隨身攜帶，放滿為止。

●DMU自強號、莒光號、復興號：放置車廂中不影響動線之適當空間。

絕招二：攜帶自行車搭乘國光客運

國光客運站遍及全台，車班多，對於單車載運非常方便，可多加利用人與單車同行。

▲以攜車袋打包好單車，方便進出火車站。

▲國光客運站遍及全台，對於單車旅行非常方便。

1 開放車班

●幾乎所有的國光客運班次，都能以行李方式同時載運單車與旅客。

2 打包及收費方式

●以攜車袋打包折疊車或拆卸前輪之單車，置放下層行李箱，視為行李免費載運。

●未打包，整台單車放入行李箱，以半票計價。

●每班次國光客運行李箱，最多可載運四台單車。

絕招三：攜帶自行車搭乘台北捷運

台北地區捷運網路漸趨成熟，以捷運接駁單車，可節省時間及路程。

1 開放人與單車同行時間

週六、週日，或是國訂假日，營運時間內均可人車同行搭乘捷運。

2 車站進出及轉乘規定

●大部分車站均開放自行車進出站，以下少數車站不開放自行車進出：

淡水站、石牌站、劍潭站、台北車站、台大醫院站、東門站、忠孝

▲台北捷運假日開放單車與人同行，進出站以電梯為主，不可搭電扶梯。

▲直接置放在車下行李箱即可。

▲只要以攜車袋打包，國光客運均能免費載運單車。

復興站、南港展覽館站、文湖線全線各站。

● 不開放進出之車站，同時也不得於站內進行換線轉乘。

3 收費方式

人車合併計算，一人一車每次收費八十元，不分票種，單趟不限里程。直接向各站服務台購票，由團體票或公務閘門進出。

4 必須以攜車袋上車

平日上班不開放單車進出捷運站，必須以攜車袋打包折疊式或拆卸前輪之單車，視為隨身行李進出車站。

5 搭乘注意事項：

● 使用樓梯或電梯、無障礙設施牽行進出站，嚴禁使用電扶梯。

● 請車站人員打開團體或公務門付費進出。

● 列車僅開放第一節及最後一節車廂載運自行車，請依標誌停等列車。

● 每台列車有四扇車門，每一車門限停兩台單車，並且車不離身，停放中央立柱兩側，與列車行進方向垂直。

▲進入車廂後，直接把單車靠在中央立柱。

▲捷運列車開放第一節及最後一節載運單車，地面有單車引導標示。

國家圖書館出版品預行編目資料

單車一日小旅行——跟著節氣騎車・賞花・追蝶／茶花小屋（李立忠）著. --初版. --台中市：晨星, 2013.8
288面；16*22.5公分. -- (台灣地圖 ;032)

ISBN 978-986-177-706-1（平裝）
1.生態旅遊 2.腳踏車旅行 3.臺灣遊記

733.6 102005226

台灣地圖032
單車一日小旅行——跟著節氣騎車・賞花・追蝶

作者	茶花小屋（李立忠）
主編	徐惠雅
校對	徐惠雅、茶花小屋、胡文青、吳岱瑾
美術編輯	林恒如
封面設計	許晉維
創辦人	陳銘民
發行所	晨星出版有限公司 台中市407工業區30路1號 TEL：04-23595820 FAX：04-23550581 E-mail：service@morningstar.com.tw http：//www.morningstar.com.tw 行政院新聞局局版台業字第2500號
法律顧問	甘龍強律師
初版	西元2013年8月06日
郵政劃撥	22326758（晨星出版有限公司）
讀者服務專線	04-23595819#230
印刷	上好印刷股份有限公司
裝訂	東宏製本有限公司

定價 399元
ISBN 978-986-177-706-1
Published by Morning Star Publishing Inc.
Printed in Taiwan

◆讀者回函卡◆

以下資料或許太過繁瑣，但卻是我們了解您的唯一途徑，

誠摯期待能與您在下一本書中相逢，讓我們一起從閱讀中尋找樂趣吧！

姓名：＿＿＿＿＿＿＿＿＿　性別：□男　□女　生日：　/　　/

教育程度：

職業：□學生　□教師　□內勤職員　□家庭主婦

□企業主管　□服務業　□製造業　□醫藥護理

□軍警　□資訊業　□銷售業務　□其他＿＿＿＿＿＿

E-mail：＿＿＿＿＿＿＿＿＿＿＿＿＿＿　聯絡電話：＿＿＿＿＿＿＿＿

聯絡地址：□□□＿＿＿＿＿＿＿＿＿＿＿＿＿＿＿＿＿＿＿＿

購買書名：單車一日小旅行——跟著節氣騎車・賞花・追蝶

・誘使您購買此書的原因？

□於＿＿＿＿書店尋找新知時　□看＿＿＿＿報時瞄到　□受海報或文案吸引

□翻閱＿＿＿＿雜誌時　□親朋好友拍胸脯保證　□＿＿＿＿電台DJ熱情推薦

□電子報的新書資訊看起來很有趣　□對晨星自然FB的分享有興趣　□瀏覽晨星網站時看到的

□其他編輯萬萬想不到的過程：＿＿＿＿＿＿＿＿＿＿＿＿＿＿＿＿

・本書中最吸引您的是哪一篇文章或哪一段話呢?＿＿＿＿＿＿＿＿＿＿＿＿

・對於本書的評分?（請填代號：1.很滿意　2.ok啦！　3.尚可　4.需改進）

□封面設計＿＿＿＿　□尺寸規格＿＿＿＿　□版面編排＿＿＿＿　□字體大小＿＿＿

□內容＿＿＿＿　□文／譯筆＿＿＿＿　□其他＿＿＿＿

・下列出版品中，哪個題材最能引起您的興趣呢?

台灣自然圖鑑：□植物　□哺乳類　□魚類　□鳥類　□蝴蝶　□昆蟲　□爬蟲類　□其他＿＿＿＿

飼養＆觀察：□植物　□哺乳類　□魚類　□鳥類　□蝴蝶　□昆蟲　□爬蟲類　□其他＿＿＿＿

台灣地圖：□自然　□昆蟲　□兩棲動物　□地形　□人文　□其他＿＿＿＿

自然公園：□自然文學　□環境關懷　□環境議題　□自然觀點　□人物傳記　□其他＿＿＿＿

生態館：□植物生態　□動物生態　□生態攝影　□地形景觀　□其他＿＿＿＿

台灣原住民文學：□史地　□傳記　□宗教祭典　□文化　□傳說　□音樂　□其他＿＿＿＿

自然生活家：□自然風DIY手作　□登山　□園藝　□觀星　□其他＿＿＿＿

・除上述系列外，您還希望編輯們規畫哪些和自然人文題材有關的書籍呢?＿＿＿＿＿＿

・您最常到哪個通路購買書籍呢?　□博客來　□誠品書店　□金石堂　□其他

很高興您選擇了晨星出版社，陪伴您一同享受閱讀及學習的樂趣。只要您將此回函郵寄回本社，我們將不定期提供最新的出版及優惠訊息給您，謝謝！

若行有餘力，也請不吝賜教，好讓我們可以出版更多更好的書！

・其他意見：＿＿＿＿＿＿＿＿＿＿＿＿＿＿＿＿＿＿＿＿＿＿＿＿

晨星出版有限公司 編輯群，感謝您！

請填妥對折裝訂，直接投郵即可，免貼郵票

廣告回函
台灣中區郵政管理局
登記證第267號
免貼郵票

407
台中市工業區30路1號

晨星出版有限公司

晨星自然

天文、動物、植物、登山、生態攝影、自然風DIY……各種最新最夯的自然大小事，
盡在「晨星自然」臉書，快點加入吧！

請沿虛線摺下裝訂，謝謝！

回函好禮雙重送！

凡填妥問卷後寄回晨星，並隨附60元郵票（工本費），即贈送台灣舊地名紀念車牌（乙個）
及《窗口邊的生態樂園》乙本，限量送完為止。

第一重

鐵馬無偷邦 bikeutopia 單車車牌 & 登錄存證防竊網

台灣舊地名紀念車牌（原價600元）
限量送，讓您的愛車，無限拉風。

□粉彩之星　□藍彩之星

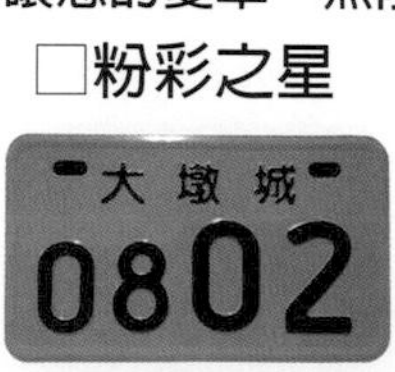

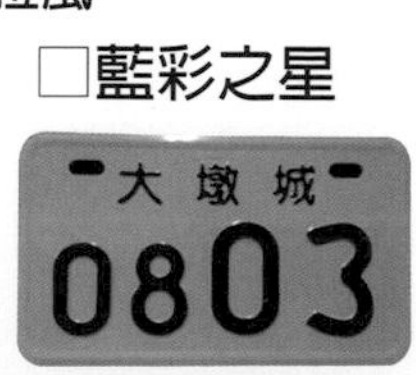

（請勾選顏色，但舊地名和數字隨機出貨）

※本贈品由鐵馬無偷邦提供，如欲選購相關配件，請洽鐵馬無偷邦BikeUtopia專利單車車牌 & 登錄存證防竊網http://www.bikeutopia.com.tw/。

第二重

自然得獎好書《窗口邊的生態樂園》（原價180元），立即送！

贈品洽詢專線：04-23595820#112